基础医学课程思政案例汇编

主　审　苏　川　陈　峰　陈　琳
主　编　袁　栎　张永杰
副主编　乐　珅　李正荣　邱竞帆　靳建亮　段振东

科学出版社
北　京

内 容 简 介

课程思政教学案例是教师实施专业教育与思政教育协同育人的重要工具。本案例汇编精选了南京医科大学基础医学院一线教师近年来的课程思政成果，通过挖掘与基础医学专业课内容相契合的思政案例，在案例中融入全球视野、家国情怀、政治认同、科学精神、医者精神、公民品格、文化自信、法治意识、生态文明等思政元素，丰富了基础医学的教学内容与方法，可以提高教师备课效率，提升立德树人的质量。本书可供基础医学专业教师参考使用，也可为其他院校医学课程思政建设提供借鉴和参考。

图书在版编目（CIP）数据

基础医学课程思政案例汇编 / 袁栎，张永杰主编 . —北京：科学出版社，2023.11

ISBN 978-7-03-077053-0

Ⅰ. ①基… Ⅱ. ①袁… ②张… Ⅲ. ①思想政治教育－教学研究－医学院校 Ⅳ. ① G641

中国国家版本馆 CIP 数据核字（2023）第 213856 号

责任编辑：朱　华 / 责任校对：周思梦
责任印制：张　伟 / 封面设计：陈　敬

科 学 出 版 社 出版
北京东黄城根北街 16 号
邮政编码：100717
http://www.sciencep.com
天津市新科印刷有限公司 印刷
科学出版社发行　各地新华书店经销
*
2023 年 11 月第　一　版　开本：787×1092　1/16
2023 年 12 月第二次印刷　印张：10　1/2
字数：236 000

定价：75.00 元

（如有印装质量问题，我社负责调换）

《基础医学课程思政案例汇编》编委会

主　审　苏　川　陈　峰　陈　琳

主　编　袁　栎　张永杰

副主编　乐　珅　李正荣　邱竞帆　靳建亮　段振东

编　委（按姓氏拼音排序）

白　莉　南京医科大学康达学院
白小明　南京医科大学基础医学院
曹　新　南京医科大学基础医学院
陈艾东　南京医科大学基础医学院
陈璐璐　南京医科大学基础医学院
程　禾　南京医科大学基础医学院
崔胜忠　南京医科大学基础医学院
丁　童　南京医科大学基础医学院
丁贵鹏　南京医科大学基础医学院
段振东　南京医科大学基础医学院
高　晴　南京医科大学基础医学院
高俊英　南京医科大学基础医学院
顾　军　南京医科大学基础医学院
郭　兴　南京医科大学基础医学院
黄　艳　南京医科大学基础医学院
金玉翠　南京医科大学基础医学院
靳建亮　南京医科大学基础医学院
乐　珅　南京医科大学基础医学院
李　皓　南京医科大学基础医学院
李　雷　南京医科大学基础医学院
李　婉　南京医科大学基础医学院
李凌云　南京医科大学基础医学院
李晓曦　南京医科大学基础医学院
李晓宇　南京医科大学基础医学院
李迎春　南京医科大学基础医学院
李正荣　南京医科大学基础医学院
刘　晨　南京医科大学基础医学院
刘　睿　南京医科大学基础医学院
刘宣宣　南京医科大学康达学院
刘英霞　南京医科大学基础医学院
马　娟　南京医科大学基础医学院
牛俊美　南京医科大学马克思主义学院
潘彩龙　南京医科大学基础医学院
裴丽丽　南京医科大学康达学院
乔婉鑫　南京医科大学基础医学院
任子健　南京医科大学基础医学院
沙　莎　南京医科大学基础医学院
施冬艳　南京医科大学基础医学院
孙　鸾　南京医科大学基础医学院
孙　宇　南京医科大学基础医学院
孙可一　南京医科大学基础医学院
孙伟伟　南京医科大学基础医学院
仝文婷　南京医科大学康达学院
王　晖　南京医科大学基础医学院
王　凯　南京医科大学康达学院

王　敏　南京医科大学基础医学院
王觉进　南京医科大学基础医学院
王林涛　南京医科大学基础医学院
王小丽　南京医科大学基础医学院
魏　立　南京医科大学基础医学院
魏钦俊　南京医科大学基础医学院
吴　俊　南京医科大学基础医学院
吴　瑕　南京医科大学康达学院
吴凌霞　南京医科大学基础医学院
吴晓燕　南京医科大学基础医学院
夏　鑫　南京医科大学基础医学院
谢利平　南京医科大学基础医学院
徐　璐　南京医科大学基础医学院
许　宁　南京医科大学基础医学院
姚　俊　南京医科大学基础医学院
尤卫艳　南京医科大学基础医学院
袁　栎　南京医科大学基础医学院
袁小琴　南京医科大学基础医学院
袁艺标　南京医科大学基础医学院
张明顺　南京医科大学基础医学院
张永杰　南京医科大学基础医学院
张玉杰　南京医科大学基础医学院
周　红　南京医科大学基础医学院
周　露　南京医科大学康达学院
朱　敏　南京医科大学基础医学院
朱栋梁　南京医科大学基础医学院
朱继峰　南京医科大学基础医学院
朱旭冬　南京医科大学基础医学院
左一智　南京医科大学基础医学院

编　务　汪红仪

前　言

习近平总书记在全国高校思想政治工作会议上明确要求“其他各门课都要守好一段渠、种好责任田，使各类课程与思想政治理论课同向同行，形成协同效应”。医学是人学，医学教育更需注重培养“德术并举”的医学人才。为扣好医学教育的“第一粒扣子”，南京医科大学基础医学院认真贯彻习近平总书记的重要指示和新时代党的教育方针，把课程思政建设作为立德树人的关键环节，坚持知识传授与价值引领相统一，充分发掘基础医学课程中蕴含的思政教育资源，并认真组织全院各学科的教学骨干，在总结教学经验、升华教学理念的基础上，编写了这本内容与形式均颇具新意的案例集。

本书特点：①彰显了基础医学课程作为启航医学人才发展“入门课”的重要地位。基础医学课程是所有医学专业必修的“首课”。“守正方能致远”，我们紧紧抓住医学生价值观形成的关键时期，将爱国情怀、科学精神和人文素养等培养目标融入每一个案例中，引导学生扣好医学入门的第一粒扣子。②将专业课程教育与课程思政元素自然相融合。我们通过对基础医学课程归类分析，深挖专业知识体系中所蕴含的思想价值和精神内涵。以老一辈医学工作者为祖国医学事业无私奉献的事例为素材，将课程教育与培育家国情怀相结合；以实例解读国家基本医疗保险制度及重特大疾病医疗保险和救助制度的实施与普惠，将课程教育与政治认同引领相结合；以人类认识疾病规律的探索与发展过程为素材，将课程教育与培养创新能力相结合；以基础医学学科发展史上医者仁心的事例为素材，将课程教育与树立高尚医德相结合。将思政教育的“盐”自然融入基础医学专业教育的“食物”中，从而达到春风化雨、润物无声的育人效果。③弘扬我校基础医学教育“厚德博学、笃行创新”的精神。早在1934年，南京医科大学建校初期，承担基础医学教育重任的教师们就极为重视学生德育教育，先后涌现出以洪式闾、姜同瑜、赵慰先等为代表的优秀教师。建校88年来，基础医学院全体教师秉承“厚德博学、笃行创新”八字真言，守初心，担使命，牢记时代赋予的责任，紧密结合专业及课程特点、教学内容与模式等教学要素，对基础医学课程思政建设进行了卓有成效的创新探索。④精心设计课程思政视频，“静动结合”丰富教学模式。为丰富课程思政的教学手段，我们在每一学科的课程思政案例中精选1～2个案例，结合图文素材，经反复推敲打磨后，拍摄相应的课程思政案例视频，供教师与学生在使用该书时参考学习。

本书按基础医学学科设置进行章节设定，共13章，纳入97个案例，涵盖了基础医学所有课程。思政要点覆盖全球视野、家国情怀、政治认同、科学精神、医者精神、公民品格、文化自信、法治意识、生态文明。每个案例首先从思政关键词、思政要点、教学场景推荐进行介绍，继而展开案例描述，以便于教与学所用。本书可作为基础医学专业教师备课、授课的实用参考资料，也可为兄弟高校课程思政建设提供参考。

本书在编写过程中得到了基础医学院党政领导高度重视和南京医科大学原党委副书记周亚夫教授的悉心指导，基础医学院及马克思主义学院教师在编写过程中提出了中肯的意见和建议。本书同时也得到了学校“三全育人”示范学院建设项目、学校学院多项课程思政教学改革专项课题的支持。在此我们一并表示衷心的感谢！

由于编者学识所限，本书如有不当之处，敬请读者批评指正，以便今后我们不断修订完善。

《基础医学课程思政案例汇编》编委会

2022年4月于南京医科大学

目　录

第一章 人体解剖学思政教学案例

1. 颅底征途——我国神经外科大师的一脉相承

思政关键词 全球视野，科学精神，医者精神。

思政要点 1）介绍在听神经瘤和颅底手术的全球发展史中起重要推动作用的几位里程碑式人物。

2）介绍攻克听神经瘤和颅底手术的历程，学习神经外科大师在科研探索过程中展现出来的不畏艰险，不迷信权威，大胆创新，求真务实的科学精神。

3）介绍我国神经外科大师张俊廷、袁贤瑞的事迹及其医者仁心、救死扶伤的医者精神。

教学场景推荐 用于“系统解剖学”课程中神经系统相关内容。

（1）背景

小脑脑桥三角位于小脑和脑桥的交界处，是第Ⅶ～Ⅺ对脑神经和脑相连的位置。其中，第Ⅶ、Ⅷ对脑神经穿过内耳门处，是听神经瘤的好发部位。听神经瘤约占成人脑桥小脑角肿瘤的90%，颅内肿瘤的8%。耳鸣、听力损失、面瘫及泪液分泌障碍、吞咽异常为其进展性症状。此外，巨大的肿瘤也会压迫脑干，出现相应的症状，甚至会导致患者昏迷。

针对此肿瘤，目前最常用手术路径有三种，即经迷路进路、乙状窦后进路和颅中窝进路。前者不考虑保留听力，后者可以尽可能保留患者听力水平。这样的手术成效是一代代国内外脑外科先驱不断探索的结果。1777年爱德华·桑迪福德（Eduard Sandifort）在尸检中发现了1例听神经瘤，这是历史上首例有明确记载的听神经瘤。1913年在伦敦召开的国际医学大会上，来自伦敦的维克托·霍斯利（Victor Horsley）和柏林的费多尔·克劳泽（Fedor Krause）分别报道了他们的手术成绩，63例患者中，手术死亡率为78%，大多数患者遗留重度残疾。由于极高的手术死亡率，库欣（Cushing）将脑桥小脑角命名为血腥三角（bloody angle）。

从1904年到20世纪30年代，多位颅底手术的开拓者为突破此难题不断探索，从迷路进路伴面神经损伤，到囊内减压降低死亡率；从Cushing和沃尔特·E. 丹迪（Walter E. Dandy）师徒的单侧枕下进路成为经典进路；到斯德哥尔摩的乌利韦克罗纳（Olivecrona），将面神经解剖学保存成功率提升至65%，而我国的神经外科医生对听神经瘤手术标准设立得更高：肿瘤全切；围手术期死亡率低于1%；严重的颅脑并发症发生率低于1%；面神经保全率大于95%；术后住院7～10日；术后2个月恢复正常工作生活。达到这样的手术标准既是我国颅底手术大师们对科研经典全球视野的不懈传承，也是他们不迷信权威，发扬我国的传统医者精神和不断探索创新的结果。

（2）从战场上开颅到“亚洲第一刀”——我国神经外科大师的一脉相承

赵以成（1908—1974），福建龙溪（今漳州市龙海区）人，是从战场上成长起来的神经外科学家。在旧中国，我国神经外科事业几乎是空白，1952年赵以成教授受卫生部委托组织了全国第一个神经外科专科医师培训班，培养了许多神经外科骨干力量，包括我国著名的神经外科专家王忠诚、薛庆澄等。

王忠诚院士（1925—2012），山东烟台人，师从赵以成前辈，也是我国神经外科事业的开拓者之一。他率先开展了对神经外科“禁区”——脑干肿瘤和脊髓髓内肿瘤的临床与基础研究，完成了600余例脑干肿瘤、500余例脊髓内肿瘤的显微手术治疗，数量、质量均居世界前列。王院士在不断突破神经外科“禁区”的探索过程中，和他的老师一样，兢兢业业，迎难而上，传道授业，将医技医德继续传承。

张俊廷，师从王忠诚院士。他改良了日本川濑（T. Kawase）教授的手术方式，提出“改良耳前颞下硬膜下经岩骨经小脑幕入路”，采用此入路已经完成616例的颅底肿瘤手术，此数量居全国之首。他因此获得世界神经外科联合会前主席萨米伊（Samii）教授的高度评价，被誉为“亚洲第一刀”。听起来霸气十足的称号，是他扎扎实实不断创造“禁区奇迹”得来的，他每年成功完成颅内复杂疑难性肿瘤及脊髓内肿瘤显微手术近500例。即使他本人在患急性化脓性阑尾炎，经急诊手术后饮食尚未恢复、伤口还没有拆线的情况下，他还打着腹带坚持为患者实施手术。很多人赞美他医德高尚，但在张俊廷看来，这不过是在尽一名医者的本分罢了。患者永远被他排在第一位。足见，医之大者，除了要具备丰富的学识和精湛的手上功夫，更不可缺少一颗时刻为患者着想的心。

北有天坛张俊廷，南有湘雅袁贤瑞。一个人在自己的岗位上兢兢业业的专注能得到什么？我们或许能从袁贤瑞的1008台手术中有所感悟，这个数字意味着有1008位患者的听神经瘤被完整切除，使她们重新绽放微笑；意味着袁医生的听神经瘤患者笑脸墙上的一张张美丽容颜。1008台手术，1008次挑战，这个数字，是一名医者对职业的忠诚和坚持，是他对生命的尊敬，也是面对自己初心最质朴的坚守。

（3）思政启示

在攻克听神经瘤及“颅底禁地”的征途中，我们的大师攻坚克难，努力拼搏，勇于创新，勤学苦练，在练就过硬的医技的同时，肩负起培养一个领域接班人的时代使命，让医德和师德得以传承，让我国的医技愈加精湛。

参考文献

韩东一，杨仕明，武文明，等. 2004. 听神经瘤切除与面神经功能的保存. 中华耳科学杂志，2(1): 1-3.

王鹏，赵洪洋，张方成，等. 2009. 大型听神经瘤常见手术并发症及其相关因素分析. 中国临床神经外科杂志，14(8): 453-455.

王伟，田道锋，陈治标，等. 2013. 听神经瘤显微手术与面神经保护. 中国临床神经外科杂志，18(7): 385-387.

杨仕明，于丽玫，于黎明，等. 2008. 听神经瘤手术的听力保存技术. 中华耳鼻咽喉头颈外科杂志，43(8): 564-569.

张方成，魏志玄. 2011. 大型听神经瘤显微外科治疗及其相关解剖的探讨. 中国临床神经外科杂志，3: 129-131.

（南京医科大学基础医学院　高俊英）

2. 数字化的“无语良师”——数字人

思政关键词　科学精神，全球视野。

思政要点　1）介绍美国苏珊·波特的生平事迹，从遗体捐献用于科研的角度突出主人公的科学精神与本案例的人文主题。

2）介绍全世界数字人技术发展的历史和现状，着重介绍我国数字人技术的历史、发展和应用，特别是数字人运用到影像专业的基本原理。

教学场景推荐　可用于“断层解剖学”课程中绪论中影像技术方法的讲授。

（1）人物简介

2019 年 1 月美国《国家地理》杂志，人物特辑的主角是一位名叫苏珊·波特的美国妇女。她在去世前便已经十分清楚，自己的尸体会创造历史：不仅是因为她是首个自愿把自己的尸体“数字化”的女性，还因为她提供了一份格外详细的个人记录。

苏珊在德国长大，后来随父母去了纽约，并在那结婚，有两个女儿。2000 年时，亲人相继离世，70 多岁的苏珊已经孑然一身。此时她疾病缠身，先后患有糖尿病、黑色素瘤和乳腺癌，还经历过大大小小多次手术。她以为自己只剩下 1 年时间可活。就在那年，她读到了一篇介绍可视人计划的文章。该计划由美国国立卫生研究院资助，旨在将人体切片化、数字化，以供教学之用。在此之前，已经有两位成功捐献者，而苏珊希望成为参与此项目的第三人。她也是在世时决定自愿捐出躯体、将其做成“不朽的尸体”的第一人。

项目负责人斯皮策医生决定把苏珊的余生记录下来，于是联系了《国家地理》开始记录。原本以为这个项目只会持续 1 年左右，但令所有人吃惊的是，苏珊竟然又活了 15 年，留下的个人记录格外详细。15 年间，苏珊与项目研究人员和医学生们建立了紧密的关系，并利用这层关系接触到最终负责切分其躯体的人员和设施。苏珊很骄傲能以这种方式参与其中，她还会参加会议、举办讲座。她非常喜欢与日后可能研究她尸体切片的学生见面，常常“教育他们要有同情心”。学生们都很爱她，在她最后的追思会上一个个泪流不止。

2015 年 2 月，苏珊因病去世。项目组很快取回了她的遗体，并置于零下 26℃的冰柜中。遗体在冰柜中保存了两年时间，并最终被切成 27 000 片的人体切片。

（2）研究背景

1994 年以来，以数字人技术为基础的数字医学技术在世界各地突飞猛进。美国开发了可视人计划（visible human project，VHP），韩国开展了可视韩国人计划（visible Korean human，VKH），中国是继美国和韩国后第三个启动“可视中国人”（Chinese virtual human，CVH）研究的国家。后来，美国又相继提出人类基因组计划（Human Genome Project，HGP）及人类脑计划（human brain project，HBP），并与前期的数字人计划等组成更为庞大的数字人计划（the digital human）。中国在 2001 年举行的第 174 次香山科学会议上，首次研讨了“中国数字化虚拟人体的科技问题”；在 2003 年的第 208 次香山科学会议上，研讨了“中国数字化虚拟人体研究的发展与应用”。如今，数字化技术已全面融入医学各学科领域，数字医学的基础研究和应用研究方兴未艾。

（3）研究现状

2006 年，由南方医科大学构建完成的“中国数字人男 1 号”诞生。凭借高达 2200 万像素的高效数码相机和 4040×5880 的图像分辨率，成为目前世界上 0.2 毫米虚拟人切削中分辨率最高的数据集。此后，中国人民解放军陆军军医大学、山东大学等单位也相继在数字人数据集的建设方面投入大量人力物力。各地纷纷成立数字医学研究机构，如中国解剖学会成立了人体解剖学与数字解剖学分会；上海交通大学成立了数字医学研究院；浙江大学组建了数字医疗工程研究中心；复旦大学成立了数字医学研究中心；中国人民解放军陆军军医大学成立了重庆市数字医学研究所和重庆市数字人体工程研究中心；南方医科大学成立了数字医学研究室，还和中国人民解放军陆军军医大学共同建立了“中国数字化可视人体数据库”这一数字医学发展的基础平台。今后，数字人的研究重心将会由理论研究为主转向发展应用研究为主。

（4）研究成果和意义

数字人与教学：数字医学是现代医学和数字化技术相结合的产物，将数字医学技术成果应用于人体解剖学的教学中，通过虚拟现实技术，虚拟三维器官必将对传统解剖学教学手段和教学方法产生深刻的影响，有利于提高教学质量，拓展教学思路。南方医科大学以中国人男 1 号和女 1 号数据集的图像为基础，经过标注等步骤处理，分别在 2005 年和 2006 年出版了《中国数字人女性彩色图谱》和《中国数字人男性彩色图谱》。2020 年，山东大学运用数字人数据集及临床医学图像，出版了《数字人连续横断层解剖学彩色图谱》，这些基于数字人图像的解剖图谱，特点鲜明，解剖组织层厚薄，连续，且有临床图像对照，是广大医学生及临床医师学习解剖的重要工具书。

数字人的科研运用：“数字人”在与国计民生相关的各个领域都有着广阔的应用前景，尤其体现在医学领域。上海交通大学王成焘教授使数字人研究由数字化可视人向数字化物理人迈进；戴尅戎院士等将数字医学的理论和技术应用到骨科的临床术前规划与术中导航，促进了骨科临床诊疗技术的新发展；山东大学刘树伟教授建立了国人肝段数字化模型，为国人肝段的划分提出了新标准；厦门大学王博亮教授进行虚拟眼研究；南方医科大学的秦建增教授将数字化引入中医领域；复旦大学医学院的宋志坚教授对高性能手术导航核心技术进行了研究及系统开发；上海交通大学的谢叻教授将数字化制造技术应用于人工假体的制造，并进行了数字医疗器械的开发；中国人民解放军总医院尹岭教授利用信息技术，开展医学科学数据共享及数字医疗平台建设研究等。

参考文献

宋岳涛，尹岭. 2006. 中国数字人数据库的构建与数据资源共享. 中国医学影像技术，22(9): 1306-1309.

唐雷，戴景兴，李华. 2005. 中国数字人女性彩色图谱. 北京：人民军医出版社.

唐雷，李泽宇，刘畅，等. 2006. 构建高分辨率中国数字人男性数据集. 医用生物力学，21(3): 179-182.

（南京医科大学基础医学院　左一智）

3. 我国医学影像仪器的现状和未来

思政关键词　全球视野，政治认同，科学精神，医者精神。

思政要点　1）介绍我国医学影像尤其是高端医学影像设备的现状和产业格局，增强学生对该领域的正确认识，提高危机感、紧迫感。

2）介绍国家为鼓励和支持高端影像设备国产化所推进的一系列政策，引导学生认识到国家为中国制造所做出的努力。

3）介绍中国影像设备企业通过近年来的不懈努力，打破国外巨头的垄断，正逐渐开始掌握核心技术，获得市场配额，引导增强学生对中国制造和中国力量崛起的希望和信心。

4）介绍医学影像未来发展趋势，引导学生思考人工智能对传统医学的影响及给医疗行业带来的机遇和挑战。

教学场景推荐　可用于"系统解剖学"课程中枢神经系统中的端脑内部结构内容的讲授。

（1）背景

2018年，北京大学北京核磁共振中心一台机器出了故障。当校方向德国厂商求助时，对方表示：先付23万元人工费，他们再去准备液氦，同时并不能保证成功。对于这种霸道要求，该中心愤而终止了双方合作。后期北京大学虽然进行了一系列的维权行动，但是面对该德国企业在核磁共振行业一家独大的现状，这些挣扎注定是徒劳的。该事件在当时引起了很大的关注，也同时让大家开始正视我国在医疗仪器尤其是高端仪器领域落后的现状。

（2）现状及产业格局

目前高端医疗影像技术如计算机断层扫描术（computed tomography，CT），磁共振成像（magnetic resonance imaging，MRI），数字X射线摄影（digital radiography，DR）等所用设备，基本上被通用电气公司、飞利浦、西门子（General Electric Company、Philips、Siemens）三巨头统治，加上日立、东芝和岛津，六大外资企业拥有国内高端影像设备几乎80%的市场份额，而我国国产品牌仅有20%的市场占比。当前仅有DR设备的市场国有化率超过50%，其余主要医学影像设备市场国有化率都很低，其中最依赖进口的是数字减影血管造影（DSA）和内镜，这两种设备的市场份额90%以上属于外资品牌。随着我国经济发展，以及医疗体系的完善，我国对于医学影像设备的需求越来越多，国内市场占全球的比重越来越大。面对该现状，实现医疗仪器的国产化尤为重要。

（3）国家政策

为了改善这一现状，提高影像设备产业的创新能力和产业化水平，国家发布了一系列鼓励和支持高值影像设备研发的政策。例如，科技部和国家自然科学基金委员会设立重大专项，大幅增加投入。2021年3月6日，习近平总书记看望参加全国政协十三届四次会议的医药卫生界教育界委员时强调："要集中力量开展关键核心技术攻关，加快解决一批药品、医疗器械、医用设备、疫苗等领域'卡脖子'问题。"

（4）国内影像设备发展现状

由于医学影像设备产业是一个产业链长且分散、专业度高、结构复杂的产业，过去国内的影像产业基础薄弱，技术积累不足，导致国内的医学影像市场长期被进口品牌垄断。但是一直以来我国没有停止过自主研发的脚步。

1951 年，上海精密医疗器械厂的工程师严家莹、张熙明和副厂长闻尧、车间主任朱德鑫等人开始研制 200 mA 四管单相全波整流 X 线机，成为我国自主研发医疗影像设备的起点。随后，在国产影像设备研发的道路上，一大批人才涌现。东软、联影、万东、迈瑞等具有开拓精神的企业正逐渐开始掌握核心技术，正向着不同维度的市场输出自己的技术与产品，曾经落后于西方国家的影像设备领域逐渐体现出中国力量。例如，联影推出了中国首台超高场动物磁共振系统，打破了 GPS 长达 30 年的市场垄断。以万东为代表的 DR 产品及以迈瑞和开立为代表的超声设备等，已经跻身世界一流水平，相应零部件的自产率也在持续上升，各类技术突破也给国内影像设备领域带来了巨大的信心和希望。

（5）医疗影像的发展趋势

降低误诊率是医学影像学的重要发展目标之一。将人工智能（AI）的感觉认知及深度学习的技术应用于医疗影像领域，可以提高放射科医生诊断的准确率和效率。那么这种发展趋势会给医学生，尤其是影像学的医学生，带来何种挑战和机遇？我们又将如何应对这些挑战和机遇呢？这些都是值得我们深思的问题。

参考文献

倪炯，王培军. 2021. 医学影像人工智能的现状与未来. 中华医学杂志，101(7): 455-457.

杨青. 2020. 基于专利视角的中国医疗器械行业创新之路. 中国发明与专利，17(2): 63-66.

郑海荣，刘新，邱维宝，等. 2016. 我国高端医学影像技术与装备及其产业化成果与思考. 科技促进发展，2: 228-233.

钟峰. 2018. 国产高端医学影像诊断设备推向市场. 中国设备工程，22: 4.

（南京医科大学基础医学院　袁小琴）

4. 心脏冠脉支架——第一个国家集采的医疗器械

思政关键词　家国情怀，科学精神，医者精神。

思政要点　1）介绍中国政府对于广大人民群众健康的重视及加大医疗改革力度的决心。

2）介绍集采过程中的科学管理方法，对医药企业转型创新发展的引导。

3）介绍大环境变动下，医者不变的初心，倡导学生们坚定信念为人民服务。

教学场景推荐　用于“人体解剖学”课程心血管系统的讲授。

（1）背景

冠心病并发急性心肌梗死是我国人群最主要的猝死原因之一，据统计，从 2009 年到 2019 年的 10 年间，中国冠心病患者人数增长迅速。病例数从 23 万例发展到超过 100 万例，且发病有年轻化的趋向，对于这类疾病的防治也成为医疗卫生系统的重要工作。

目前认为，进行冠脉支架介入治疗，是一个有效缓解心绞痛、救治心肌梗死的手段。但支架价格过高，从 7600 元到 3 万元不等。高昂的价格使得很多患者负担不起，望而却步。

2019 年，国产支架品牌在中国市场份额已达 75%，从某种程度上来说，心脏支架，是很早摆脱“卡脖子”状态的国产器械。经过了多年的发展，国内冠脉支架性能、质量并不输于外企产品，已经达到了充分竞争条件，可以与国外产品同台竞技。

（2）降价试点，惠民实效

从采购量、虚高价格、产品本身特点、产业发展程度、社会关注度等不同角度看，冠脉支架都是一个非常适合作为耗材“首战”突破口的产品。

国家前期主要做了三方面工作。一是开展相关研究，由全国权威专家开展冠脉支架临床特征研究，同时组织开展冠脉支架产品市场结构分析。二是鼓励地方率先开展冠脉支架带量采购试点工作，为国家集采积累经验。2019 年以来，江苏、山西试点冠脉支架带量采购，中选品种价格最大降幅近七成。三是到冠脉支架生产企业调研，了解生产供应情况。

2019 年 5 月，中央全面深化改革委员会第八次会议审议通过了《关于治理高值医用耗材的改革方案》，对完善价格形成机制、降低高值医用耗材虚高价格有关重点任务进行了分工。

2020 年 4 月到 8 月，初步形成冠脉支架集采工作方案，并根据专家研究结果进一步明确了本次集采的产品技术要求。从 2020 年 5 月开始，密集听取医院、专家、企业和地方的意见，并委托中国医疗器械行业协会和中国医学装备协会广泛征求行业意见，进一步完善集采方案。

9 月中旬，国家在天津组织成立高值医用耗材联合采购办公室（以下简称联采办），明确由天津市医药采购中心具体承担该办公室的日常工作，并组织实施采购任务。各省根据联采办要求，组织辖区内医疗机构上报冠脉支架意向采购量。11 月 5 日，召开国家组织冠脉支架集中带量采购申报信息公开大会，当场产生并公布拟中选结果。集采中选的冠脉支架平均价格从 1.3 万元降到了 700 元左右，降幅达到 93%。

除了国家组织的产品，符合集采条件的由地方省级平台组织，包括地市在省的指导下采取联盟方式组织。从目前已经覆盖的 259 个品种来看，基本上是按照集中带量采购原则来推进的，也基本上参照了国家集中带量采购原则，即体现质量保证、供应需求、临床需要、公平公开公正、企业自主报价这些原则。上述原则对地方的招采同样具有规范要求。

（3）回归初心，创新发展

让企业更加专注于研发，让老百姓不花冤枉钱，这是中国医药改革的原动力。可以预见，随着高值医用耗材国家集采的推进，相关高值医用耗材将大幅降价，可促进国内企业创新，加快国产替代。集采倒逼中国医药行业增添原创成色，从而减轻人民群众医疗费用负担，促进医药行业健康发展。

2021 年，国家药品集采政策逐渐由试点转向常态化运行，密集推出的药品集采措施，加速挤出仿制药、高值耗材价格虚高水分。同时，鼓励药企大力投入具有临床价值的创新药物开发。

在集采的不断鞭策下，中国医药行业正进一步加快创新转型进程。集采推动了中国医药产业重构，对整个医药行业的合规性、推广模式、资本投向、估值判断形成了正向引导，创新的占比在提升。随着集采深入推进，医药企业把精力转向创新发展是必然趋势。

参考文献

国家组织高值医用耗材联合采购办公室. 2020. 国家组织冠脉支架集中带量采购文件(GH-HD2020-1). http: //ylbz. yn. gov. cn/index. php?c=show&id=1062, 2020-10-16.

（南京医科大学基础医学院　吴凌霞）

5. 爱“心”守护——城乡居民医疗保险制度

思政关键词　政治认同，家国情怀。

思政要点　1）城乡居民医疗保险制度的建设是一项惠及广大农民的工程，也是关系农民健康、生存的民生工程。从新型农村合作医疗（简称新农合）到城乡居民医疗保险制度，百年来，共产党人不忘“为农民谋幸福”的初心，始终坚持把解决好农业、农村、农民（简称三农）问题作为全党工作重中之重。通过案例学习加深学生对“三农”的理解和对实施乡村振兴战略的认识，体会“中国共产党的领导是中国特色社会主义的最本质特征，是中国特色社会主义制度的最大优势”。

2）通过查阅资料使得学生了解我国农村医疗现状，这有利于增强他们的社会责任感和奉献精神，从而积极参与农村医疗卫生服务，扎根基层，服务基层。

教学场景推荐　用于“系统解剖学”课程脉管部分的讲授。

（1）背景

案例主人公是一位农村留守儿童，也是“先天性肺动脉瓣狭窄”的患者，出生后的一次体检被确诊为中度肺动脉瓣狭窄。孩子的爸妈一直在外地打工，她跟着爷爷、奶奶一起生活。病情加重后，医生建议做经皮腔内球囊肺动脉瓣成形术（PBPV）进行治疗。

先天性肺动脉瓣狭窄发病率为先天性心脏病的 8% ～ 10%，在儿科较为常见。自 1982 年卡恩（Kan）等首先采用经皮腔内球囊肺动脉瓣成形术成功以来，介入治疗已成为先天性肺动脉瓣狭窄的主要治疗方法。技术创新推动了诊疗手段的变革，新技术使疾病治疗成为可能，但 3 万元左右的治疗费用对这个家庭是个不小的问题。

由于患者参加了城乡居民基本医疗保险，可报销医疗费用 70%，手术中使用的球囊导管也在江苏省集中采购医用耗材目录内，导管费用从 8000 元降到 2000 元，所以最后总的治疗费用从 3 万元降至 1 万元左右，为家庭节省了很大一笔开支。

（2）城乡居民医疗保险制度

2016 年之前，我国农村的医疗保险称新型农村合作医疗，简称新农合。新农合是由政府组织、引导、支持，农民自愿参加，个人、集体和政府多方筹资，以大病统筹为主的农民医疗互助共济制度。但是由于受到参保人数、缴费标准的限制，医疗统筹基金相对比较少，所以新农合在三甲医院的报销比例比较低，普遍只有30%左右。2016年1月，国务院出台了国发〔2016〕3号文件，即《国务院关于整合城乡居民基本医疗保险制度的意见》，将新农合、城镇居民医疗保险整合为城乡统一的城乡居民医疗保险。与新农合相比，城乡居民医疗保险统筹层次更高，报销比例更高，参保范围更广。新农合属于县级统筹，统筹层次比较低，只能在县内住院就医，如果要到更高一级医疗机构看病，需要逐级转诊。城乡居民医疗保险的统筹属于地市级统筹，在一个地级市范围内，可以选择定点的医疗机构住院看病。由于城乡居民医疗保险医疗统筹基金是在一个地市的范围内统一收缴，统一使用，报销比例普遍可以达到50%～70%。案例中的主人公在出生当年随父母自动获取参保资格，是城乡居民医疗保险的直接受益者。

参考文献

陈华，曾昊，杨柳. 2017. “新农合”缓解了农村居民的贫困程度吗？科学决策，(10): 1-21.

耿文磊，胡海波，蒋世良，等. 2019. 经皮肺动脉瓣球囊扩张术临床应用30年疗效分析. 中国介入心脏病学杂志，27(3): 157-161.

（南京医科大学基础医学院　孙伟伟）

6. 让光明点亮眼睛——国家对白内障的补贴政策

思政关键词　政治认同，医者精神。

思政要点　1）介绍中国补贴老年人口和贫困人口白内障手术费用的政策，体现中国共产党为人民谋幸福的根本宗旨。

2）感受身患先天性白内障的歌手萧煌奇顽强不屈的拼搏精神，呼吁关爱白内障患者，培养学生的仁爱之心和医者精神。

教学场景推荐　用于“人体解剖学”和“眼科学”课程的眼球内容物的讲授，介绍晶状体的位置、构造和作用。

（1）盲人歌手的音乐之路

“我望向你的脸，却只能看见一片虚无，是不是上帝在我眼前遮住了帘，忘了掀开”，这是著名歌曲《你是我的眼》中的一段歌词，而创作这首歌的台湾歌手萧煌奇，正是那个被上帝在眼前遮住了帘的人，这首抒情歌是他根据亲身经历和一路走来的心路历程创作而成。

在萧煌奇1～2岁时，家人发现他常常走路撞墙，便带他去看医生，方才得知，他罹患先天性白内障，故而无法像正常的孩子一样走路和玩耍。直到4岁那年，通过眼部手术恢复了部分视力，但是，15～16岁时，由于用眼过度和先天发育等原因，萧煌奇再度陷入黑暗，彻底失明了。

在光明渐渐离自己远去的那段日子，正值年少的萧煌奇曾彷徨不知所措，承受着常人难以想象的痛苦，但失去光明并没让他放弃对生活的希望及对音乐的热爱。在家人的支持下，他组建了一支由2名全盲、2名弱视、1名明眼人组成的乐队，踏上了追寻音乐的道路。

他虽身处黑暗，还不忘给他人送去光明。萧煌奇积极参加公益活动，号召社会关爱白内障患者，把自己的音乐和爱带到世界上每个角落。

（2）国家制定白内障手术补贴政策

调查数据显示，1990 ～ 2019 年我国失明人数为 869 万，其中 70 岁以上人群中，白内障是主要的致盲原因。目前公认的恢复白内障患者视力的最有效方法是手术治疗，但很多来自贫困家庭的白内障患者由于经济所限，不能及时手术，一拖再拖，甚至导致失明，也导致所在家庭因病致贫、因病返贫，给个人、家庭和社会带来沉重的精神负担与经济压力。

党和政府对此十分重视，将白内障防治纳入国家发展规划，大力推进防盲治盲工作，建立了国家、省（自治区、直辖市）防盲治盲工作管理体系、技术指导体系和服务体系，各地政府均有不同程度的关于白内障复明手术补助政策。卫生部于 2009 年 7 月 1 日启用“白内障复明手术信息报告系统”，为卫生行政部门全面掌握各级各类医疗机构开展白内障复明手术和防盲治盲工作情况发挥了重要作用。仅 2009 ～ 2011 年，全国就有 5316 所设置眼科的医疗机构在该系统注册，累计报送白内障复明手术 249. 7 万例。白内障手术率（cataract surgery rate，CSR）是指每年每百万人群中的白内障手术数量，我国 CSR 从 2005 年的 440 提升至 2019 年的 3000，标志着我国防盲治盲水平显著提升。

参考文献

董娟，张杰. 2020. 白内障治疗及预防现状及展望. 现代医药卫生，36(18): 2952-2955.
王宁利，曹凯. 2020. 没有眼健康就没有大健康——白内障防盲治盲工作对全民健康的贡献及展望. 中国医药，15(12): 1817-1819.

（南京医科大学基础医学院　夏　鑫）

7. 医生，一生的事业——记“万婴之母”林巧稚

思政关键词　医者精神，科学精神。

思政要点　1）介绍林巧稚大夫的从医经历，尤其是她将自己所有的心血和感情都贡献给了我国妇产科事业，彰显作为医生的职业精神，激发学生的职业自豪感。

2）介绍林巧稚大夫在胎儿宫内呼吸、女性盆腔疾病、妇科肿瘤、新生儿溶血病等方面的研究成就，增强学生解决医学问题的信心，培养学生刻苦钻研的科学精神。

教学场景推荐　用于“系统解剖学”课程生殖系统的讲授。

（1）医者精神

林巧稚，福建厦门人。1929 年，林巧稚以优异的成绩毕业于北京协和医学院并获博士学位，留在北京协和医院任妇产科医生，成为第一位毕业留院的中国女医生。在协和医院里，林巧稚勤奋工作，无论白天黑夜、严寒酷暑，她都为治病救人而忙碌。不管是什么身份的患者，只要有人向她求诊，她都有求必应。

林巧稚把自己的一切都奉献给妇产科事业。她解除妇女的痛苦，分享母子的欢乐，忙得连自己的婚姻与家庭都未顾及。1941 年底，太平洋战争爆发，北京协和医院关门。林巧稚在北京弄堂租几间房子，开办私人诊所。她有一个特殊的出诊包，包里总带着现钱，对

贫病交困的患者，不收分文药费，还予以资助。许多患者都感动得流下热泪。同时，她还应聘到北京中和医院（现北京大学人民医院）为患者看病，到北京大学任教，整日忙碌不停。

抗日战争胜利后，协和医院恢复，林巧稚重回医院任职。北平解放前夕，林巧稚拒绝接受离开的机票。她认定："我是中国人，我要和我的事业共存。"中华人民共和国成立后，林巧稚为中国共产党领导的新中国感到欢欣鼓舞。她在短文《打开协和窗户看祖国》中写道："协和的窗户打开了，竖起了五星红旗……我们为祖国伟大的进步感到光荣骄傲。"

（2）科学精神

20世纪30年代初，她对胎儿宫内呼吸、子宫出血致病的生理原因和不同职业妇女出血状况进行研究，并且研究较为多见的盆腔脏器的炎症，如盆腔炎、盆腔结核等对生殖系统的影响，研究细菌学和尿道细菌学。

1932年，林巧稚在出国学习期间，几乎用尽了实验室工作之外的所有时间，到有丰富资料的图书馆学习。在参观镭放射治疗中心站将先进科学技术应用于医学领域的设备时，她获得了研究治疗绒毛膜上皮癌的思路。当她到英国皇家医学院妇产科学习时，参与了小儿宫内呼吸课题的研究，研究成果受到了好评。

19世纪50年代，林巧稚提出并进行了大规模的妇科病普查普治，创造出用脐静脉换血的方法治疗新生儿溶血病，填补了中国妇产科医学的空白；60岁之后，她知道自己在有生之年未必能彻底征服癌症，便找来学生连利娟、宋鸿钊，把自己从1948年以来所积累下来的癌症追踪资料全部交给了他们，为我国妇产科学界培养了许多优秀接班人。

参考文献

郎景和. 2014. 永远纪念林大夫、学习林大夫——在纪念林巧稚大夫诞辰112周年暨妇产科学术会议上的讲话. 生殖医学杂志, 23(7): 523.

林巧稚, 连利娟. 1964. 恶性葡萄胎85例诊断及预后的探讨. 中华妇产科杂志, 4: 270-275.

林巧稚, 连利娟. 1963. 24例良性葡萄胎及恶性葡萄胎转移的研究. 中华妇产科杂志, 5: 271-279.

林巧稚, 连利娟, 唐敏一. 1957. 从病理检查和尿绒毛性腺激素定量试验讨论子宫绒毛膜上皮癌的预后. 中华妇产科杂志, 2: 128-135.

刘欣. 2017. 为医而生——林巧稚. 中国医学人文, 3(3): 19-21.

（南京医科大学基础医学院　任子健）

8. 中国层次解剖学发展的推动者——姜同喻教授

思政关键词　科学精神，医者精神，政治认同，家国情怀。

思政要点　1）介绍姜同喻教授对解剖学教学的贡献，引导学生学习中国科学家刻苦钻研、求真务实的科学精神。

2）介绍姜同喻教授以临床医学的发展需要为导向，与时俱进地深入学习、研究解剖的精神，引导学生思考"为谁学""为啥学""如何学"的问题，培养学生形成良好的学习习惯与为人民学医的医者精神。

3）介绍姜同喻教授一辈子听党指挥，根据国家与人民健康事业的需要，从临床医师转变为解剖教师的经历，培养学生的政治认同感。

4）介绍姜同喻教授无私奉献，不计金钱和个人得失，长期为全国 20 多家医学院校及医学模具厂进行免费培训与指导的事迹，引导学生学习其无私奉献，为人民健康事业奉献全部的家国情怀。

教学场景推荐 可用于“局部解剖学”课程中绪论、胸腔或腹腔部分的教学内容，结合小案例展开对姜同喻教授的事迹介绍。

（1）教授简介

南京医科大学人体解剖学系姜同喻教授（1917—2007），江苏省盐城人，中共党员。1940 年毕业于国立江苏医学院，同年留校任教。历任解剖教研组主任、基础部主任。曾任中国解剖学会理事、江苏省解剖学会理事长、《局解学与临床》主编、《解剖学报》编委。

（2）主要事迹

姜同喻教授在推进我国局部解剖学的教学改革与发展中作出了卓越的贡献，多次被评为全国和江苏省的劳动模范、先进工作者。姜教授首创“连续层次解剖法”，在全国各地无偿举办“层次局解”讲习班 20 期，培养了大批解剖师资和临床医生。

同时，姜同喻教授等从 1954 年起先后编著绘制了《连续层次法尸体解剖图谱》（后名《连续层次法解剖图谱》）和《人体解剖学图谱》。其中，《连续层次法尸体解剖图谱》于 1954 年绘成后由江苏医学院解剖学科出版，数年后增加各层次解剖结构的文字说明，改名为《连续层次法解剖图谱》。从 1954 年至 1965 年，三易其版，1981 年由江苏科学技术出版社再版发行。该图谱为姜同喻教授根据中国人的人体按层次解剖后绘成，是我国第一部由中国学者编著的人体解剖图谱。《人体解剖学图谱》于 1955 年由江苏医学院解剖教研组编印，于 1961 年由人民卫生出版社发行第一版，它也是国内第一部系统解剖学图谱，当时卫生部将该图谱指定为参考教材，后经多次印刷，到 1983 年发行量达到了 247 600 册，这两本图谱受到国内同行的广泛赞誉。

退休后，姜教授仍然不忘初心，热衷于对年轻解剖教师的培养，数十年于江苏省解剖学会上开展专题讲座，提升年轻教师的解剖学教学能力。同时，数十年一直无偿地在张家港某医学教学模型厂担任技术指导，为其设计解剖学教学模型，提高解剖学教学模型的精准性，为我国的解剖学实验教具的质量提升作出了巨大的贡献。

（3）“腹腔解剖操作偶遇”的情景案例

大约在 20 年前（2001 年）的某日，人体解剖学系张永杰老师作为刚入校工作 1 年左右的年轻教师，正在解剖学实验室学习解剖腹腔脏器，为后续解剖教学做准备。此时，忽然走进来一位穿着非常朴素的老先生，个子较高，身形略瘦，花白的头发，一身蓝色卡其布上装，一双绿色帆布鞋。他看到张永杰老师在解剖，就和他聊起来：“你是新来的解剖老师？”因为张老师早就听过姜教授的传奇，所以一眼就认出了他，立即恭敬地回复道：“是，我是去年刚到教研室的张永杰。”姜教授立即声如洪钟地说道：“年轻老师就应该好好地解剖，刻苦学习，自己搞不懂咋教学呢？解剖老师就应做到闭着眼睛都能摸出这是哪个脏器，它的层次、毗邻、血管、神经，一清二楚。要花功夫啊！”“是，是，一定好好努力！”张老师认真回答道。老先生又和张老师聊起他的解剖带教经历，他与学校解剖学科王鹤鸣老师、方实邦老师等在全国办解剖培训班的经历，以及他如何服从组织安排，毫无怨言、不怕苦不怕累，从临床医师成为解剖学教师的经历。

虽然是一次偶遇，也是张永杰老师第一次见到姜老先生，但短短十多分钟的交谈，对张老师的人生影响是一辈子的。

附：姜同喻教授主编的部分书籍

序号	教材名称	出版者	出版时间
1	《连续层次法尸体解剖图谱》第一版	江苏医学院解剖学科	1954 年 7 月
2	《人体解剖学图谱》	江苏医学院解剖学科	1955 年 3 月
3	《人体解剖学图谱》第二版	人民卫生出版社	1961 年 4 月
4	《连续层次法解剖图谱》第三版	南京医学院	1965 年 11 月
5	《连续层次解剖图谱》	江苏科学技术出版社	1981 年 12 月

参考文献

姜平, 童鑫康, 王鹤鸣, 等. 2017. 层次解剖学对当今人体解剖学教学和科研发展的影响. 解剖学报, 48(4): 493-496.
童鑫康, 姜平. 2017. 姜同喻教授和他的连续层次解剖学. 中国医学人文, 3(4): 16-18.

（南京医科大学　张永杰　吴　瑕）

9. 站在脊柱矫形世界前列的医者——邱勇教授

思政关键词　家国情怀，科学精神、医者精神。

思政要点　1）介绍邱勇教授放弃国外的丰厚待遇，毅然回国效力，解除国内脊柱畸形患者的痛苦，培养人才、提携后辈，彰显中国科学家不忘初心、报效祖国的家国情怀和社会责任。

2）介绍邱勇教授在长期卓越的临床实践和基础研究的基础上孜孜不倦，脚踏实地，砥砺创新，在脊柱矫形领域有诸多开创和奠基之功，学习前辈在攻坚医学难题过程中所体现出的科学精神。

3）介绍邱勇教授带领团队不舍昼夜地付出，年均手术 800 ～ 900 台，坚持公益慈善事业，定期免费为贫苦患儿进行手术，大医精诚，他是无数患者温暖的依靠。

教学场景推荐　用于“系统解剖学”课程中躯干骨的讲授。

（1）人物简介

邱勇教授，南京大学医学院附属鼓楼医院脊柱外科主任，法国国家外科科学院院士，国际脊柱侧凸研究会（SRS）会员，香港中文大学名誉教授；中国康复医学会脊柱脊髓专委会全国主任委员；中国骨科医师协会副会长。1988 年硕士毕业于苏州医学院，次年赴法国贝尔克基金会医院脊柱外科中心学习工作，历时 8 年，其间邱勇教授系统地学习了当时最先进的脊柱侧弯矫形理论和技术。1997 年下半年学成归国，在南京大学医学院附属鼓楼医院脊柱外科从事脊柱畸形矫治工作。

（2）不忘初心，报效祖国

留学 8 年，邱勇教授刻苦钻研脊柱外科技术，全面地了解了欧洲脊柱外科发展状况，熟练地掌握了脊柱三维矫形术的理论与技术，成为当时我国唯一的国际 CD 脊柱外科学会会员。

1997 年 6 月底，邱勇教授放弃年薪 35 万法郎的丰厚待遇，谢绝导师的盛情挽留，为解决国内脊柱侧凸患者的痛苦，他毅然回国。当时国内有近 100 万脊柱侧凸患者正遭受病痛的折磨，解除他们的痛苦才是他最大的愿望；而且中国的脊柱侧凸的诊治水平与国际先进水平相比差距太大，缩小这个差距成为他努力的方向。过去二十余年，脊柱外科已然从一个仅有 3 张床位的小科室发展到今天拥有 150 张床位的全国重点科室，他和他的团队累计做了 12 000 多台脊柱侧凸手术。这些亮眼成绩的背后，无疑是不舍昼夜的付出。

同时，邱勇教授还一直坚持公益和慈善事业，定期开展免费手术。从南京到中西部内陆高原，他让脊柱侧弯的孩子摆脱了疾病的折磨，重新挺起了胸膛，找回了自信。

（3）杏林圣手，医界楷模

脊柱侧凸是一种脊柱的三维畸形，包括冠状位、矢状位和轴位上的序列异常。脊柱侧凸轻者会使身体变形，影响生理健康，严重者会影响心肺功能，甚至累及脊髓，造成瘫痪，是危害青少年和儿童的常见疾病。

脊柱矫形手术难度大、风险高，一直是骨科界最具挑战性的手术。邱勇教授在长期卓越的临床实践和基础研究的基础上砥砺创新，在脊柱矫形领域有诸多开创和奠基之功：率先在全程神经电生理监护下进行脊柱矫形手术，大大降低神经损伤风险，确保矫形手术安全有效地进行；率先开展难度极高的脊椎截骨术；针对曾被认为无法矫治的伴发 Chiari 畸形（又名先天性小脑扁桃体下疝畸形）、脊髓空洞或脊髓裂等的脊柱侧凸制订了系统性的治疗方案，成功救治了 500 余例此类患者；首个系统性地开展微创脊柱矫形手术，将微创理念完美地应用于脊柱矫形手术；为来自全国各地（含港澳台地区）及海外的 8000 余例患者施行矫治手术，其手术难度之大、技术之新、数量之多及手术并发症之少，均处于全国顶尖水平，并进入国际最先进行列；建立了我国首个最大的脊柱畸形临床资料和组织标本系统，并利用此系统对国人特发性脊柱侧凸的发病机制进行了系统性的研究，还制定了国人青少年特发性脊柱侧凸支具的治疗规范，使得 2 万名患者免于手术治疗。大医精诚，他用他的一言一行，一举一动书写着一个大写的“医”字，他是无数患者温暖的依靠。

（4）培养人才，提携后学

作为研究生导师，邱勇教授还承担着南京大学医学院和南京医科大学的临床教学工作，培养了多名硕士、博士研究生，多次举办国家级医学教育“脊柱畸形”继续教育学习班，把先进的脊柱矫形理论和技术向全国推广，通过教授更多的青年医生，最终惠及更多的患者。

他所带领的团队已经成为中国最大、拥有病例最多、研究领域最广、最深入的脊柱畸形团队，也是全球同领域领先的脊柱畸形研究中心。先后获得国家科技进步奖二等奖

2 项、中华医学科技奖 1 项、教育部提名国家科技进步奖 1 项、江苏省科技进步奖 5 项、市级科技进步奖 6 项和江苏省卫生厅新技术引进奖 11 项。

参考文献

邱贵兴. 2005. 中国脊柱外科发展历程. 中华创伤骨科杂志, 7(1): 12-15.
张薇. 2020. 青少年脊柱侧弯的治疗与干预方法进展研究. 当代体育科技, 10(14): 14-15.

（南京医科大学基础医学院　陈璐璐）

10. 健侧颈 7 神经移位术的开创者——顾玉东院士

思政关键词　科学精神，时代品格，医者精神。

思政要点　1）面对成绩和荣誉，顾玉东院士总是强调是患者造就了医生，在第一本专著的前言中，他写下“这三十年是病人无数次的痛苦和鲜血让我由无知到有所知，由理论到实践”，朴素的话语中折射出一位医生伟大的品格。

2）介绍顾玉东院士为老年朋友发明了一套简单易学的手保健操，通过手的运动锻炼大脑，预防退行性的脑部疾病，体现了顾院士关爱老年人健康，践行医者仁心的医者精神。

教学场景推荐　用于“系统解剖学”课程“周围神经系统”的“脊神经 - 臂丛”相关内容的讲授。

臂丛根性撕脱伤的有效治疗手段之一是神经移位术。供体神经可来自丛外或丛内，丛外包括副神经、肋间神经、膈神经等，丛内是利用残存的神经根作为移位神经的动力，如将颈 5 神经根移位到臂丛下干修复手的功能。但是，当全臂丛神经根性撕脱伤合并同侧副神经、膈神经损伤及肋骨骨折时，传统的丛外或丛内神经移位术就无法进行。

（1）研究突破

为了解决这一临床难题，顾玉东院士在 1000 多例臂丛神经损伤的诊治中发现，臂丛颈 5、6、7 神经根撕脱的症状基本同颈 5、6 神经根撕脱，颈 7、8 胸 1 神经根撕脱的症状基本同颈 8 胸 1 神经根撕脱。

1986 年，顾玉东院士首创健侧颈 7 神经移位术修复全臂丛根性撕脱伤，并于 1992 年首次报道。由于颈 7 神经根包含 16 000 到 40 000 的有髓神经纤维，大于可供神经移位的臂丛外供体神经轴突数的总和，并且三十多年的临床实践证明，单独切断颈 7 神经根不会明显影响健侧上肢的功能，因此健侧颈 7 神经移位术的临床应用潜能巨大，目前已经成为国内外临床上臂丛根性撕脱伤的主要手术方式之一。

在健侧颈 7 神经移位术治疗全臂丛神经损伤患者的术后恢复过程中，顾玉东院士团队发现大脑功能重塑参与了这一修复过程，进而提出脑科学领域的全新观点：一侧大脑具有同时控制双侧上肢的潜能。在开展的临床试验中，通过手术将健侧上肢颈神经移位至瘫痪侧，让偏瘫上肢与同侧健康大脑半球相连接，激发健康大脑半球的潜能，促使瘫痪上肢功能的恢复。该研究是顾院士国际首创“健侧颈 7 神经移位术治疗臂丛损伤”基础上进行的全新拓展，并创新性地应用于中枢性偏瘫患者治疗中，相应的研究成果以原创论著形式发表在 2018 年 12 月 21 日的《新英格兰医学杂志》(NEJM)。

（2）研究意义

健侧颈 7 神经移位术历经 35 年的不断推广和改进，已经成为臂丛神经根性撕脱伤的主要手术方式之一，也使我国在臂丛神经损伤诊治领域长期处于国际领先地位。

在中枢性偏瘫患者中，虽然一侧大脑半球损伤难以修复，但另一侧大脑半球功能完好。在前期研究证实一侧大脑具有同时控制双侧上肢的潜能后，徐文东教授、顾玉东院士课题组实现了临床转化，提出治疗中枢损伤后期瘫痪上肢功能恢复的新方法：通过手术将健侧上肢颈神经移位至瘫痪侧的颈神经，不依赖于损伤侧大脑半球，让偏瘫上肢与同侧健康大脑半球相连接，激发健康大脑半球的潜能，促使瘫痪上肢恢复功能。目前这一中国原创成果已在美、日、韩、印度及中国国内数十家顶尖医疗机构推广，造福全世界的患者。

（3）不忘初心

顾玉东 1961 年毕业于上海第一医学院（今复旦大学上海医学院），是上海华山医院手外科专家，也是我国手外科领域的主要奠基人之一。他从医从教六十余年，从零起步，带领团队开创多项世界第一，揽获国家科技进步奖二等奖 6 项，是国家级有突出贡献专家、全国先进工作者，荣获全国五一劳动奖章、卫生部白求恩奖章、中共中央宣传部和国家卫生健康委员会评选的“最美医生”……

面对成绩和荣誉，顾玉东院士始终记得自己的“从医初心”：他 10 岁时因患脑膜脑炎深夜住院，是一位王医生忙碌了一整夜，把他从死亡边缘救了回来，此后他立志做一位像王医生那样医术精湛、医德高尚的好医生。顾院士总强调是患者造就了医生，在第一本专著的前言中，他写下“这三十年是病人无数次的痛苦和鲜血让我由无知到有所知，由理论到实践”，朴素话语中折射出一位医生伟大的品格。他在从医生涯中为自己和手外科同事立下了“四心”的行为准则：对患者有同情心、对工作有责任心、对事业有进取心、对同志有团结心。2021 年 8 月，在第四个中国医师节到来之际，顾院士用三句话总结自己的从医经历，也是对青年医学工作者的深情寄语：“听党的话，学白求恩，做好医生。”

参考文献

陈亮 . 2016. 健侧颈 7 移位术 30 年回顾 . 中华手外科杂志 , 32(4): 243-246.

Gu YD, Zhang GM, Chen DS, et al. 1992. Seventh cervical nerve root transfer from the contralateral healthy side for treatment of brachial plexus root avulsion. J Hand Surg Br, 17(5): 518-521.

Zheng MX, Hua XY, Feng JT, et al. 2018. Trial of Contralateral Seventh Cervical Nerve Transfer for Spastic Arm Paralysis. N Engl J Med, 378(1): 22-34.

（南京医科大学基础医学院　李　雷）

11. 中国活体肝移植第一人——王学浩院士

思政关键词　医者精神，科学精神。

思政要点　1）介绍我国肝移植的现状及面临的挑战，介绍王学浩院士为了人民的健康生活担负起研究活体肝移植的责任。

2）介绍王学浩院士在探索过程碰到的困难及如何坚持不懈获得了突破，鼓励学生勇于挑战医学难题，培养面对困难永不放弃的科学精神。

教学场景推荐　可用于“系统解剖学”课程中静脉的讲授，介绍肝门静脉的组成和属支。

（1）王学浩院士的简介

王学浩，中国工程院院士、主任医师、一级教授、博士生导师，曾任南京医科大学第一附属医院肝脏外科研究所所长、江苏省肝移植中心主任、国家卫生健康委员会器官移植临床重点专科主任、国家卫生健康委员会重点实验室主任、中国人体器官捐献和移植委员会委员、中华医学会移植免疫学组主任委员、南京市科学技术协会副主席、南京医科大学科学技术协会主席、江苏省医学会副会长等职。

（2）研究突破

20 世纪 90 年代以来，在我国经济和科技快速发展的大背景下，我国肝移植经过二十余年的发展，取得了令世界瞩目的成就，这也使得我国成为目前世界上肝移植发展较快的国家之一。肝移植年例数由最初 3 ～ 5 例发展到目前 2000 例左右（其中 2005 年达到 2960 例），总例数已超过 2 万例。王院士是中国大陆活体肝移植的开拓者。王院士克服了供肝来源匮乏、手术难度大和术后并发症多等多重困难，于 1995 年 1 月开展了中国大陆首例活体肝移植，是国际上较早开展活体肝移植的学者之一。王院士制定了我国活体肝移植规范化技术体系，将此项技术向全国范围推广，引领并推动了我国活体肝移植的深入发展；在亲体肝移植治疗肝豆状核变性（hepatolenticular degeneration，Wilson disease，即威尔逊病）领域提出创新性的见解，为该病的治疗开拓了新的思路。

2012 年 11 月，王院士主持了世界首例带血管瘤的左半肝成人间边缘供肝移植。术后半年，供者和受者均顺利康复并重返工作岗位。此次手术为边缘供肝开拓了新思路。王院士在国际上首次将转染了肝细胞生长因子基因的骨髓间充质干细胞应用于小肝综合征的预防，提出阻断小肝损伤机制的上游途径或多途径阻断是延长小肝生存时间的有效手段。

（3）意义

在王院士的带领下，其研究团队在活体肝移植的研究道路上砥砺前行。目前还有三个重要的研究难题有待攻克：①供体安全保障；②成人右叶供肝活体肝移植；③急诊活体肝移植，这需要我们的医生和医学生不断地提升临床研究水平，保证在肝移植领域拥有核心竞争力，推动我国的医学事业蓬勃健康发展。

参考文献

饶建华，王学浩．2017. 活体肝移植在中国的发展与前景．中国普外基础与临床杂志，24(8): 913-915.
王学浩，杜竞辉．1995. 活性供肝原位部分肝移植一例报告．中华器官移植杂志，16(3): 133-134.
王学浩，张峰，李相成，等．2002. 活体部分肝移植12例次临床报告．中华医学杂志，82(7): 435-439.

（南京医科大学基础医学院　朱　敏）

12. 巧妙利用解剖学特点，破解肾脏手术难题——殷长军教授

思政关键词　家国情怀，科学精神，医者精神。

思政要点　1）介绍殷长军教授带领团队立足本职、爱国敬业，通过不断刻苦钻研练就精湛医术，多次应邀将此手术向全世界泌尿医生分享并演示，因其出色的技术成为闻名国际泌尿外科界的中国专家，成为中国医生的骄傲。

2）彰显殷长军教授刻苦钻研锤炼精湛医术，传承其严谨治学、求实进取、尊重知识、尊重人才、创新探索的科学精神。

3）弘扬殷长军教授救死扶伤，人民第一、生命至上，为人民服务，无私奉献、鞠躬尽瘁的医者精神，诠释“献身医学、救死扶伤”医学誓言。

教学场景推荐　可用于“局部解剖学”课程中体腔——腹膜后隙部分讲授，介绍肾段动脉特点及其临床应用。

（1）殷长军教授简介

殷长军，男，教授，博士生导师，主任医师，国家突出贡献中青年专家，世界腔道泌尿外科学会委员。曾经担任南京医科大学第一附属医院泌尿外科主任，长期从事泌尿男性生殖系统肿瘤的微创外科治疗、早期诊断和个体化治疗。曾荣获2012年度中华医学会金膀胱镜奖、江苏省科技进步奖一等奖和教育部科技进步奖二等奖，获得国家专利7项，曾主持多项国家自然科学基金、国家临床重点专科建设项目，以通讯作者发表SCI论文50余篇。殷教授以其卓越的医德医术、精湛的泌尿男性生殖系统肿瘤的微创外科手术享誉国内外，曾经多次受邀在国内外学术会议上进行专题报告和泌尿外科手术演示。

（2）研究突破

肾部分切除术是治疗早期肾癌的标准术式，先前手术切除肾脏局部肿瘤前，需要阻断整个肾脏的血管即肾动脉主干血管。肾动脉阻断时间超过30min，就会对整个肾脏造成不可逆性的缺血损伤，严重影响肾功能，如何能在肾脏部分切除的同时最大限度地保留肾脏和肾功能是全世界面临的难题。

2008年殷教授团队利用肾段动脉解剖学特点，率先在国际上提出并开展“腹腔镜下肾段动脉阻断肾部分切除术”治疗早期肾肿瘤，成功地解决了这一世界性难题，为全球泌尿外科领域作出突出贡献。

2009年，殷教授在上海国际泌尿外科大会上演示了“腹腔镜下肾段动脉阻断肾部分切除术”，在手术解剖肾段动脉分支过程中，现场观摩手术的许多国内外泌尿外科专家都

表示无法理解其用意，但当选择性阻断肾段动脉并完美地切除肿瘤后，他们都被殷教授的创意和精细娴熟的技术深深折服，全场报以三次热烈的掌声。

2012 年，殷教授受邀在美国约翰斯 · 霍普金斯医院会堂的讲台上，向在场的世界顶级泌尿外科专家们介绍他的团队在“腹腔镜肾段动脉阻断技术”和“泌尿外科微创技术创新”方面所取得的成绩，受到了同行的高度评价。

2013 年，殷教授团队在世界泌尿外科顶尖杂志《欧洲泌尿外科杂志》发表论文，题为“腹腔镜下精确肾段动脉阻断肾部分切除术”，文中提出了肾门血管临床解剖分型标准、建立三维模型、优化手术解剖路径和肾段动脉精确阻断的标准化方案，这是国际上最先提出、最具系统性的在 CT 造影三维模型指导下的肾脏不同部位肿瘤的标准手术操作流程。此论文作为期刊的封面论文，是殷教授团队在世界泌尿外科舞台上的又一次精彩而华丽的亮相。

（3）医者光芒

殷教授一生踏踏实实、勤勤恳恳、刻苦钻研，经过多年的学习与历练，成长为一名优秀的泌尿外科医生。办公室的墙上挂着的“妙手回春”书匾和窗台上放置的金膀胱镜水晶奖杯，无声地彰显着患者的高度评价和殷教授专业的至高地位。殷教授曾这样说道：“人的生命只有一次，医生面对的是病人的生命，必须要认真、严谨、仔细，注重每一个细节，再大的手术都是通过一个一个具体的细节来完成的。”而殷教授手术的日臻精妙，掌握得更好、更快、更精准的手术方式，与他对每一次手术认真严谨和每一个手术细节精益求精的精神是密不可分的。

他拥有爱心、胸怀坦荡、不辞辛劳，人民第一、生命至上，一切努力都是为了患者。在国际上首创后腹腔镜下双侧肾切除或孤立肾切除，体外工作台行肾肿瘤切除，修复肾脏创面，行自体肾移植术，最大限度地为患者考虑。2007 年，患者陈某被查出左肾有恶性肿瘤，当时手术把左病肾全部切除。2011 年，该患者不幸又查出右肾有恶性肿瘤，剩下的这个肾如果保不住，后果可想而知！最终，殷教授为该患者成功切除了唯一一个肾上的肿瘤又保留了该肾的功能，该患者无疑是幸运的，而这种幸运正得益于殷教授怀揣着生命至上的初心，不断精进自己的医术。

他为泌尿外科无私奉献、鞠躬尽瘁、尊重知识、尊重人才，带领学科发展，与兄弟科室联合协作、共同进步。许多年来，殷教授已经习惯了在忙碌的手术和大查房后继续进行英语病例讨论。与此同时，在每周二早上他还会进行国际最新理念、最新技术介绍的英语沙龙。在他看来，只有不断学习、开阔视野并跟上最新的理念，科室才会继续发展、水平才会不断提高。经过十多年的探索和实践，殷教授和他的团队已经能用“微创”解决 90% 以上的泌尿外科手术，并将自己的手术推广到了全国范围乃至世界泌尿外科舞台，影响广泛。

他严谨治学，宽厚待人，以高尚的医德、精湛的医术、公而忘私的敬业精神赢得了社会崇高的声望。他是深受人民爱戴、患者及家属赞美的好医生，是受学生尊敬并被作为楷模的好老师，是大家眼中的好同事，是所有教师、医学生和医务工作者学习的榜样。殷教授刻苦钻研锤炼精湛医术，救死扶伤塑造高尚医德，严谨治学铸就崇高声望，爱国奉献展现家国情怀，完美诠释了“献身医学、救死扶伤”的医学誓言。

参考文献

Shao P, Qin C, Yin C, et al. 2011. Laparoscopic partial nephrectomy with segmental renal artery clamping: technique and clinical outcomes. Eur Urol, 59(5): 849-855.

Shao P, Tang L, Li P, et al. 2013. Application of a vasculature model and standardization of the renal hilar approach in laparoscopic partial nephrectomy for precise segmental artery clamping. Eur Urol, 63(6): 1072-1081.

（南京医科大学基础医学院　靳建亮　乔婉鑫）

13. 中国肺移植第一人——陈静瑜

思政关键词　家国情怀，科学精神，医者精神。

思政要点　1）介绍以陈静瑜为首的肺移植救治医疗团队深入抗疫一线开展救死扶伤的事迹，让学生感受到作为医生的使命感和责任感。

2）介绍陈静瑜医生胸襟开阔，提携后学，让学生领悟到医学前辈的科学家精神。

教学场景推荐　可用于“系统解剖学”课程中内脏学——呼吸系统章节讲授，介绍肺的形态、肺门和肺内的结构。

（1）背景

呼吸系统中肺的病变较为常见，如患者中，轻型病症会发展为重型或危重型。重型或危重型患者在后期的治疗上难度比较大，预后也不是太好。为了挽救肺部重大疾病患者的生命和健康，除了药物治疗以外，肺移植治疗是有效解决这一问题的可行方法。

（2）力排众议，勇于开拓

早在 1954 年，美国波士顿医学家成功地完成了第一例双胞胎人体器官移植手术——肾移植手术，成功避免了身体排斥外来组织这个难题，开创了人体器官移植的新时代。1963 年，外国医学家在肺和肝脏移植方面开始进行了尝试。到了 70 年代后期，环孢素研制出来以后，器官移植在发达国家渐渐发展成为常规疗法。

陈静瑜医生敏锐地察觉到了肺移植医学在患者治疗中的重要性和国内医疗未来对其的需求，于 2001 年 9 月底远赴加拿大多伦多总医院进修学习肺移植。从 2002 年 9 月 28 日完成的第 1 例肺移植，至今他已经为 1000 多例呼吸衰竭的患者完成了肺移植。他带领自己的团队通过不懈的努力，成立了全球第二大肺移植中心。

（3）临危受命，敢于担当

为救治重症和危重症患者，2020 年 2 月 29 日陈静瑜及其团队冒着感染新冠病毒的危险，进行了全国首例新冠肺炎患者肺移植手术。为了顺利成功地完成新冠肺炎患者肺移植手术，他和团队在手术前进行了多次流程及交流手势练习。最终，用了不到 6h，高效完成了全球首例新冠肺炎终末期患者的双肺移植手术。在 10 天后，其团队再次完成一例 73 岁高龄新冠肺炎转阴患者双肺移植手术。

2020 年 4 月 18 日，国家肺移植救治医疗组组长陈静瑜和他的团队奔赴武汉开展肺移植手术。在几个月的时间里，他和团队成员分别在武汉和无锡完成了 4 台新冠肺炎危重症患者肺移植手术。

（4）广授医术，科学严谨

从2002年9月到2017年3月陈静瑜和其团队完成了国内约七成的肺移植手术。近年来，为了让更多的患者得到有效治疗，陈静瑜和其团队先后到吉林、南京、北京、杭州、广州、武汉等多个省市三甲医院，帮助开展肺移植手术并培养大批的专业技术骨干。为了推广肺移植技术，陈静瑜带领其团队曾用28h辗转江苏、贵州、河南的6个市；成功完成了贵州省第一例双肺移植。

陈静瑜在每一次肺移植手术时，都会在术前、术中对实习生和进修医生进行现场示教与培训，详细讲解肺的主支气管、动脉、静脉、神经和淋巴等正常解剖结构和变异的解剖结构。在肺移植术中，陈静瑜还会用临床的思维给实习生及进修医生现场讲述手术中遇到的瓶颈和自己的一些经验。同时还强调人体解剖的基础知识学扎实了，才会减少患者的病痛，提高患者治疗后的生活质量。

陈静瑜常常会提出一些当前肺移植遇到的短板，让学生们思考如何在将来解决以下问题：

1）支气管动脉的吻合。在常规的肺切除和肺移植手术中，支气管动脉是做切断结扎处理，但根据目前技术条件无法吻合支气管动脉。肺组织接受肺动脉与支气管动脉双重供血，支气管动脉无法吻合会导致移植肺组织供血的缺失，是当前需要攻克的技术难题。

2）移植肺的去神经支配。在常规的肺切除手术中，肺迷走神经通常是被切断的。在肺移植手术后，供体肺的去神经支配，对于供体肺长期并发症是否有影响，尚未可知。在呼吸系统中，迷走神经调节气道张力、血流供应、黏液分泌及呼吸形式。迷走神经在气道中至少有5种感受器受体，手术切除迷走神经，必然影响其相应的功能。

3）移植肺的去淋巴管分布。目前由于技术原因，尚不能在术中探索肺及胸膜表面的淋巴管分布，这些淋巴管道的去除，是否会影响术后肺移植的效果，均不得而知。

参考文献

田地，葛子若，钱芳，等. 2021. 法维拉韦治疗新冠肺炎重症发生率的临床观察. 中国药物警戒，18(10): 901-905.

吴波，胡春晓，陈静瑜，等. 2021. 生命至上，尊重科学——中国肺移植发展现状及展望述评. 武汉大学学报（医学版），42(4): 517-519.

徐海英，秦佳楠，陈静瑜，等. 2020. 世界首例新型冠状病毒肺炎患者双肺移植手术配合与管理. 器官移植，11(4): 497-501.

张静，王卓，邓宇，等. 2021. 肺移植后原发性移植物功能障碍的研究进展. 武汉大学学报（医学版），42(4): 564-569.

（南京医科大学康达学院 王 凯）

14. 肝胆外科的先驱者——吴孟超院士

思政关键词 家国情怀，科学精神，医者精神。

思政要点 1）介绍吴孟超院士从医70多年，把自己的一生献给祖国医疗事业的典型事迹，让学生感受到作为医生的使命感和责任感。

2）介绍吴孟超院士的就诊“三步曲”，让学生感悟他心怀患者的医者精神。

3）介绍吴孟超院士在解剖学方面提出的“五叶四段”创新理论，对解剖学知识的精通为其今后在肝胆外科方面有如此高的成就打下了基础，鼓励学生们不断以高标准要求自己，锲而不舍、追求卓越。

教学场景推荐 可用于“人体解剖学”课程中内脏学——消化腺章节讲授，介绍肝脏的结构。

（1）背景

人们对肝脏解剖的认识是随着肝脏外科手术的不断发展而逐渐加深的，这个认识过程分为如下三个阶段。第一阶段，将镰状韧带作为从表面划分肝脏区域的手术界限定位标志。第二阶段，1898 年康德黎（Cantlie）通过对肝脏管道灌注标本的研究，确定了肝脏主门静脉裂即 Cantlie 线，后来把肝分为右、左两叶，内、外两段。用这一理论指导肝脏外科手术沿着叶、段平面进行解剖结构的肝切除术。第三阶段，奎诺（Couinaud）提出了肝脏解剖结构由两叶八段组成，吴孟超院士也提出了中国人肝脏解剖“五叶四段”的创新理论，为今天肝胆外科学的创新提供了解剖学的理论基础。

（2）院士风采，卓越成就

吴孟超院士是中国肝脏外科的开拓者和主要创始人之一。他创立的“五叶四段”解剖学理论，奠定了中国肝脏外科的理论基础；在肝胆外科手术中，他开创了间歇肝门阻断切肝法，打破了肝叶手术禁区，并提出了一些新的肝胆外科理论和手术技术。他主持建立了肝胆外科疾病治疗及研究专科中心，先后获国家、军队和上海市科技进步奖 24 项，出版《腹部外科手术学图谱》《肝脏外科学》等医学专著 19 部，发表论文 220 余篇。吴孟超院士的这些事迹，让从事医疗事业的人们感受到了他苦练技能、勇于创新、医术精湛、本色不改的学者风范。

（3）医术精湛，影响后人

吴孟超院士的右手食指指尖微微向内弯曲，看似和常人不一样，那是他职业生涯中长期握手术刀、持止血钳的结果。他的手灵巧、有力、神奇。他的手术刀在肝脏“五叶四段”内的肝固有动脉、肝门静脉、肝静脉和肝管中游走，逢山开路，遇水搭桥。他视手如命，他曾风趣地说过：“手比脸重要，只有手的感觉好了，在手术中才能让眼睛偷会儿懒，不然眼睛和手一直捆绑在一起，眼睛会累坏的。”在手术当中，有时候满腹腔的血，他用手一摸，把血管一掐，血就止住了。有人这样评价：他的手是“长了眼睛”的手，能“看见”肿瘤的位置，以及各种复杂的解剖关系。

（4）视患者如亲人

吴孟超院士有一颗善良的心和一双温暖的手。对待前来就诊的患者，吴孟超院士有“三步曲”：一搓，二拉，三摆。天冷的时候，他会先把手焐热，再去触碰患者的腹部；给患者做完检查，他会帮他们把衣服拉好；最后他会弯下腰把鞋子放到患者最容易穿的地方。每个大年初一，他会去医院慰问值班医生及住院患者，握握手，聊聊家常，看似简单的动作，却能给人带来无限的温暖和百倍的信念。

吴孟超院士受“朗读者”节目的邀请，讲述了他和他的患者——甜甜的故事。甜甜的肝叶上长了一个巨大的海绵状血管瘤。甜甜带着家人的希望千里迢迢地找到吴孟超院士，当年吴孟超院士已是82岁的老人，他整整用了10h，就完美地完成了这台手术，他创建的肝门阻断法，前所未有地在一个手术中实施了4次。瘤子切下来了，重达4.5kg，足足有排球那么大。吴孟超院士这种大无畏的医者精神影响着他身边的每一位医者。

吴孟超院士曾对同事说过一句半开玩笑的话："如果哪一天，我真的在手术室里倒下了，你知道我是爱干净的，记住给我擦干净，不要让别人看见我一脸汗的样子。"看似一句玩笑话，实际上代表了他用一把有温度、有情怀的柳叶刀，铸就了新时代的医魂。

参考文献

陆小亮，吴彬，陈科济，等. 2021. S100A7在肝内胆管细胞癌中的表达及其临床意义. 外科研究与新技术，1: 4-5.

吴孟超，张柏和. 1996. 肝脏外科进展. 外科，Z1: 1-4.

庄虔贞，李凤池，石济明，等. 1992. 8例肝叶切除术的体会. 海军医学，4: 311-312.

（南京医科大学康达学院　王　凯）

15. 永不放弃的当代大学生——姚俊鹏、邱怀德

思政关键词　时代品格，科学精神。

思政要点　1）通过两位大学生的故事，引导学生碰到再大的困难也不要放弃，努力做对社会有用之人，树立医学生的职业使命感；引导学生思考家人的付出，长存感恩之心。

2）介绍南京医科大学康复医学与理疗学专业的博士邱怀德（南医小邱）虽然身患罕见病，但是立志学医，最终找到病因，还读完了5年本科和3年研究生，将继续攻读博士的励志事迹。

教学场景推荐　可用于"系统解剖学"课程中端脑的讲授，介绍端脑的结构及功能定位。

（1）脑瘫少年姚俊鹏超出一本线108分

19岁脑瘫少年姚俊鹏高考成绩623分，高出一本线108分，是中国药科大学外语学院2020级的一名学生。这名少年，从一出生就被打上了脑瘫的印痕，但是他却走出了"我命由我不由天"的励志之路。

脑瘫在医学上是指在出生前、出生时或婴儿早期因为某种原因造成的非进行性脑损伤导致的综合征，主要表现为中枢性运动障碍和姿势异常，可伴有智力落后及惊厥。姚俊鹏同学表现为肢体上的不协调，手脚无法自主行动，但很幸运智力是正常的。对于脑瘫孩子，很多父母会放弃他们，对他们缺少关爱与投入，但姚俊鹏的父母没有，他们用无私的爱包围着姚俊鹏，培养他乐观向上的精神，让他积极向上地生存着。他自己也很努力，靠着异于常人的精神与不懈的努力，获得成长。他曾经获得过青少年全国信息学奥林匹克联赛（NOIP）一等奖，同时，他也很喜欢读书，写诗。

姚俊鹏是一个非常自律的孩子，为了促进身体康复，在高中时期，他每天中午都会在操场锻炼；再困难的习题，再难写的作文，他也从来都不放弃，哪怕从来都写不完（因为肢体上的不协调，姚俊鹏无法将字写快，也总是无法将作文写完），但他依旧坚持每日

去写。脑瘫孩子的成长过程并不那么轻松愉快，他要面对每一个异样的眼神，要承受身体上的各种不舒服，面对他人轻易做到而自己却要费千般力气才可做到的各种事情，但是从姚俊鹏的眼神中看不到悲戚，也看不到卑怯，相反他的眼神中充满了自信及对未来的憧憬，他说要做一个对国家有用的人。

姚俊鹏的父母也没有把他当作有残疾的孩子，一直以正常的孩子来要求他、教育他，字写不好会要求他练字，身体不协调，会要求他每天不坐轮椅，自己去走。姚俊鹏经常摔跤，自从懂事起，他就知道自己不能自由地奔跑，也知道自己和其他孩子不一样，但是这些并没有成为他自卑的原因，相反成为激励他的动力。

靠着自身的坚强信念与不断努力，靠着父母的爱与坚持，这名在襁褓中就被确诊为脑瘫的 19 岁少年，开始了他逆风飞翔的人生。

（2）身边的故事——南医小邱

邱怀德于 2007 年读高一时，就出现了走路不对称的情况，而且病情每况愈下，2010 年双手开始明显抖动，却一直查不出是什么病，更没有具体的解决方案。为了查清自己的病，邱怀德决心报考医学院校，为此他付出了很多努力，最终以 645 分的高分，跻身当年福建省高考前 1% 的行列，来到南京医科大学。

读本科时，他一边求学一边看病，跑遍了南京的各大医院门诊，也一直没有查清自己得的到底是什么病，有人说是痉挛性截瘫，但是又无法治疗，而他的病情却越来越严重。本科的最后一年，他从宿舍走到教室的 300m 路都要扶墙缓行，走一段还得歇一段时间才能再走。邱怀德状态最差的时候连步子都迈不开，从医院回来需要 2 个同学架着他，把他背回学校。这是邱怀德最绝望的时刻，他怕自己未来只能瘫在床上，失去独立生活的能力。但是即使在最绝望的时候，邱怀德也从未放弃，他在绝望中寻找希望。

为了上课，他经常骑着自行车在校园里穿行，上坡推行下坡骑；为了学习，他长时间地坐在书桌前，左肩常常特别酸痛。那时候他动作不协调，平衡感也不好，写字都会抖，有时候穿裤子都差点绊倒，只能靠着墙穿。从宿舍到课堂的距离，对他而言都满是艰辛；医学实验这种精细化的操作对他来说更是难上加难。然而邱怀德从未消极度日，凭借自己的努力，连年获得各种奖学金，成绩也一直保持在年级前列。

“不能放弃，一定要坚持！”邱怀德不停告诉自己。那一年，他遇到了励建安教授，建议邱怀德吃一些与多巴胺相关的药物。令人意外的是，服药后邱怀德的情况改善了，三五天后，他就可以拄着拐杖走路了。

2016 年，邱怀德做了基因检测，才确定自己患的是青少年型帕金森病，患病概率为 1/10 万，目前无法治愈，只能靠药物和长期的康复训练来维持身体功能。虽然疾病不能治愈，但是邱怀德不屈服于命运的安排，开始到健身房进行康复训练。第一次进健身房时，邱怀德是拄着拐杖缓缓走进去的。他忍着身体的酸痛进行康复训练，每次练完都是大汗淋漓，甚至手掌都被磨破了。几个月后，他从不能加重量，到可以卧推 60kg，引体向上也能一口气做十几个。渐渐地，邱怀德可以不用拐杖走路了，可以开始跑步了，肌肉开始增长了……从“拄拐少年”到“肌肉小哥”，邱怀德付出了超出常人数十倍、数百倍的努力。

研究生期间，他发表 2 篇中文论文、1 篇 SCI 论文，申请发明专利 1 项，以翻译秘书身份参译专著 1 部，顺利毕业；他还开办了“南医小邱”公众号，进行疾病科普和健康宣教。此外，他还拿到了执业医师证和住院医师规范化培训证，顺利通过了研究生答辩。这段时间他的运动能力也得到进一步提升，可以一口气跑 5km。从严重的时候双手颤抖，双腿连路也走不了，到康复训练后摆脱拐杖，还成了“肌肉小哥”。他在重重困难下读完了 5 年本科和 3 年研究生，还拿到了南京医科大学康复医学与理疗学专业的博士拟录取通知书。

（3）思政启示

你们习以为常的一切，在别人那里可能是一种奢求，你，还有什么理由不去努力呢？

通过身边的两则故事，让同学们在学习解剖知识的同时更加敬畏生命，尊重生命，热爱医学，树立医学生的职业使命感和荣誉感，不断努力。

参考文献

杜若. 2015. 面对命运，我选择自立自强：美德少年姚俊鹏的故事. 小学生导读，(1): 8-9.

周洋. 为治病曾“拄拐学医”的南医小哥今天研究生毕业了！荔枝网，http: //news. jstv. com/a/20190630/7d31f0bcebe74cae-a316bd953d97dab4. shtml, 2019-6-30.

（南京医科大学基础医学院　吴　俊　段振东）

第二章　细胞生物学思政教学案例

16. 细胞生物学发展中的中国故事

思政关键词　政治认同，家国情怀。

思政要点　1）近年来我国细胞生物学领域迅猛发展，得益于国家的繁荣强大。体现出在中国共产党的领导下，我国正处于中华民族伟大复兴重要历史时期，引导学生形成对民族崛起和我国政治制度的认同感。

2）通过列举当代中国科学家在细胞生物学领域的研究进展和成就，激起同学们的民族自豪感，树立学生的爱国主义情怀。

教学场景推荐　可用于“细胞生物学”理论课中的绪论部分讲授。

（1）背景

自19世纪“细胞学说”的提出，细胞生物学学科发展中众多发现或成果都是国外科学家的代表性工作。中华人民共和国成立后，党和国家高度重视科学技术的发展，生命科学领域发展走上正轨。随着社会经济的发展和国家政策扶持，尤其是21世纪以来，我国细胞生物学学科蓬勃发展，相关研究有了非常强的实力，与国际水平日益接近，如在细胞治疗、干细胞、生物大分子结构解析等领域，取得了很多有国际影响力的重大成果。

（2）肿瘤细胞“改邪归正”

肿瘤细胞的基本特征是异常增殖和异常分化。急性早幼粒细胞白血病（acute promyelocytic leukemia，APL），就是早幼粒细胞失去了正常增殖和分化程序的控制而导致的一种特殊类型的急性髓系白血病。可以利用小分子诱导剂诱导肿瘤细胞“改邪归正”，重新正常分化并抑制它们的过度增殖，从而改善病情。

20世纪70年代，哈尔滨医科大学张亭栋教授研究发现：三氧化二砷对于治疗APL的效果尤为显著；80年代，上海交通大学王振义教授团队应用全反式维甲酸治疗APL在大样本病例中获得成功，证明全反式维甲酸可诱导白血病细胞沿着粒细胞系进行终末分化。1993年，王振义团队与张亭栋团队开展合作研究，他们采用全反式维甲酸和三氧化二砷联合应用治疗APL，取得显著成效，可以使90%的患者达到5年无病生存。至今，三氧化二砷和全反式维甲酸依然是全球治疗APL的标准药物，这种疗法拯救了众多患者的生命，也是我国医学科学家在白血病治疗领域对人类的重大贡献。

（3）干细胞

说起细胞生物学领域研究的亮点，不得不提到干细胞。干细胞与细胞分化密不可分，其具有自我更新和多向分化潜能的基本生物学特性，能够分化成为机体各个组织器官所需的细胞，因此也被称为“种子细胞”。21世纪以来，随着干细胞研究的不断深入，干细胞在人类多项重大疾病的临床治疗方面的潜力逐渐被证实。

近年来，随着我国对干细胞项目的支持力度不断增强，相关的干细胞研究如雨后春笋般涌现，跃居世界前列。我国不仅在细胞重编程、组织器官发育调控等基础研究领域取得了众多有国际影响力的重大成果，而且在特色动物资源平台、疾病动物模型等方面也处于国际领先水平。根据 *Human Gene Therapy* 杂志刊发的“Stem-Cell Therapy Advances in China”，我国科研人员发表的干细胞科技论文数量已连续 5 年位居世界第二，2017 年占到了全球干细胞出版物总数的 20%（2006 年，未及 3%），其中，几十余篇文章都刊登在 *Nature*、*Science* 和 *Cell* 等国际顶级学术期刊上。而且，我们拥有了一批自主研发的技术，如首次绘制了人原肠前胚胎的发育全景图，打开人类胚胎早期发育的“黑匣子”，为研究着床后的人类早期胚胎发育建立了研究基础。截至 2019 年 1 月 10 日，我国已申请干细胞专利 4843 件，位列世界第二，仅次于美国的 5418 件。

（4）冷冻电镜解析生物大分子结构

冷冻电镜单颗粒分析技术在解析蛋白质精细结构中发挥着与日俱增的作用。然而，对于 200kDa 以下的小分子质量蛋白质，其解析工作面临巨大挑战。清华大学王宏伟教授团队应用研发的球差校正器 - 电压相位板联用冷冻电镜成像系统，并通过自主研制的单层大单晶石墨烯载网冷冻蛋白质样品，分别获得了分子质量为 52kDa 的链霉亲和素蛋白，以及在结合与未结合小分子生物素两种状态的近原子分辨率结构，创造了利用单颗粒技术解析近原子分辨率蛋白结构的分子量最小值新纪录，拓展了该技术的应用极限。此重大研究成果不仅对传统理论进行了有力的补充，还积极推动了未来方法学的发展。

另外，我国科学家在嵌合抗原受体 T 细胞治疗（chimeric antigen receptor T cell therapy，CAR-T cell therapy，又称 CAR-T 细胞治疗）、基因编辑技术、细胞衰老与损伤机制等细胞生物学研究领域都有重大贡献。我国在细胞生物学领域，虽然起步晚，但在党和国家的重视和支持下，发展很快，目前已经成为国际研究中的重要力量，且在部分领域居于国际领先水平，对人类社会科技进步做出巨大贡献，并推动细胞生物学学科的发展。

参考文献

陈誉华，陈志南 . 2018. 医学细胞生物学 . 6 版，北京：人民卫生出版社 .

杜震宇 . 2020. 生物学科课程思政教学指南 . 上海：华东师范大学出版社 .

蒋君，刘晓婷，肖宇锋 . 2020. 全球与中国干细胞专利发展态势对比分析 . 竞争情报，16: 25-33.

Fan X, Wang J, Zhang X, et al. 2019. Single particle cryo-EM reconstruction of 52 kDa streptavidin at 3. 2 Angstrom resolution. Nat Commun, 10: 2386-2397.

Hu L, Zhao B, Wang SL. 2018. Stem-Cell Therapy Advances in China. Hum Gene Ther, 29: 188-196.

Xiang LF, Yin Y, Zheng Y, et al. 2020. A developmental landscape of 3D-cultured human pre-gastrulation embryos. Nature, 577: 537-546.

（南京医科大学基础医学院　李正荣）

17. 脑海中的橡皮擦——阿尔茨海默病

思政关键词　时代品格，医者精神。

思政要点　1）人口老龄化造成我国阿尔茨海默病人群逐年增加，老年人生活质量下降。关注老年人健康这一社会问题，引导学生体会人文关怀，提升社会责任感。

2）在学习阿尔茨海默病相关知识、治疗难题及社会现状的同时，激发医学生的学习热情和职业使命感。

教学场景推荐 可用于“细胞生物学”课程中细胞衰老内容的讲授。

（1）背景

细胞衰老是指细胞周期阻滞，不可逆地丧失增殖能力，其形态、基因表达和功能都发生特定变化的过程。细胞整体水平的衰老会引起多器官功能衰减，导致各种衰老相关疾病的发生，如糖尿病、骨质疏松、心力衰竭、冠心病、阿尔茨海默病（Alzheimer's disease，AD）等。

（2）阿尔茨海默病与细胞衰老

阿尔茨海默病也被形象地比喻成“脑海中的橡皮擦”，是最常见的衰老性神经退行性疾病。患者大脑皮质中神经元和突触慢性丧失，大脑质量显著降低。以渐进性记忆障碍、认知功能障碍、人格改变及语言障碍等神经精神症状为特征。科学家发现，阿尔茨海默病患者的某些神经细胞中有β淀粉样蛋白斑块沉积。而编码这种蛋白质的基因被认为是一种促衰老基因，其编码蛋白β-淀粉肽（β-amyloid）蛋白的错误切割造成β-淀粉肽聚集从而形成多聚体，最终在脑内积累形成沉淀。阿尔茨海默病常起病于老年或老年前期，多缓慢发病，逐渐进展。阿尔茨海默病的患病风险与年龄高度相关，严重威胁老年人健康。

（3）阿尔茨海默病与人口老龄化

据统计，我国阿尔茨海默病患者数量位居世界第一，也是全球增速最快的国家之一。截至2021年，我国60岁以上的老龄人口已占全国总人口的18. 7%，65岁及以上将成为增长最快的年龄组。而与此同时，65岁以后也正是阿尔茨海默病的发病高峰期。随着我国人口老龄化的加速，预计到2050年我国的阿尔茨海默病患者将超过2000万。应对人口老龄化挑战，健康是最核心的问题。在众多老年常见病中，阿尔茨海默病给家庭和社会带来的负担尤为沉重。在现有医疗条件下，一旦走入阿尔茨海默病的世界，就意味着被牢牢套住。患者逐渐丧失的记忆、日益怪诞的行为及不可理喻的脾气，都在消磨着家人的体力、耐心、金钱甚至亲情。也正是因为这样，有人形象地将阿尔茨海默病称为“全家人的慢性病”，也必将给社会造成沉重的负担。

尽管对阿尔茨海默病的关注和研究越来越多，但尚无根治的特效药物和治疗手段，现阶段的治疗以药物治疗为主，以改善症状、阻止痴呆的进一步发展、维持残存的脑功能、减少并发症为主要原则，医生和科学家仍在努力寻找彻底去除这块“橡皮擦”的办法。

参考文献

欧阳雁玲，尹尚菁. 2019. 我国老年痴呆流行现状及防治策略研究. 中国软科学，(6): 50-58.

Zhang YX, Li Y, Ma L. 2020. Recent advances in research on Alzheimer's disease in China. Journal of clinical neuroscience: official journal of the Neurosurgical Society of Australasia, 81: 43-46.

（南京医科大学基础医学院 程 禾）

18. 细胞的“高铁网络”——细胞骨架

思政关键词 政治认同，家国情怀，文化自信。

思政要点 1）利用“高铁网络”和“一带一路”两个思政元素，让学生了解国家高铁建设历程，体现社会主义制度的优越性，激发对我国经济政治制度的认同感。

2）了解我国社会主义发展的新进展，特别是我国高铁发展历程，激励家国情怀。

教学场景推荐 可用于“细胞生物学”“细胞骨架”内容的讲授。

（1）背景

“细胞骨架”一章是细胞生物学学习的难点所在。如何合理引入本章知识，用通俗易懂的方式让学生理解细胞内骨架系统的结构功能，是教学中遇到的实际问题。本案例以比拟的手法，采用以问题为导向的方式层层递进，用“高铁网络线”比拟细胞骨架，用“高铁列车”比拟马达蛋白，用高铁网络比拟细胞内物质的运输通道。在讲解“细胞骨架”这部分知识的过程中融入我国高铁建设情况的介绍；在学习细胞生物学知识的过程中让学生了解国家高铁建设历程，了解我国社会主义发展的新进展，增加政治认同，增强民族自豪感和自信心，培养家国情怀和文化自信，同时使课程知识的引入变得简单易懂，给后面艰深理论知识的学习作好铺垫。

（2）细胞骨架系统——细胞里的“高铁网络”

“方便快捷”无疑是每一个第一次乘坐高铁的人最深的感受。如今，覆盖全中国“八横八纵”的高铁网络已经贯通东西，纵横南北，深深地影响着每个人的出行和生活。2020年末，全国高铁营业里程达到3. 79万千米，已然成为一张靓丽的中国名片。

那么细胞中是否有这样一个“高铁系统”，承担着细胞内的运输呢？有的。这就是细胞骨架系统，由蛋白质纤维构成的网络结构。

思考①：细胞内的骨架系统分布和形态如何？

（3）马达蛋白——细胞里的“复兴号列车”

从1999年到2002年，中国经历了国产动车组的研发高峰，诞生了以中华之星、先锋号、蓝箭为代表的一大批优秀国产动车组型号。此后我们熟悉的和谐号、复兴号接踵而来，高铁列车技术越来越先进，并且输出多个国家。中国复兴号动车组技术领跑世界。乘坐复兴号列车从南京到北京仅用3个多小时，极大地便捷了城市间的交通。

细胞里是否也有这样一种“高铁动车组”，可以沿着细胞内的“高铁网络”运行呢？有的。细胞内的运输和高铁类似，这种细胞内的“动车组”被称为马达蛋白，不同的马达蛋白可以沿着微管、微丝这样的纤维网络支架移动。

思考②：细胞中的马达蛋白是如何运动的？

（4）细胞骨架的功能——细胞内的高铁网络

细胞中的情况也是如此，马达蛋白承载着细胞内的信号分子和蛋白质、运输小泡等物质沿着细胞骨架输送，使细胞内达成物质互通，信号传递的高速网络，类似地说是细胞内的高铁网络。

思考③：细胞的骨架系统有哪些功能？

参考文献

李晓红 . 2020. 中欧班列，“稳”了 [OL]. (2020-7-16)[2023-9-10] https://www.yidaiyilu.gov.cn/xwzx/gnxw/137736.htm.

（南京医科大学基础医学院　程　禾）

19. 开放创新，合作共赢——细胞周期调控关键分子的发现

思政关键词　科学精神，全球视野。

思政要点　1）研究细胞周期机制是一项艰苦卓绝的工作，不仅需要科学家们付出异常辛勤的劳动，还需要从结果中抽丝剥茧获得生命的真相。引导学生学习理性思考、求实创新的科学精神。

2）通过介绍科学家合作的经历，鼓励学生建立合作创新意识，进一步引导学生站在更高的角度看问题，培养自己的全球视野。

教学场景推荐　可用于“医学细胞生物学”课程中细胞周期调控内容的讲授。

（1）背景

2001 年 10 月 8 日，诺贝尔生理学或医学奖评审委员会宣布，一位美国科学家利兰·哈特韦尔（Leland Hartwell）和两位英国科学家蒂莫希 · 亨特（Timothy Hunt）、保罗 · 纳斯（Paul Nurse）由于在发现“细胞周期的关键调控分子”这一方面作出的杰出贡献，共同获得 2001 年诺贝尔生理学或医学奖。其中两位英国科学家 Timothy Hunt 和 Paul Nurse 是多年的同事及好友，他们的关系正如他们所发现的细胞周期蛋白（cyclin）和细胞周期蛋白依赖性激酶（cyclin dependent kinase，CDK）的作用方式一样——性格互补，紧密合作，相互激发。

（2）艰苦卓绝的科研工作

Leland Hartwell，1939 年出生于美国。20 世纪 60 年代末，他就采用啤酒酵母细胞建立系统模型，经过一系列的实验，陆续发现了 100 多种与细胞周期调控相关的 CDC 基因家族。

Paul Nurse，1949 年出生于英国。继 Hartwell 之后，Nurse 在 70 年代中期采用裂殖酵

母为模型发现了 *cdc2* 基因在细胞分裂调控方面的重要作用。1987 年，Nurse 首先分离出人的相应基因——*CDK1*。

Timothy Hunt，1943 年出生于英国。20 世纪 80 年代，Hunt 在海胆受精卵中发现了第一个细胞周期蛋白（cyclin）分子。

（3）深入交流迸发出的灵感火花

1965 年，Hunt 于剑桥大学获得理学博士学位后，在英国帝国癌症研究基金（Imperial Cancer Research Fund）工作，任细胞周期调控实验室主任。早在 20 世纪 80 年代早期，Hunt 就已经鉴定出了第一个 cyclin 分子，并通过一系列实验发现 cyclin 在细胞周期中周期性地合成和降解。但让他百思不得其解的是，cyclin 如何推动细胞周期周而复始地运转？直到几年后，他遇到 Nurse。

Nurse 比 Hunt 小 6 岁，1973 年在东英格兰大学获得理学博士学位后也来到帝国癌症研究基金会工作，成为 Hunt 的同事。由于都从事细胞周期调控的研究，他们很快成为好友。这两位科学家性格互补，经常一起讨论工作中遇到的问题。因此他们不仅分别发现了调控细胞周期的两个关键性分子，还阐述了这两个分子的作用方式——cyclin 结合 CDK 形成复合物，完整的复合物才具有酶的活性，通过对其他蛋白质底物进行化学修饰（磷酸化）驱动细胞周期向前推进。Nurse 和 Hunt 的关系正如他们所发现的蛋白 cyclin 和 CDK 一样，互补的同时又能相互激发出灵感。这种深入的交流合作，使得两位科学家一起在细胞周期调控领域获得了关键性的研究成果，将这一领域的发展向前大大地推进了一步。

科研工作本身是艰苦的，所获得的结果也常常令人迷惑。如何抽丝剥茧从中获得生命的真相，推动科学的发展与进步，除了个人的辛勤劳动，同时也离不开广泛的沟通、交流与合作。个人的力量与认知是有限的，交流能够帮助我们克服个体认知上的局限，合作则能帮助我们克服个体能力上的不足。如今，我们处在全球一体化的大格局之下，科技的飞速发展更加便利了全球同一领域甚至不同领域的交流与合作，我们也应当从全球视野看待每个个体的工作，推动人类文明的建设。

参考文献

兰蕾，赫荣乔. 2001. 细胞周期分子机制的成功探索——2001 年诺贝尔生理学或医学奖部分工作介绍. 生物化学与生物物理进展, 28(6): 773-777.

林志娟，宋德懋. 2009. 细胞周期的调控——2001 年诺贝尔生理学或医学奖工作介绍及研究进展. 生理科学进展, (3): 274-280.

Nurse, P. 2016. Learning from the uncontrollable. Cell, 165(6): 1301-1306.

（南京医科大学基础医学院　孙　鸾）

20. 科学精神与科研诚信

思政关键词　科学精神，全球视野。

思政要点　1）通过描述山中伸弥对未知的探索，孜孜不倦地研究，以及取得突破性的研究成果，让学生领悟到持之以恒、勇于创新的科学精神。

2）通过案例强调“科学探究未知世界是人类的共同任务、科学研究中需要各国科学家交流合作、科学发现应无国界地归全人类分享等”，这些都有利于培养同学们的全球视野，扩大他们思考问题的格局。

教学场景推荐 可用于“细胞生物学”课程中干细胞和细胞分化内容的讲授，如已分化细胞的可逆性中诱导多能干细胞的介绍。

（1）背景

细胞分化对于所有多细胞生物的发育、生长、繁殖和衰老来说，是一个十分重要的过程，在过去几十年内，细胞分化的调控机制和干细胞的研究已经成为科学家们研究的焦点之一。干细胞是人体内具有自我复制和多向分化潜能的原始细胞，其在医学上具有巨大的应用前景。但因为受制于传统的胚胎干细胞获取来源的局限，干细胞研究始终具有非常高的门槛。正是在此背景下，以山中伸弥和小保方晴子为代表的诸多科研工作者积极开展诱导多能干细胞（induced pluripotent stem cell，iPSC）方面的研究。这是一个可以在短时间取得重大突破的全新科学赛道，一旦有重大发现便能获得巨大的荣誉。

（2）科学精神成就了山中伸弥

2006年，任职于日本京都大学的山中伸弥教授通过“大海捞针”似的海量实验找到了4种转录因子基因，将其转入小鼠成纤维细胞后发现可诱导产生与胚胎干细胞相似的iPSC。该研究成果对于药物筛选、再生医学及发育生物学的研究均具有重要意义。2012年，因对“体细胞重编程技术”的研究，山中伸弥与英国发育生物学家约翰·戈登共同获得当年的诺贝尔生理学或医学奖。

成功的背后是巨大的工作量。出于对科学探索的热爱及与生俱来的执着，山中伸弥从当时其他科学家已经公布的研究结果中挑选出24种最有希望的转录因子，希望发现哪些转录因子是“逆转”细胞分化所必需的。通过大量的实验，山中伸弥发现这24种转录因子中的确有4种转录因子可以将人体细胞重组成干细胞。他把4种基因注入皮肤细胞，从而得到“鸡尾酒”iPSC。他通过诱导出的干细胞转变为不同类型的分化细胞，从而使该技术拥有非常广泛的应用前景，与传统的获得胚胎干细胞的来源相比，其不再受到使用人体胚胎提取干细胞的伦理道德制约。

山中伸弥曾说过，引导他走上医学之路的恩人其实是他的父亲。不仅由于他的父亲希望他学医，还因为他父亲死于当时尚未发现的一种病毒——丙型肝炎病毒。作为医生都无法挽救父亲的生命，他充分认识到医学研究的重要性，激发了从事医学研究的兴趣。由于医学研究往往需要很多年研究的积累，所以他才会不断地持之以恒，非常努力地去做一件很耗时间但又值得做的事情。

（3）学术造假毁掉了小保方晴子

与山中伸弥的研究类似，刺激触发的多能性获得（stimulus triggered acquisition of pluripotency，STAP）细胞也是一种把体细胞诱导成干细胞的方法，这是由科学家小保方晴子在 2014 年提出的。如果说 STAP 是可行的话，毫无疑问，得诺贝尔奖指日可待。因此，小保方晴子在日本具有很高的知名度，被日本各大报纸杂志称为“日本居里夫人”。

2014 年年初，小保方晴子以第一作者在 *Nature* 上同一天发表了两篇文章！这是非常了不起的成就，很多科研工作者可能一生也无法在这样的顶级期刊上发表一篇文章。然而，就在两篇论文正式在线发表的当天，美国干细胞领域的学者保罗・克内普夫勒（Paul Knoepfler）即提出了关于实验可重复性的疑问。在此之后，他继续收集了其他研究组的验证结果，发现小保方晴子实验结果的重复率很低：共有 11 位学者或研究组给出了自己进行重复实验的研究结果，但只有 1 个实验小组能够成功重复。并且令人惊讶的是，唯一成功重复实验的学者认为，这一重复结果只是有限的重复结果，也就是说并不能完全重复出小保方晴子的实验结果。

由于遭受广泛的质疑，日本理化学研究所成立了一个 6 人调查委员会对小保方晴子的研究进行调查。2014 年 4 月，小保方晴子被日本理化学研究所认定在 STAP 细胞论文中有篡改、捏造等学术不端行为，并且于 2014 年 7 月正式撤回论文。然而事情还没有结束，2014 年 10 月小保方晴子的博士学位被早稻田大学取消。2014 年 12 月，由于小保方晴子仍然没有能够重复出自己的实验结果，只能宣布从日本理化学研究所发育与再生医学综合研究中心辞职。小保方晴子从曾经一度是诺贝尔奖的热门人选变成了人人喊打的学术造假者，这个反面案例，为许多人敲响了警钟。

参考文献

廖新化 . 2013. 从骨科医生到诺贝尔奖得主——Shinya Yamanaka(山中伸弥) 发现 iPS 的研究历程 . 生命的化学 , 33(1): 118-123.

倪伟波 . 2018. 山中伸弥 : 任何失败都是机会 . 科学新闻 , 12: 72-74.

田妍 , 周程 . 2017. 试论小保方晴子事件中科研道德失范行为的影响 . 智库理论与实践 , 2(6): 45-49.

祝叶华 . 2014. “小保方晴子 STAP 涉嫌造假”引轰动 . 科技导报 , 32(11): 9.

（南京医科大学基础医学院　朱栋梁）

21. 中国实验胚胎学的先驱者——童第周教授

思政关键词　科学精神，家国情怀。

思政要点　1）通过了解童第周的求学经历、回国后取得的研究成果，引导学生学习他执着研究、刻苦钻研的科学精神。

2）通过描述童第周在九一八事变后带头抗议；克服种种阻力，放弃国外优厚待遇，毅然回国，彰显童第周强烈的爱国精神。

教学场景推荐　可用于“细胞生物学”课程中的绪论及细胞核相关知识点的讲授。

（1）背景

童第周于 1902 年 5 月 28 日生于浙江鄞县（现浙江省宁波市鄞州区），是生物学家、教育家、社会活动家，也是中国实验胚胎学的主要创始人。童第周毕业于复旦大学，曾在南京中央大学（今南京大学）生物系任教；也曾在山东大学、同济大学和复旦大学等任教；曾任山东大学副校长；当选为中国科学院学部委员（院士）；曾任中国科学院海洋生物研究所所长；曾任中国科学院副院长。童第周在对核质关系的研究中取得重大成果；在对两栖类和鱼类的研究中，揭示了胚胎发育的极性现象；他首次完成鱼类的核移植。

（2）锲而不舍，攀登顶峰

1930年，童第周去比利时比京大学（今布鲁塞尔大学）留学。留学期间，生活特别艰苦，但并没有影响他对科学研究的热爱。1931年，童第周随导师来到著名的科研中心法国海滨实验室，为海鞘卵子（直径不到100μm）做外膜剥离，他精湛的技术和技能在国际同行中赢得了极高的声誉。能够完成如此高难度的操作和童第周早年的学习经历也有密切关系。童第周很小的时候，就受到父亲启发，明白水滴石穿的道理。在学习中，遇到困难不会轻易放弃。他刚上中学时，由于是插班生，最开始的成绩是班级倒数第一。但是他靠着自己的努力，付出更多的辛苦，很快就把成绩赶上来。在毕业考试中成绩为班级第一。童第周始终将这种锲而不舍的精神投入科学研究中。即使在战争年代，又或者是中华人民共和国成立初期的艰苦条件下，他都想尽一切办法开展科学研究，并最终成为中国发育胚胎学的创始人之一。

（3）心系祖国，矢志报国

童第周在比利时留学期间，发生了九一八事变。日本侵略军开始大举进攻中国东北。童第周积极发动中国留学生，到日本驻布鲁塞尔使馆进行抗议。1934年，童第周获布鲁塞尔大学哲学博士学位，他完全不顾国内即将面临日军大规模侵华战争的危险，毅然放弃国外优异的工作和生活条件，回到中国任教。抗日战争期间，他在坚持教学和研究工作的同时，仍非常关注国家存亡，积极参与抗议反动统治的活动等爱国运动。1948年，他获得赴美国开展研究工作的机会。就是在1949年，中华人民共和国成立前夕，他毅然拒绝了耶鲁大学的高薪挽留，克服种种阻力，再次回到了中国，并与夫人一同完成了令人钦佩的事业。

参考文献

李建臣 . 2020. 中国克隆先驱——童第周 . 武汉 : 华中科技大学出版社 .

林承谟 . 2013. 童第周的故事 . 武汉 : 华中科技大学出版社 .

刘学礼 . 1992. 童第周的生物学哲学思想 . 医学与哲学 , (10): 54-55.

仲绿 . 2013. 科学家伉俪童第周与叶毓芬 . 世纪风采 , (1): 43-46.

庄孝僡 . 1980. 学习、纪念童第周教授 . 实验生物学报 , (1): 2-11.

（南京医科大学基础医学院　丁　童）

22. 中国杂交水稻事业的开拓者——袁隆平院士

思政关键词　科学精神，时代品格。

思政要点　1）袁隆平院士基于现代遗传学理论，勇于探索，打开了杂交水稻“王国大门”的奇迹，使学生深知“实践出真知”，并明确实验课的教学目的和意义，有助于培养同学们树立严谨求实、不畏困难、开拓创新的科学精神。

2）袁隆平院士着眼全局，吸纳众多相关领域专家的协作及研究成果共享等先进事迹可以让同学们认识到团队合作的重要性，感受到袁隆平院士不计名利、甘为人梯、乐于奉献的社会责任和时代品格。

教学场景推荐 可用于“细胞生物学”课程中“实验课程”部分讲授。

（1）背景

袁隆平院士是我国的“当代神农”，享誉世界的“杂交水稻开创者”。他觉得：“人就像一粒种子，要做一粒好种子。”工作六十多年来，袁隆平院士以实际行动践行了这句誓言。他是一粒“健康的种子”，改变了自己，也改变了世界。他杰出的科学才华和高尚的品格，为我们树立了学习的典范。

（2）联系实际，勤奋进取

袁隆平院士是新中国培养的第一批大学生。当时的科学家普遍认为水稻杂交没有优势。袁隆平院士性格倔强，尊重权威但不迷信权威，广泛阅读外文资料，了解现代遗传学理论研究的新动向，将理论与实践相结合，于1973年召开的全国水稻科研会议上，宣布“中国籼型杂交水稻三系配套成功”，改写了世界水稻育种史。之后通过进一步对两系研究与实践，以及对超级杂交稻的探索，他建立了杂交水稻研究一系列的基本理论和关键技术，对世界杂交水稻的发展起到决定性的指导和推动作用。

袁隆平院士不喜欢“空谈”，他将实验室设在田间地头，只要田里有稻子，不管刮风下雨，每天都要坚持下田观察，从不间断。发现问题会及时进行分类，并有针对性地制订详细目标，解决问题。多少个春节阖家团圆的时候，他都是在实验基地度过。即使年过九十，他还坚持在科研第一线。直到2021年初，他还坚持赴海南三亚南繁基地开展科研工作。就是在生命的最后一刻，袁隆平院士心里还惦记着自己钟爱的杂交水稻事业。

（3）不怕失败，不断探索

袁隆平院士曾经说过：“不要怕失败，怕失败的人最好是不要搞研究，搞研究，绝大部分实验都是失败的，不会那么一帆风顺的。”在杂交水稻攻关早期的十个春秋里，袁老开展了无数次试验，经历一次又一次的失败，他从不屈服，矢志不渝，迎难而上。不管日晒雨淋，反复试验，攻克了一道又一道难关，最终，打开了杂交水稻“王国大门”。袁隆平院士当之无愧成为世界上第一个成功利用水稻杂种优势的科学家。但他总是觉得不满足，继续带领团队前行，又研究成功两系法杂交水稻，使我国的杂交水稻研究居于世界领先水平。即便如此，他仍然没有停止探索的步伐，雄心壮志，向更高的目标攀登——“超级杂交稻”。袁隆平院士总是希望：“能够再多产一些粮食，再多养活一些人。”

（4）团队合作，服务社会

袁隆平院士视野开阔，海纳百川，总能着眼全局，吸纳不同地区和单位的相关领域专家团结合作，开展攻关。20世纪60年代，袁隆平院士全力破解“三系”配套难题，终于在1970年，他的研究团队发现了“雄性不育野生稻”（野败）。虽然“野败”稻株比金子还要贵重，但是他还是将材料慷慨地分送给全国多个研究单位，从而使三系配套得以很快实现。之后，无论是他主持的863项目，还是政府拨给他的数千万元研究专款，袁隆平院士皆是组织全国多个协作单位共同研究、协作攻关；取得研究成果也是共同分享。

袁隆平院士不仅解决了中国粮食的自给难题，而且，他倾囊相授，帮助其他国家发展杂交水稻，为世界粮食安全问题作出杰出贡献。袁隆平院士认为："杂交水稻成果不仅属于中国，也属于全世界"。

参考文献

田晓冰. 2021. 科学家袁隆平的本色人生. 中国科技人才, (3): 68-72.
周先进, 史倩颖, 刘艳军. 2022. 袁隆平的科学家精神融入高校课程思政: 价值与路径. 湖南农业大学学报(社会科学版), 23(3): 100-105.

（南京医科大学基础医学院　李正荣）

23. 探索微观世界——显微镜的发明

思政关键词　科学精神，时代品格。

思政要点　1）介绍安东尼·列文虎克发明显微镜的事迹，尤其是他磨制镜片的艰辛历程，让学生领悟到科学家坚持不懈和精益求精的工匠精神。

2）描述显微镜的应用及传统光学显微镜到现代电子显微镜的变迁，传递给学生实践出真知，从实践中来，到实践中去的科学精神。

教学场景推荐　可用于"细胞生物学实验"课程中显微镜的使用和细胞形态结构的观察等内容中讲授，介绍显微镜的发展史。

（1）背景

显微镜的问世，让人们有机会了解微观世界。人眼的分辨率为0.1mm，光学显微镜的分辨率为0.2μm，电子显微镜的出现，将可观察的世界定义在纳米级别，使人类能在微观世界进行探索。

（2）显微镜的发明与推广

显微镜的发明源于荷兰工人汉斯·玛顿斯·詹森和德国天文学家克里斯托夫·沙伊纳。在此之后，乔凡尼·巴蒂斯塔·奥迪埃纳、皮埃尔·波莱尔与马尔比基等将显微镜推广至医学等领域，使光学显微镜有了用武之地。

（3）列文虎克与显微镜

荷兰人安东尼·列文虎克，发明了真正意义上的显微镜，并将其用于科学研究。在显微镜的概念被提出以后，列文虎克被其深深地吸引，他开始致力于打磨镜片，并且展现出了极大的热情和毅力。作为业余科学家，列文虎克没有接受过高等教育，因此无法看懂由拉丁文撰写的科学著作，只能通过观摩工人工作，自己独立地摸索镜片的打磨方式，最终完成了镜片的打磨，并将其组合成为放大镜。他一生亲手磨制镜片419枚，制作了247架显微镜，放大倍数接近300倍，诠释了真正的"工匠精神"！列文虎克用他自己制作的放大镜，观察生物、鸡毛、河水，一步一步地走进精彩纷呈的微观世界。列文虎克将自己的观察结果，撰写成《列文虎克发现的自然界的秘密》一书，并将其邮寄给英国皇家学会，引起了轰动，他也被接收成为皇家学会的会员，他的工作得到了世人极大的肯定。

（4）显微镜的发展

随着显微技术的发展，陆续出现了扫描电子显微镜、透射电子显微镜、场发射显微镜、原子力显微镜、磁力显微镜、扫描隧道显微镜、激光共聚焦显微镜等新型显微镜，分辨率也从显微水平跨度到亚微和分子水平。2014 年，美国科学家埃里克·白兹格，德国科学家斯特凡·W·赫尔，美国科学家威廉姆·艾斯科·莫尔纳尔因为在超分辨率荧光显微技术领域所作出的贡献荣获诺贝尔化学奖。从列文虎克发明显微镜至今，人类一直没有停下对微观世界探索的脚步。显微镜技术和设备的发展与完善使其在生命科学、材料科学等研究中具有广泛应用。

参考文献

陈仁政 . 2018. 10 个“发明之父”之九“显微镜之父”列文虎克 . 百科知识 , 19: 24-26.

任万杰 . 2016. 乡下佬自制的显微镜 . 职业 , 25: 19-19.

王莉，蒋洪，孙丽丽 . 2009. 显微镜的发展综述 . 科技信息 , 11: 117-118.

闫云侠 . 2012. 显微镜的发明和发展 . 生物学教学 , 37(5): 58-59.

（南京医科大学康达学院　仝文婷）

第三章　组织胚胎学思政教学案例

24. 我国组织学与胚胎学教学与研究创新之路

思政关键词　家国情怀，科学精神，医者精神。

思政要点　1）介绍海外归国的前辈们拒绝了国外的优厚待遇，毅然回国，抱着一颗赤诚的爱国之心，始终坚持党的领导，排除万难、开启学术之路的故事，激发学生爱党爱国的家国情怀。

2）科学研究充满挑战，前辈们迎难而上，边做边学，不断克服“缺资金、少技术、短人才”等各种困难，为组织学基础及临床研究打下根基，培养优秀人才，以此为例，培养学生不畏困难、艰苦奋斗的科学精神。

3）介绍前辈们的多年努力如今转化成了领域内的相关重点实验室、后期重大科研成果、有全国影响力的产业项目等集体成就，引导学生学习他们为医学事业无私奉献的医者精神。

教学场景推荐　可用于“组织学与胚胎学”课程中组织学绪论内容中关于中国医学组织学发展简史的讲授。

（1）背景

我国组织学与胚胎学（以下简称组胚学）的发展晚于欧美诸国200余年，在20世纪前期的起步阶段，前辈学者在现代科学技术的基础上，奠定了一些基石，但由于条件有限，至20世纪80年代学科发展长期处于“创新创业”的艰难时段，远远落后于国际同行。结合组织学绪论中有关发展简史的教学内容，回顾不同时代前辈们的集体贡献，展现他们“功成不必在我，功成必定有我”的集体奉献精神。

（2）万事开头难

20世纪前期，组胚学教学与科研体系尚未系统构建，缺资金、少技术、短人才，与世界先进水平差距较大，当时的组胚学归国前辈们，不断克服各种困难，开拓科学之路。

“不为良相，则为良医”，赴日留学报考海军专业被拒的张鋆教授于1911年开始了他60余年的医学教育生涯，所编的《人体解剖学》为全国医学院校教材，在科研方面张教授曾从事人脑沟回、胚胎结构和组织化学等方面的研究。张鋆教授在组织学、胚胎学、解剖学均有建树，1947年他发起和参与重建中国解剖学会，创建了《解剖学报》和《解剖学通讯》，培养了大批人才，为我国组胚学和解剖学的发展奠定了基石。

（3）歧路多徘徊

1966～1976年我国科学教育事业发展受到严重挫折，组胚学进展也停滞10年之久，我国组织学学术水平与世界水平差距被拉大。1978年教育部下发《关于增选出国留学生的通知》后，蔡文琴教授前往伦敦，她格外勤奋刻苦，于1983年获得伦敦大学细胞学博士学位，成为中国人民解放军第一位女博士。学成后，蔡教授毅然拒绝了伦敦大学的重金留用和“绿卡”诱惑，回到祖国成为一名组胚学教师，将自己毕生所学毫无保留地传授给学生。

组胚学发展道路的过程固然是艰难的，但是前辈们并不是孤军奋战。成令忠教授，1955年入上海第一医学院（现复旦大学上海医学院）解剖系工作，1978年起任卫生部规划教材《组织学与胚胎学》副主编、主编，其中《组织胚胎学》第三版（人民卫生出版社）获教育部全国高校优秀教材优秀奖（1992年），《组织学》获国家新闻出版署全国优秀科技图书一等奖（1995年）。成令忠教授长期从事组织学、胚胎学、细胞生物学教学和研究，为我国组胚学的发展倾注了毕生心血。

与此同时，组胚学的科研之路也在不断发展。改革开放初期我国科研条件简陋、经费匮乏，南京医科大学的张适教授及其团队认准方向，不惧艰难，开启男性抗生育和生殖生物学研究，“六五”期间就开始进行《棉酚抗生育可逆性》研究，此后又先后开展精子功能相关研究、构建精子cDNA文库等，张教授所做的工作为今天南京医科大学组胚学系生殖医学研究团队的科研工作奠定了早期研究基础。

（4）功成不受爵

在前辈们的不懈努力下，我国组胚学迅速发展，与世界顶尖水平的学术差距已大大缩小，甚至某些领域已经领先。前辈们前期的付出有些并未直接产出个人成果，但是他们在组胚学教学及科研上倾注的心血转化成了今天领域内的重大成就。例如，在“全国优秀教授”蔡文琴教授的带领下，组胚学系涌现了一大批优秀的组胚学领军人才；张适教授所做的工作直接促进了后期江苏省生殖医学重点实验室及南京医科大学生殖医学国家重点实验室的建立；在山东大学组织胚胎学高英茂教授的带领下，以他为首的专家团队历时数年研制《数字人胚胎学虚拟仿真教学系统》（简称数字胚胎），将抽象的胚胎发生过程变为生动形象的动态课件，让“人体胚胎学”的学习变得简单、高效。

（5）后续过程

老一辈组胚人在新中国“一穷二白”、什么都缺的艰难年代，坚定信念，海外学成后回国服务，开启了“本土化”教学与科研之路。他们的“创新创业”故事也许不是那么轰轰烈烈，但是道阻且长，行则将至，几代人的努力，成为了一盏盏照亮后辈前行的明灯，今天领域内的国家级实验室、世界领先的科研成果，都离不开他们前期的无私付出。“功成不必在我，功成必定有我”是对前辈们最好的赞歌。

参考文献

成令忠. 2008. 我国组织学与胚胎学学科发展的几位奠基人. 解剖学杂志, 31(2): 288-289.

成令忠, 钟翠平, 蔡文琴. 2003. 现代组织学. 上海: 上海科学技术文献出版社, 9-14.

赖继年. 2011. 改革开放后首批留英生的选派及其影响. 历史教学: 高校版, (4): 27-32.

（南京医科大学基础医学院 王 晖）

25. 眼科公益的践行者

思政关键词 全球视野，科学精神，医者精神。

思政要点 1）介绍我国主办/承办相关的国际医学论坛，公益项目“健康快车国际光明行”多次走出国门，向友好国家提供免费白内障复明手术和眼科医疗服务，培养学生全球视野，增强民族自豪感。

2）介绍我国人工晶状体技术发展概况及在全球该领域中的学术地位，让学生了解我国科学家群体与时俱进、开拓创新，引领学科发展的科学精神。

3）介绍我国科学家团队在医学领域作出的无私贡献，引导学生学习他们“敬佑生命、救死扶伤、甘于奉献、大爱无疆”的医者精神。

教学场景推荐 可用于“组织学与胚胎学”课程中眼器官中常见眼科疾病诊疗的组织学基础（如白内障）讲授。

（1）背景

习近平总书记在2013年出访中亚和东南亚国家期间，提出要“把我国发展同共建国家发展结合起来，把中国梦同沿线各国人民的梦想结合起来”。医疗卫生领域专业人士积极响应，于2016年开展了“健康快车国际光明行”公益项目，向友好国家提供免费白内障复明手术和眼科医疗服务。

（2）主要事迹

2016年以来，在国家卫生健康委员会支持下，我国的慈善项目“健康快车国际光明行”多次走出国门，选派我国优秀眼科医生赴斯里兰卡、缅甸、巴基斯坦，向友好国家提供免费白内障复明手术和眼科医疗服务。在此过程中，我国的人工晶状体技术也得到飞速发展。截至2019年12月11日，共为1500多名白内障患者免费实施复明手术，并带教当地眼科医生，进一步加强和深化了我国与友好国家在医疗卫生领域的合作与发展。

（3）成功案例

“2019健康快车乌兹别克斯坦光明行”活动于11月28日在乌兹别克斯坦正式启动，到12月11日，健康快车共完成455例白内障手术。

“2018健康快车巴基斯坦光明行”活动于2018年1月19日在巴基斯坦卡拉奇结束。来自健康快车医疗团队的眼科专家在10天时间里为529名巴基斯坦白内障患者实施手术，使他们重获光明。

“2017年健康快车缅甸光明行”活动于2017年11月8日顺利结束，在近1个月的医疗救助中，健康快车医疗队成功为东枝、内比都两地共468名患者做了白内障手术，深化了中缅传统“胞波”友谊。

（4）意义

“健康快车国际光明行”公益项目，通过选派我国优秀眼科医护人员到沿线国家，为当地贫困百姓免费实施白内障复明手术，并带教当地眼科医生，进行学术交流，从而促进了民心相通，深化了医疗卫生领域的合作，体现了和平、交流、理解、包容、合作、共赢的精神。

随着我国人工晶状体技术的不断成熟，中国在全球该领域中的学术地位持续上升，打破了国际厂商在高端人工晶状体技术和市场方面的垄断局面，在国际舞台上不断发出中国眼科的最强音。

（5）后续过程

与此同时，自2019年起，健康快车项目以不同形式在国内多个省区开展健康扶贫工作，截至2020年底已为16个国家级贫困县完成3476例免费手术，总计为9182名贫困白内障患者实施了复明手术。

随着白内障手术的不断发展，人工晶状体技术也日渐成熟。2020年，国内首家高端屈光性人工晶状体制造商——爱博医疗在科创板上市，该公司拥有人工晶状体核心技术和完整的自主知识产权，已自主掌握了包括材料制备、光学与结构设计、工艺制造在内的核心技术，并在国内完成全部研发及生产流程，打破了国际厂商在高端人工晶状体技术和市场方面的垄断局面。

参考文献

姚克 . 2018. 2017年白内障与人工晶状体领域年度进展 . 中华医学信息导报 , 33(1): 16-17.
张闽 . 2020. 健康快车项目助力健康扶贫 . 健康中国观察 , (10): 21.

（南京医科大学基础医学院　王　晖）

26. 为组胚事业奋战的科学前辈们

思政关键词　家国情怀，科学精神，全球视野。

思政要点　1）缅怀早期留学归国科学家为新中国科技事业尤其是胚胎学领域教学与科研做出的不懈努力与无私奉献，展现他们为实现中华民族伟大复兴而鞠躬尽瘁的家国情怀。

2）介绍老一辈科学家在早期胚胎发生相关重大学术发现中的科研贡献，引导学生学习前辈们在艰难时刻依然向往科学、严谨求实、埋头苦干的科学精神。

3）当代科学家抓住时代机遇、引领世界学术前沿发展，在早期胚胎发生基础研究及临床应用方面作出了世界级贡献。通过案例培养学生关注国际科学前沿，努力学习与实践新技术的全球视野。

教学场景推荐　可用于“组织学与胚胎学”课程中胚胎学绪论与发生总论内容关于中国胚胎学发展简史的讲授。

（1）背景

我国胚胎学发展始于20世纪初，发展早期，国力羸弱、物质贫乏，但前辈们在艰苦条件下，几十年如一日，孜孜不倦地教书育人、刻苦钻研，涌现出了一批优秀的组胚学家。他们为我国解剖学、组胚学学科的发展作出了历史性贡献，推动我国胚胎学从零到有，从少到多地蓬勃发展；而今天一批又一批的新生代组胚学者，接过了前辈的“接力棒”，正书写更多更精彩的中国故事。

（2）中国实验胚胎学的开创者——童第周

1934年童第周博士毕业后到英国剑桥大学短期访问，年底，他不顾国内即将面临日军大规模侵略的危险，毅然放弃国外安逸生活，回到祖国。在他的不懈努力下，20世纪中国生物学（尤其是实验胚胎学和鱼类细胞核移植）发展迅速，他同时也开创了中国实验胚胎学。童第周与他的合作者在研究两栖类胚胎发育时，发现纤毛运动方向的决定时间在原肠期和神经板初期，并且证明外胚层纤毛运动方向是由中胚层和内胚层决定的，且这种感应能力在个体发育中是沿着胚胎的前后轴从头到尾逐渐减弱呈梯度状，从而揭示了胚胎发育的极性现象。

（3）实验胚胎学及细胞学理论研究卓越贡献者——朱洗

1920年朱洗教授与100多位中国学生前往法国勤工俭学，客居异国13年后学成归国，将所学知识用于祖国发展，先后在广州中山大学、北平研究院、北平中法大学工作，在战火中为国家培养了一大批具备实干精神的人才。中华人民共和国成立后，任中国科学院上海实验生物研究所所长，在1951～1959年整整8年中，朱洗利用蟾蜍离体产生的无胶膜卵球做实验材料，经过大量试验，涂血针刺了数以万计的卵球，培育出世界上第一批没有“外祖父”的蟾蜍。这一卓越成果，把我国生物发育的研究水平推进到世界领先地位。后来上海科学电影制片厂将这一成果搬上银幕，拍成科教片《没有“外祖父”的癞蛤蟆》，获得了1962年大众电影百花奖，被誉为是“科学与艺术的结晶”。

（4）让世界听到更多中国声音——当代胚胎学基础与临床研究的世界级贡献

21世纪后，胚胎学发展势头如火如荼，也出现了更多的中国声音。在iPSC领域，南京医科大学沙家豪教授与中国科学院动物研究所的周琪院士及赵小阳研究员，合力开发出了一种基于干细胞的完全重演减数分裂及产生功能性精子样细胞，这项技术为男性不育症患者带来福音，在2017年的美国生殖医学年会上广为国际专家关注；中国工程院乔杰院士，首次在单细胞层面上解析出了人类着床前胚胎发育过程中DNA甲基化组和染色质状态组的重编程过程，以及染色质状态与DNA甲基化之间相互关系等一系列关键生物学特征。中国科学院陈子江院士主持的多中心临床研究成果“多囊卵巢综合征不孕症鲜胚与冻胚移植”于2016年在《新英格兰医学杂志》上发表，在国际上首次证明了“与新鲜周期胚胎移植相比，胚胎冻存后移植可以明显提高新生儿活产率”，该成果对辅助生殖技术相关临床实践、多囊卵巢综合征的临床治疗指南修订与实施等起到积极作用。此外，中国第三代试管婴儿技术 PGS/PGD 细分领域也处于高速成长期，中国科学院黄荷凤院士针对辅助生殖技术（ART）出生子代近远期健康的关键科学问题，通过 ART 出生队列和基础研究、优化助孕流程及现有生殖技术，提高了试管婴儿安全性。

（5）意义

从列强入侵下的民族危机，到师夷之技，中国老一辈科学家们一直走在自强的道路上，并逐渐建立了我国胚胎学教学和科研体系。在动荡年代中，伟大的民族精神砥砺着他们奋勇向前，他们严谨求实、埋头苦干，是有信念、有情怀、有理想的组胚学引路人。党的十八大以来，我国大力实施创新驱动发展战略，通过学习当代科学家们在早期胚胎发生基础研究及临床应用方面取得的重大科研成果，有助于学生把自己的人生追求融入建设科技强国的信念中，情系国家，为实现中华民族的伟大复兴而奋斗。

参考文献

成令忠 . 2008. 我国组织学与胚胎学学科发展的几位奠基人 . 解剖学杂志 , 31(2): 288-289.

李树雪 , 汤俊英 . 2020. 童第周 : 中国实验胚胎学的创始人 . 自然辩证法通讯 , 262(6): 124-130.

王晖 , 武萌 . 2021. 组织学与胚胎学课程思政策略与设计 . 解剖学杂志 , 44(2): 164-166.

张运铿 . 1994. 他培育了没有外祖父的癞蛤蟆——记中国著名生物学家朱洗 . 文化交流 , (1): 19-22.

Chen Z J, Shi Y H, Sun H, et al. 2016. Fresh Versus Frozen Embryos for Infertility in the Polycystic Ovary Syndrome. N Engl J Med, 375(6): 523-533.

Lin L, Fan G, Yun G, et al. 2018. Single-cell multi-omics sequencing of human early embryos. Nature Cell Biology, 20(7): 847-858.

Sha J H, Zhou Q, Zhao X Y, et al. 2016. Complete Meiosis from Embryonic Stem Cell-Derived Germ Cells In Vitro. Cell Stem Cell, (3): 330-340.

（南京医科大学基础医学院　王　晖）

第四章 生理学思政教学案例

27. 国内生理学科发展简史

思政关键词 科学精神，家国情怀。

思政要点 1）介绍国内生理学发展起始与进程，培养学生的科学精神。

2）介绍我国科学家研究成果对近代生理学的影响，增强学生的民族自豪感和爱国精神，培养学生的责任感和使命感。

教学场景推荐 可用于“生理学”课程中绪论讲授，介绍近代中国生理学发展简史。

（1）学科肇始阶段

生理学成为一门科学的标志是英国医生威廉·哈维于1628年出版的《心血运动论》。我国现代生理学自20世纪20年代才开始发展。形成的标志是1926年北京协和医学院生理学系主任林可胜（1897—1969）倡导成立了中国生理学会，翌年创刊《中国生理学杂志》，中华人民共和国成立后改称为《生理学报》，从而推动生理学在我国的发展。林可胜是首位当选美国科学院院士的华人科学家，是协和初期主要的医学教育家之一，是规划了全中国军医培养体系的将军。

（2）学科起步阶段

在我国生理学发展早期，研究工作主要集中在关于胃液分泌、物质代谢、神经肌肉和心血管运动的神经调节等领域，并在学术上作出了贡献，受到国际生理学界的重视。

蔡翘（1897—1990）发现视觉与眼球运动功能的中枢部位——顶盖前核（后称蔡氏区），是我国近代第一位编撰大学“生理学”教材的医学教育家，他在神经解剖、神经传导生理、糖代谢和血液生理等领域也有许多重大发现，为中国的航天、航空、航海生理科学研究奠定了基础。

朱鹤年（1906—1993），在1928年首次发现哺乳类动物下丘脑室旁核神经细胞具有神经分泌现象，这对神经内分泌研究起了重要的推动作用。后来他又发现猫的中脑存在“怒叫中枢”，这对发音、疼痛和情绪中枢机制的研究具有重要意义。

张锡钧（1899—1988）证明神经化学递质乙酰胆碱在中枢神经活动中的作用，首次发现迷走神经参与垂体后叶激素的调节。这些开创性的研究为当时生理学中最活跃的前沿学科之一神经内分泌学的发展作出了重要贡献，受到了国内外生理学界的高度评价。

冯德培（1907—1995）开拓了神经肌肉接头的新研究领域，在肌肉和神经的能力学、神经肌肉接头生理学、神经与肌肉间营养性相互关系的研究方面取得了开创性的成果。此外，他还参与创建和领导中国科学院生理生化研究所、生理研究所，为我国生理学发展培养了一批又一批的人才，促进了我国与国际生理学界的学术交流。

（3）积极探索阶段

解放后，我国生理学研究发展迅猛，1965 年 9 月 17 日，中国科学院生物化学研究所、北京大学化学系及中国科学院有机化学研究所的生理学家在世界上第一次用人工方法合成了有活性的结晶牛胰岛素，实现了世界上首次人工合成蛋白质的壮举。2015 年 10 月 5 日，中国科学家屠呦呦因发现青蒿素治疗疟疾而获得诺贝尔生理学或医学奖，这是中国科学家凭借中国本土资源进行的科学研究而获得诺贝尔科学奖项。至今诺贝尔奖中生物医学领域奖项仍然被称作"生理学或医学奖"，充分反映了生理学曾经的辉煌。随着科学技术的发展，生理学的各个分支不断发展壮大，逐渐独立并形成新的学科。

参考文献

范明 . 2003. 蔡翘教授传略 . 中国神经科学杂志 , (2): 134.
金涛 . 2015. 林可胜 : 伟大爱国者和杰出科学家 . 民主与科学 , (1): 51-55.
李延栋 , 王红梅 , 杜丽芳 , 等 . 2020. 中国医学生理学前期历史概述 . 潍坊工程职业学院学报 , 33(5): 89-93.
杨雄里 . 2020. 永恒的回忆——怀念冯德培先生 . 教育家 , (32): 8-10.
玉鹤 . 1999. 中国现代生理学的创建者——张锡钧教授 . 科学中国人 , (1): 8-11.

（南京医科大学基础医学院　孙　宇）

28."心佑工程"——健康扶贫的公益项目

思政关键词　家国情怀，医者精神。

思政要点　1）通过"心佑工程"健康扶贫的事迹，引导学生关注民生，增强社会责任感，提升医学生的家国情怀。

2）通过"五真五实"启示学生"医者仁心"的前提是要有过硬理论知识和实践能力，鼓励学生做一名"有能力、有温度"的好医生，培养他们的医者精神。

教学场景推荐　可用于"生理学"课程中循环系统内容的讲授。

（1）背景

先天性心脏病（简称先心病）是影响我国儿童身心健康和健康中国实施的重大公共卫生问题，先心病严重影响患儿的生存和生活质量，给患儿及其家庭带来巨大的痛苦和经济压力。

随着先天性心脏病外科技术的飞速发展，我国先心病的诊疗也在不断进步。研究显示，2017 年我国先心病死亡率为 2. 63/10 万，较 1990 年降低 50. 4%。一直以来，我国的优秀中青年先心病专家始终致力于先天性心脏病的诊疗，"心佑工程"作为健康扶贫公益项目，秉承医者初心使命，砥砺前行。

（2）"心佑工程"精准扶贫

2014 年，南京医科大学第二附属医院心血管中心主任李庆国和新疆克孜勒苏柯尔克孜自治州人民医院副院长、江苏省援疆心内科医生谭晓交流，得知克州地区先心病的发病率非常高，因医疗条件所限，患儿出生后不能得到及时诊断和救治。李庆国当时就把这件事牢牢记在了心里，也由此萌生出为贫困和偏远地区先心病儿童提供医疗照护的想法和决心，并因此发起了“心佑工程”。

“心佑工程”是针对贫困家庭先心病儿童的专项免费救治项目。项目从建立以来，在南京医科大学和南京医科大学第二附属医院心血管中心的共同努力及社会各界的大力支持下，“心佑工程”团队深入健康扶贫第一线，他们先后来到新疆、西藏、青海、陕西、贵州、安徽、苏北等地区数十个贫困市县，协同当地医疗和扶贫机构，共计筛查5万多名疑似先心病儿童，募集爱心资金600多万元，免费救助415名先心病儿童，助力400多个家庭摆脱因病致贫的困境。此外，团队开展义诊和科普讲座400多场次，免费培训基层医护人员1万多名，2017—2019年，在苏北贫困县区开展“心脏超声医生免费培训计划”，培养了60多名心脏超声医生，提升了整个苏北地区心脏超声水平。

（3）医者仁心，助力健康中国

“心佑工程”让更多先心病儿童以健康的状态回归社会，体现了医务工作者的社会责任和医者担当。南京医科大学第二附属医院顾民院长说，精准健康扶贫，要做到“五真五实”（真情实感、真心实意、真才实学、真抓实干、真绩实效），走到当地去才有真情实感，有了真情实感才能真心实意地为贫困人群服务，要提供服务就必须有真才实学，这就要有真抓实干的态度，最终一定会有真绩实效。

“没有全民健康，就没有全面小康”。“心佑工程”团队充分发挥自身专业优势，创新扶贫思路，拓宽扶贫路径，帮扶对口贫困地区提升医疗服务能力，为助力健康中国贡献南京医科大学力量。

2020年“心佑工程”被教育部评为“全国省属高校精准扶贫精准脱贫典型项目”，入选“大国攻坚决胜2020精准扶贫项目”，被江苏省委宣传部、省文明办等单位授予“江苏省学雷锋示范点”称号。

参考文献

高漫辰，张凤文，潘湘斌. 2021.《中国心血管健康与疾病报告2019》先天性心脏病部分解读. 中国胸心血管外科临床杂志，28(4): 4: 385-387.

耿直，管翔. 2020. 初心不改，健康扶贫——“心佑工程”与精准扶贫. 中国研究生，(5): 16-21.

国家心血管病中心. 2020. 中国心血管健康与疾病报告2019. 北京：科学出版社.

中华医学会儿科学分会心血管学组，中国医师协会儿科医师分会先天性心脏病专家委员会，《中华儿科杂志》编辑委员会. 2015. 胎儿先天性心脏病诊断及围产期管理专家共识. 中华儿科杂志，53(10): 728-733.

（南京医科大学康达学院　刘宣宣）

29. 被忽视的生态文明

思政关键词　生态文明，全球视野。

思政要点　1）介绍口罩污染海洋事件，启发学生了解医疗用品破坏生态环境的现象，提升他们的生态认同感和生态责任感，激发学生为生态文明建设作出积极贡献。

2）介绍人类命运共同体和世界性医学防治体系的构建，引导学生树立全球视野，共同维护生态文明和人类健康。

教学场景推荐　可用于“机能实验学”课程绪论中，关于机能实验学发展趋势的内容讲授。

（1）口罩污染事件

天花病毒、西班牙流感病毒、新冠病毒……这些历史上知名的病毒总是在不经意间袭击人类，给人类带来灾难。病毒流行期间，口罩成了最简单、最重要的保护人类的工具。口罩可以有效阻止患者的飞沫传播，也可以帮助健康的人减少外界病毒侵入人体的机会。但是，由于口罩保护具有时效性，每隔 4h 就需要更换，口罩的使用量大大增加。越来越多的口罩被随意丢弃，口罩所引发的污染也日趋严重。

聚丙烯无纺布超细纤维是一次性口罩最重要的原材料。从本质上来说，口罩也是一种塑料制品。海洋保护组织 Oceans Asia 在 2020 年末发表了一篇题为“海滩上的口罩”（Masks On The Beach）的报告。报告指出，受疫情影响，全球的塑料制品消耗量大幅增加。2020 年，全球的口罩生产量约为 520 亿个，其中至少有 15.6 亿个口罩流入海洋，产生了 4680 ～ 6240 吨的额外海洋塑料污染。而如此庞大数目的口罩在自然中需要 400 ～ 500 年才能降解为微塑料。

废弃的口罩会破坏海洋生态环境，对于生活在海洋中的某些动物来说，这些突然大批量闯入海洋的不明生物，正时刻威胁着他们的生命。企鹅、海豹将它误当成食物，海鸥双脚被挂耳带缠绕无法飞行，海龟的口鼻被缠住导致死亡……口罩是人类的保护伞，但对于海洋生物来说却是“致命武器”。

（2）被忽视的生态文明

纵观医学发展的历史，是一部与病毒导致的疾病及其他各种疾病斗智斗勇的历史。每当病毒侵袭，医疗用品的消耗量都暴发式增长。陆地、海洋，甚至天空中都可见被丢弃的医疗垃圾，生态污染问题随之而来。口罩污染仅仅是生态污染的冰山一角。在医疗活动和医学相关实验中，会产生许多实验废弃物，如一次性手套、注射器、隔离衣、尖锐的针头、有毒有害的试剂等，它们对生态环境造成了很大的危害。人类若想要对自身健康负责，就必须重视人类的生存环境。疾病的防治和医学技术的发展，要以优化生态环境为前提，绝不能以破坏生态环境和其他生命为代价。

生态文明，是人类文明发展的一个新阶段，它强调人与自然和谐共处、协调发展。生态文明不仅是人类文明发展的方向，也是医学发展的必然趋势。美国医学家恩格尔在 1977 年提出了著名的“生物 - 心理 - 社会”医学模式，此模式认为人的健康和疾病不仅是生物学过程，也包含心理和社会因素，要从生物、心理、社会相统一的整体水平来理解和防治疾病。但随着医学和整个社会经济的发展，人们越来越意识到生态环境同样也会影响人类的健康水平，应该把生态文明纳入现代医学模式中，使医学逐渐向“生态 - 生物 - 心理 - 社会”模式过渡。机能实验学的发展趋势也应该和现代医学发展模式保持一致，在教学实践中，时刻关注生态文明。

习近平总书记在党的十九大报告中指出，加快生态文明体制改革，建设美丽中国，强调人与自然是生命共同体，人类必须尊重自然、顺应自然、保护自然。医学院校是生态文明建设的重要基地，将生态文明教育纳入高等医学实验教学的教育范畴，是建设美丽中国的客观要求，也是医学发展进步的内在要求。在教学实践中，应加强生态文明教育，使学生了解和接受生态文明理念，树立环保意识和可持续发展观念，形成正确的生态文明道德观念。教师在课堂中呼吁尽量减少一次性物品的使用、集中回收有毒有害的化学试剂、各种垃圾分类处理等。这有利于提升医学生的生态认同感和生态责任感，引导他们成为生态文明建设的宣传者和实践者，推动卫生事业向前发展。

（3）全球合作

由于人类社会的全球化发展，人与人之间的联系越来越紧密，病毒的传播速度和变异速度也都变得越来越快。医学正面临着前所未有的生态疾病挑战，防治病毒的工作形势依然严峻。从某种意义上来说，资源、生态、气候和医疗健康之间都有着必然的联系。人类是同呼吸、共命运、休戚与共的命运共同体，保护生态环境，保护人类健康和防治疾病，已经不单单是个人的活动，而是世界范围内的活动。世界各国应努力构建世界性的医学防治体系，分享经验，积极面对和处理生态问题，共同维护生态文明和人类健康。

参考文献

冯巍 . 2014. 和谐生态医学伦理学初探 . 中国卫生产业 , (36): 67-68.
何裕民 . 2011. 医学应该走向生态——关于医学模式的再思考 . 医学与哲学 , 32(9): 11-14.
贺映红 , 刘立 . 2015. 医学生生态文明教育现状、价值分析与路径选择 . 产业与科技论坛 , 14(15): 155-156.
邱高会 , 蒋静 . 2016. 美丽中国视域下加强医学生生态道德培育的思考 . 中国医学伦理学 , 29(2): 187-189.

（南京医科大学基础医学院　高　晴　袁　栎）

30. 无声的战“疫”英雄——实验动物

思政关键词　医者精神，法治意识。

思政要点　1）介绍建慰灵碑纪念在 SARS 疫苗和药物实验中献身的恒河猴的故事，引导学生认识到，医德不仅体现在医者的仁爱之心，关爱患者，对为科学献身的实验动物也同样适用。通过此案例培养学生的医学人文素质。

2）介绍实验动物伦理、福利和相关法律法规，增强医学生的法治意识。

教学场景推荐　可用于“机能实验学”课程中实验动物的福利和伦理内容讲授。

（1）SARS 事件回顾

2002 年末，我国广东省发现了一种由冠状病毒引起的非典型肺炎。该病以呼吸道飞沫和密切接触为主要传播方式，以严重急性呼吸综合征为主要临床表现，是一种起病急、传播快、病死率高的严重传染性疾病。世界卫生组织（WHO）将其命名为 SARS。2003 年 SARS 在全国各地暴发。

2003 年 10 月，我国科学家在武汉大学实验动物中心 P3 级动物实验室开展 SARS 疫苗研制实验。实验人员从 10 000 只猴子中选出 18 只健康的恒河猴作为冠状病毒感染动物模型，给猴子接种不同剂量的 SARS 疫苗，其后 2 周再注射 SARS 病毒。所有的实验动物都经历了喂养、接种、感染和“安乐”处死过程。同年 11 月，我国“人用 SARS 病毒灭活疫苗”研制成功。此后，又有 20 只恒河猴在抗 SARS 病毒多肽药物的动物实验中献身。

2004 年 9 月，武汉大学动物实验中心建成了我国最大的实验动物慰灵碑，用以纪念这些无声的战疫英雄，纪念这些为人类健康而献身的实验动物们。背面碑文刻有“慰藉首批为研究抗 SARS 病毒疫苗、药物献身的 38 只恒河猴”字样。

（2）实验动物伦理和福利

纵观生命科学的发展历史，人类取得的许多进步，都与实验动物紧密相关。摩尔根通过用果蝇实验提出了染色体遗传理论、巴甫洛夫通过犬的实验发现了条件反射、科学家用多莉羊的诞生为克隆技术奠定了进一步的发展等。但值得注意的是，在早期动物实验中，实验动物没有任何权利保障，有的身体遭受摧残，有的精神受到打击，有的失去生命，命运十分悲惨。虽然 19 世纪中期动物保护主义者倡导的动物伦理和福利已初具萌芽，但直到 20 世纪中后期，西方国家才相继制定了实验动物保护法，借以规范动物实验，实验动物才有了真正意义上的法律保护。虽然我国实验动物行业起步较晚，但在实验动物伦理和福利方面发展迅速，实验动物法律法规也在不断完善。

实验动物伦理的核心理论可以用国际上公认的“3R”原则来概括，即实验动物的减少（reduction）、替代（replacement）和优化（refinement）。减少原则，指在获得同样多实验数据的前提下，尽可能减少实验所需的动物数量；替代原则，指寻找可以替代动物实验的其他研究手段；优化原则，指科学地设计实验方案，精简实验流程，提高实验技术，以减少动物的伤害和痛苦。实验动物的福利，用“五项自由”来概括，即免于饥渴的自由，免于不适的自由，免于痛苦、伤害和疾病的自由，表达主要天性的自由和免于恐惧及焦虑的自由。实验动物伦理和动物福利都强调了对实验动物的关爱。

（3）尊重实验动物的生命

实验动物是医学实验的重要研究对象。保障实验动物的权利也是保障研究结果的准确性和可靠性。将关爱实验动物列入医学人文的范畴，是医学发展的需要，也是社会文明进步的体现。医学人文包含同情之心、怜悯之心和仁爱之心，它不仅强调对人生命的尊重，对于同样具有存在价值的实验动物来说，尊重实验动物的生命也很重要。它让原本冷冰冰的医学变得温暖起来。

生活中，人们常用“妙手仁心”来形容优秀的医务工作者。“妙手”指的是医务人员拥有过硬的专业知识和技术，“仁心”则是指还要拥有高尚的医者精神。爱因斯坦也曾指出，人类对动物的人道是最高贵的美德，只有所有有感知力的生命被关怀时，我们的道德才能提升到最高的层次。医学人文精神在动物实验中体现为学生能够尊重实验动物伦理和福利，保障实验动物权利，善待实验动物，避免虐待、伤害或者遗弃动物。

为献身科学的实验动物建立纪念碑，在“世界实验动物日”致敬实验动物，可以增强学生对生与死的理解，激发学生对实验动物权利的保护意识。这样，在未来的临床医疗实践和科研工作中，学生能够树立正确的生命观、人生观和价值观。这是培养医学人文素质的重要环节，也是培养医学生良好医德的重要手段。

参考文献

陈勇，蒋明 . 2004. 见证 SARS 疫苗动物实验 . 看医生，(2): 14-17.
高兴亚，戚晓红，董榕 . 等 . 2010. 机能实验学 . 北京：科学出版社 .
黄术兵 . 2020. 中西实验动物伦理和福利发展比较研究 . 医学与哲学，41(17): 33-38.
黄文伟 . 2009. 基于动物实验 3R 理论培养医学人文观 . 中国医学伦理学，22(2): 105-108.
李长龙，尚书江，朱德生 . 2017. 科技进步与实验动物福利 . 科技导报，35(24): 32-39.
陆莉，薛明，李晓蓉，等 . 2016. 机能实验教学中融入实验动物伦理观教育的体会 . 基础医学教育，18(12): 994-996.

（南京医科大学基础医学院　高　晴　吴晓燕）

31. 神经 - 肌肉接头的研究历程

思政关键词　家国情怀，科学精神，医者精神。

思政要点　1）神经 - 肌肉接头作为突触解剖、生理和发育的模型已被研究了一个多世纪。每个科学理论的提出，都源于科学家对真理的执着追求，以及孜孜不倦、刻苦认真的工作。以此引导学生热爱科学，增强学习动力，激发学习热情。

2）冯德培院士不畏艰难、毅然回国，在神经 - 肌肉接头研究领域取得了开创性研究成果，为中国生理学的发展做出了卓越贡献。通过介绍冯德培爱国奉献的感人故事，培养学生的爱国情感和社会责任感。

3）介绍肉毒素不恰当使用的副作用，让学生懂得医务工作者不光要有精湛的医术，更要有高尚的医德医风。

教学场景推荐　可用于“生理学”课程“人体机能学”课程中细胞内容讲授，介绍神经 - 肌肉接头的兴奋传递。

（1）研究历程

1836 年，德国科学家瓦伦丁（Valentin）和埃默特（Emmert）首次发现神经末梢，认为传出运动神经纤维返回中枢神经系统之前形成了一个弧状的环，类似于血管系统的毛细血管，形成一个连续的网络。1840 年，杜瓦耶（Doyer）在水生的无脊椎动物身上观察到神经纤维在肌肉纤维上形成一个完整的末端。1862 年，鲁热（Rouget）在神经 - 肌肉接头的位置观察到一堆扁平的颗粒状物质，称为“斑块末端”。1863 年，克劳泽（Krause）发现哺乳动物的神经 - 肌肉接头是一个由几个细胞和细胞核组成的紧凑的板，称为“运动终板”。1883 年，屈内（Kühne）采用金浸渍法将结节染色：末端轴突分支为深紫色，交界处的其余部分为红色，称为“基质”。透射电子显微镜（TEM）技术的出现改变了神经 - 肌肉接头形态学的研究。舍斯特兰德（Sjöstrand）在 1953 年推出了用于透射电子显微镜的超薄切片。随后，神经 - 肌肉接头和神经元 - 神经元突触之间共有的结构特征很快被识别。1955 年，德 · 罗伯蒂斯（De Robertis）用电镜在神经末梢内观察到直径 20 ～ 50nm 的小泡，称为突触小泡，并指出泡内可能储存递质乙酰胆碱（acetylcholine，ACh），并由它们将递质释放到突触间隙。1965 年，卡茨（Katz）发现神经 - 肌肉接头的递质 ACh 是以一最小量（称量子，约相当于 1 万个 ACh 分子）为单位而释放的，这种释放方式称量子释放。卡茨继之又提出了突触泡假说，认为由电生理观察到的递质释放单位乃是每个突触泡所释放的递质量。后来，这一假说得到多数生理学家的认可，也载入了多数生理学教科书。

（2）冯德培与神经 - 肌肉接头

冯德培中国科学院学部委员（即院士），是我国著名的神经生理学家，是神经 - 肌肉接头研究领域国际公认的先驱者之一。1934 ～ 1941 年在北平协和医学院生理系任教期间，冯德培在《中国生理学杂志》上接连发表了 26 篇论文，系统地研究了神经 - 肌肉接头的若干问题。在这些研究中，冯德培首次提出了钙离子影响神经末梢的递质释放的科研设想，指出钙离子在神经 - 肌肉接头的主要作用是促进神经冲动在神经末梢引起的递质释放。同时，冯德培发现了强直刺激后终板电位持续增大的现象，称为强直后增强，这是突触可塑性表现的一个基本内容。此外，他还发现箭毒、毒扁豆碱等对突触前神经末梢有重要作用，这为神经药理学的研究奠定了基础。冯德培院士的这些研究为尚处于奠基时期的突触化学传递学说提供了强有力的证据。

与其科学成就相互辉映的，是冯德培崇高的爱国主义精神。当他以出色的成绩取得博士学位，声名鹊起时，他放弃了在西方发达国家大展宏图的机会，回到了正处于军阀混战、民不聊生的祖国，筚路蓝缕，在艰难的境遇中开辟了一片新天地。20 世纪 80 年代中国打开门户之后，出现了留学潮，冯德培以一位先行者的身份，为研究生留下了自己的书面嘱托："一个有理想有抱负的中国科学家，不愿寄人篱下，要自己创业，英雄用武之地在中国。"正如杨雄里院士描写冯德培的一句话"这是一个以科学为生命的人，点燃其生命火焰的是科学，使其生命不息燃烧的是科学，甚至当其病情危急，延续其生命之火的还是科学"，冯德培年逾古稀还坚持每日到实验室，即使在弥留之际仍惦念着即将发表的论文。多年来，冯德培为生理学研究在中国土地上扎根、发展坚持不懈地努力，为中国生理科学的发展作出了不可磨灭的贡献。

（3）肉毒素与神经 - 肌肉接头

肉毒素是肉毒杆菌分泌的外毒素，其作为一种神经毒素，作用于胆碱能运动神经末梢，通过拮抗钙离子作用抑制神经末梢 ACh 的释放，抑制肌纤维收缩，引起肌肉松弛性麻痹，从而使面部皱纹减少。自肉毒素开始应用于美容领域以来，因具有创伤小、恢复快、效果显著等特点，其使用率逐年递增，并成为目前注射美容应用最多的药物之一。然而肉毒素注射美容疗效一般维持 3 ～ 6 个月，故需长期重复注射。研究报道，高剂量和高频率地注射肉毒素可使局部胆碱能神经末梢饱和，使未结合的毒素扩散到邻近结构或进入血液循环，引起肉毒素中毒。其中肉毒素导致呼吸肌麻痹是肉毒素中毒患者死亡的主要原因。因不规范注射肉毒素引起医源性肉毒素中毒的事件时有发生，而肉毒素中毒往往为多系统症状，无特异性，与其他神经系统疾病症状类似，容易漏诊误诊，导致病情恶化，出现呼吸衰竭。行医如临深渊，如履薄冰。医务人员在工作中稍一粗心大意，就有可能致人伤残，甚至危及生命。所以医护人员不仅要有过硬的业务技术，更要有良好的医德医风。

（4）意义

神经 - 肌肉接头是运动神经元末梢和肌肉之间特化的化学突触，是神经系统支配肌肉活动的结构基础。神经 - 肌肉接头的发现改变了人类对重症肌无力和有机磷农药中毒等多种神经肌肉系统疾病的治疗方式，拯救了无数生命，同时也为肉毒素注射美容提供了理论依据。然而科学的进步是不断的，医学的探索永无止境。以冯德培院士为科学奉献一生的事迹，激励青年学生要为解除人类病痛而刻苦学习，培养青年学生的爱国、创新、求实、奉献的科学家精神。

参考文献

龙婕, 姜南. 2021. 注射A型肉毒毒素中毒的临床特点及处理方法. 中国医疗美容, 11: 4.
徐科. 2007. 我国现代生理学的重要奠基人——纪念冯德培先生百年诞辰. 生理学报, 6: 730-732.
Katz B. 1969. The Release of Neural Transmitter Substance. Liverpool: Liverpool University Press.

（南京医科大学基础医学院　王小丽）

32. 生命的跳动——哈维《心血运动论》

思政关键词　医者精神，科学精神。

思政要点　1）介绍哈维《心血运动论》产生的历史背景，推翻“盖仑血液潮汐理论”，冲击当时医学传统理念，彰显科学家的无畏求真，不拘于传统，革故而鼎新，学习哈维善于思索，敢于向权威挑战的科学精神，培养学生勇于创新的精神。

2）介绍《心血运动论》对近代生理学的影响，哈维确立科学研究中的实验精神，引导学生重视科学实验，尊重科学事实，领悟科学是实验与理性推论相结合的结果。

教学场景推荐　可用于“生理学”课程中血液循环的讲授，介绍血液循环理论。

（1）背景

威廉·哈维（William Harvey）1578年出生于英国富裕家庭，自幼受到良好教育，之后顺利通过剑桥大学和意大利帕多瓦大学的学习，获得医学博士学位。1628年，50岁的哈维发表《心血运动论》，创立了血液循环理论，奠定了近代生理学的基础，标志着一个生命科学新纪元的开始。

（2）挑战盖仑传统理论

古罗马盖仑是继古希腊希波克拉底之后又一位伟大的医学泰斗，他通过解剖动物，认为血液运动如同潮汐运动，潮时，血液流向全身各处；汐时，血液流回右心室，血液在脉管内像潮水一样单向往复流动后，便消失在人体四周。盖仑认为血液由肝脏生成，血液在“自然灵气”推动下，向左心室注入由肺进入的“活力灵气”，从而使静脉血变为动脉血，进而动脉血进入脑部将“活力灵气”变为“动物灵气”，维持全身运转。盖仑的理论与神学教义不谋而合，遂被教会所利用，受到保护与传承，进一步确立了宗教神学的权威。盖仑对血液循环的唯心主义解释，成为进一步研究血液循环道路上难以逾越的障碍，使人类对血液循环的认识停滞了1500多年之久。

（3）真理来源于实践

哈维在帕多瓦大学留学期间深受其导师的影响，“唯有在科学实验中才会有所发现，实践方能出真知”，导师以这种思想要求学生亲自参与解剖动物实验，这让哈维受益匪浅，为其以后发现血液循环奠定了思想基础。

在哈维之前，也有不少科学家对盖仑的错误理论提出疑问，但他们缺乏有力的证据，不足以说服大多数人。但前人的研究成果，为开阔哈维的视野奠定了基础。他从权威的理论中获取知识，但不一味迷信权威理论。他问自己："血液真的流到人体四周就消失了吗？"据他的笔记记载，他一生解剖过的动物多达40多种。他通过解剖许多大动物及从实验中获得的大量证据，从各个方面证明心脏是一个可以泵出血液的肌肉实体，血液由心脏这个"泵"压出来，通过动脉血管流出来，流向身体各处，然后，再通过静脉血管流回去，回到心脏，血液以循环的方式在血管系统中不断流动。此外，哈维还彻底否定了心脏的心室之间可以透过血液，指出右心室的血液通过肺循环流到左心室，并证实了心脏瓣膜和静脉瓣的作用。哈维通过自己不懈地努力推动了医学发展，为治病救人作出了新的贡献。1628年哈维发表了《心血运动论》，粉碎了前人关于心脏和血液的谬论。当时他的见解不被认可，并且受到嘲笑和打击，但事实最终证实了他是正确的。

（4）意义

哈维通过实验和细致观察完成了《心血运动论》，推翻了"盖仑血液潮汐理论"，验证了科学研究中的实验精神是生命科学发展的强大动力。

参考文献

郭继鸿 . 2014. 哈维的"心血运动论". 中华心脏与心律电子杂志 , 2(4): 2, 65.
江时森 . 2010. 血液循环正确途径发现的漫长历史——启示与思考 . 医学研究生学报 , 23(6): 561-564.
刘月树 , 陆于宏 , 唐健 . 2012. 威廉·哈维的科研伦理思想研究 . 中国医学伦理学 , 25(4): 411-413.
炎冰 . 2006. 心血运动与脏腑机械——论哈维的科学哲学思想 . 淮阴师范学院学报 (哲学社会科学版), 5: 592-598.
张永平 , 殷正坤 . 2002. 哈维《心血运动论》的产生及对近代生理学的影响 . 医学史研究 , (4): 58-59.

（南京医科大学基础医学院　孙　宇　沙　莎）

33. 促红细胞生成素的前世今生

思政关键词　科学精神，医者精神，家国情怀。

思政要点　1）促红细胞生成素从理论提出到晶体结构解析经历了近一百年，许多科学家为之付出诸多心血，培养学生对科学研究的兴趣及严谨求真的科学精神。

2）促红细胞生成素的发现造福了患有贫血等疾病的人们，但其使用要科学规范，需让学生懂得掌握扎实的专业知识才能救治患者。

3）介绍促红细胞生成素在体育界的反面例子，强调无论在何种领域都要公平竞争，要敬重科学，合理使用科学研究成果。

教学场景推荐　可用于"生理学"和"人体机能学"课程中血液内容讲授，介绍红细胞生成的调节过程。

（1）发现历程

1836年，英国科学家理查德·布赖特（Richard Bright）发现贫血与肾脏疾病有关。

1863年，法国医生德尼·茹尔当（Denis Jourdanet）描述了红细胞过度产生（称为红细胞增多症）与生活在高海拔低氧环境之间的关系。

1906 年，法国科学家保罗 · 卡诺（Paul Carnot）和 C. 德弗朗德尔（C. Deflandre）通过给兔子放血构建贫血模型，然后将该贫血兔子的血浆注入正常兔子血液循环，结果发现正常兔子血液中的红细胞数量增加了，因此认为贫血兔子血浆中存在一种能够促进红细胞生成的物质，并为其命名造血素（hemopoietine），这也是最早的促红细胞生成素（erythropoietin，EPO）概念原型。

1950 年，科学家 K. R. 赖斯曼（K. R. Reissmann）和 G. 鲁恩施特罗特 - 鲍尔（G. Ruhenstroth-Bauer）通过外科手术将两只活体大鼠的循环系统连接在一起，将两只大鼠分别置于缺氧和常氧环境中，结果发现两只老鼠血液中的红细胞数量都大量增加，因此确定了缺氧能够通过血液循环系统刺激红细胞生成，而这一过程所依靠的正是促红细胞生成素。

1957 年，利昂 · O. 雅各布森（Leon O. Jacobson）、尤金 · 戈德瓦塞尔（Eugene Goldwasser）、沃尔特 · 弗里德（Walter Fried）和路易斯 · F. 普尔扎克（Louis F. Plzak）等科学家确定了肾脏是产生促红细胞生成素的器官。

1977 年，宫家隆次（Takaji Miyake）、查尔斯 · 孔（Charles Kung）和尤金 · 戈德瓦瑟（Eugene Goldwasser）等从收集的 2550L 再生障碍性贫血患者的尿液中纯化得到 8mg 的人促红细胞生成素蛋白。此时团队的领导者戈德瓦瑟已经从事促红细胞生成素领域的研究 20 多年，并在此后一直在实验室工作到 80 岁才退休。

1985 年，中国台湾的华人科学家林福坤克隆了人促红细胞生成素的基因，进而利用 DNA 重组技术实现了人工合成的促红细胞生成素生产，并且他的研究也是在戈德瓦瑟的帮助下完成的。

1998 年，研究者 J. C. 奇塔姆（J. C. Cheetham）、D. M. 史密斯（D. M. Smith）和 K. H. 青木（K. H. Aoki）等解析了促红细胞生成素蛋白的核磁共振结构，并得到了促红细胞生成素及其受体复合物的晶体结构数据，使人们对促红细胞生成素有了最直观的认识。

（2）促红细胞生成素与诺贝尔生理学或医学奖

2019 年，诺贝尔生理学或医学奖授予小威廉 · G. 凯林（William G. Kaelin Jr.）、彼得 · J. 拉特克利夫爵士（Sir Peter J. Ratcliffe）和格雷格 · L. 塞门扎（Gregg L. Semenza），以表彰他们揭示细胞感知和适应不同氧气供应的分子机制的贡献。数百年来，人们已经了解氧气的重要性，动物需要氧气才能将食物转化为机体能够利用的能量，但细胞如何适应氧气水平的变化却一直是未知数。该研究成果就解释了这一问题，他们发现细胞可以通过调节基因的表达水平以响应不同的氧气环境，特别是促红细胞生成素基因表达水平会随着氧气浓度降低而升高，进而促进血液中红细胞的生成，使机体能在低氧环境下进行必要的新陈代谢等生理活动。

（3）促红细胞生成素的应用与兴奋剂

促红细胞生成素是一种主要由肾脏细胞产生的糖蛋白，因此慢性肾衰竭患者通常会因促红细胞生成素表达减少而患有严重贫血，外源促红细胞生成素可作为贫血的常用药物之一。并且，由于恶性肿瘤的发生发展与所处的氧气环境密切相关，因此促红细胞生成素的氧气调节机制在癌症中具有重要研发前景，可通过对肿瘤细胞氧传感机制的研究来开发不同疾病阶段的抗癌药物。另外，促红细胞生成素在抑郁症、双相情感障碍和缺氧缺血脑病等疾病中的研究也在进行。

促红细胞生成素对维持机体正常的生命活动至关重要，但其促进红细胞生成的特性也容易被过度使用，最常见的例子就是兴奋剂。运动员使用促红细胞生成素后会使血液中红细胞数量增多，进而增强肌肉的供氧能力和收缩力量，增加运动员耐力，因此更容易在长跑、游泳等耐力性比赛中取得优势。为了比赛的公平公正，自 20 世纪 90 年代初以来，促红细胞生成素一直被国际反兴奋剂机构列入禁用名单。美国著名的自行车运动员兰斯·阿姆斯特朗（Lance Armstrong），在 1999 ～ 2005 年连续获得 7 次环法自行车赛冠军，一时风光无限，但他在 2012 年公开承认在比赛中使用了兴奋剂促红细胞生成素，因此被剥夺了所有环法冠军头衔并终身禁赛。

（4）拓展

正常情况下，人体血液中促红细胞生成素含量非常低，为 130 ～ 230ng/mL，个体间差异较大。外源促红细胞生成素通过静脉注射或皮下注射后半衰期为 4 ～ 28h，一般在注射后 4 ～ 7 日就检测不到，特别是自体输血方式和促红细胞生成素基因兴奋剂的出现，导致检测变得越来越难。自 2000 年开始，世界反兴奋剂机构使用了包括尿检、血检和基因药物检测等方式作为促红细胞生成素的验证方法，使赛场上兴奋剂的出现减少了许多，但同时也反映出兴奋剂的检测方法研发始终比兴奋剂本身的研发落后的事实，要消除兴奋剂的使用任重而道远。

（5）意义

正如硬币的正反面，促红细胞生成素可作为治病良药，也可以成为运动员作弊的兴奋剂，在提高运动员成绩的同时也对运动员的身体造成严重危害，由于促红细胞生成素可刺激红细胞的额外增加，会导致红细胞比积升高，容易使机体血流减慢、凝血机制受阻，也可能造成静脉血栓、肺栓塞、高血压、脑病和严重的过敏反应等，其危险不言而喻。

鼓励学生投身科学研究，为人类生命健康作出自己的贡献，但必须要敬重科学，不能投机取巧和弄虚作假，要树立正确的、科学的价值观。

参考文献

Choi D, Kim M, Park J. 1996. Erythropoietin: physico-and biochemical analysis. Journal of Chromatography B: Biomedical Sciences and Applications, 687(1): 189-199.

Kaelin Jr W G, Ratcliffe P J, Semenza G L. 2019. Out of breath: molecular description of cellular responses to hypoxia-2019 Nobel Prize for Physiology or Medicine. Current Science, 117(9): 1418.

Reissmann K R. 1950. Studies on the mechanism of erythropoietic stimulation in parabiotic rats during hypoxia. Blood, 5(4): 372-380.

Weller R O, Nester B. 1972. Histological reassessment of three kidneys originally described by Richard Bright in 1827-36. Br Med J, 2(5816): 761-763.

（南京医科大学基础医学院　张玉杰）

34. 以子试“毒”方舟渡花朵

思政关键词 医者精神，家国情怀。

思政要点 1）介绍顾方舟临危受命，投入到消灭脊髓灰质炎战斗中的故事，培养学生胸怀祖国、服务人民的家国情怀。

2）介绍顾方舟团队研制脊髓灰质炎减毒活疫苗的曲折过程，让学生学习他们敢为人先的创新精神，潜心研究的奉献精神，严谨治学的求实精神，以及集智攻关、团结合作的协同精神。

3）介绍顾方舟第一个喝下脊髓灰质炎活疫苗，还让儿子冒着致死和致残的风险，成为第一个服用疫苗的儿童，彰显了医者的奉献精神。

4）介绍顾方舟前后40余年，指导生产了50亿人份活疫苗及其免疫策略让我国成为无脊髓灰质炎国家，拯救了上百万的家庭的事迹，培养学生的家国情怀。

教学场景推荐 可用于“生理学”课程中神经对效应组织的营养作用内容及“医学微生物学”课程中肠道病毒内容的讲授。

脊髓灰质炎又称为“小儿麻痹症”，是一种由病毒引起的传染性疾病，主要侵袭3岁以下的儿童（占所有病例的50%），造成肌肉发生不可逆的麻痹甚至死亡。1955年，我国江苏南通首次大规模暴发脊髓灰质炎疫情，全市1680人突然瘫痪，多为儿童，造成46人死亡。随后脊髓灰质炎迅速蔓延，在全国多地暴发，引发了社会恐慌。当时中国的医疗卫生条件落后，脊髓灰质炎疫情无疑是一个严峻的考验。

1958年，顾方舟留苏回国不久，担任中国医学科学院病毒所脊髓灰质炎研究室主任，投入消灭脊髓灰质炎的战斗中。当时国际上对于脊髓灰质炎预防主要采用灭活疫苗和减毒活疫苗两种技术路线。灭活疫苗技术成熟，能产生抗体保护个体但不能阻止病毒传播，并且生产和注射过程复杂，费用高，实施起来并非易事。减毒活疫苗可以口服，不但能使机体产生抗体，还能阻断病毒传播，便宜高效，但有毒力恢复的危险，疫苗的安全性不能保证。在当时的情况下，选择无责任风险的灭活疫苗最稳妥，但是当时的国力难以承受。技术路线决定疫苗研制进度，关乎千万儿童的生命安全。顾方舟查阅了所有能得到的资料，刻苦钻研，深思熟虑后决定采用减毒活疫苗。

1959年，顾方舟担任卫生部脊髓灰质炎活疫苗研究协作组组长，开始了脊髓灰质炎减毒活疫苗的研究。很快，病毒被成功分离出来，因为病毒培养需要猴肾细胞，顾方舟和7位同事来到云南昆明西郊的玉案山猿猴基地。当时那里一片荒芜，科研工作者们自己建房子，9个月，大家一砖一瓦，在一片荒山上为全中国的孩子建起了生产疫苗的基地。没有冰箱他们只能把病毒存放在山下的肉联厂，每天爬山上下搬运，有时候荆棘划得腿血肉模糊，他们无暇顾及，因为万千的中国儿童正等着他们的疫苗。

经过不懈努力，1959年底，第一批减毒活疫苗诞生。经过动物临床试验，证明其安全有效，但能不能用在人的身上尚不明确。冒着瘫痪的风险，顾方舟义无反顾地第一个喝下了疫苗溶液，1周过去，他安然无恙。同事们看他这么做，也都喝下了疫苗。但是脊髓灰质炎多发病于7岁以下的儿童，必须要在儿童身上进行临床试验，谁能忍心让自己的孩子冒这么大的风险。顾方舟没有犹豫，他瞒着妻子让自己不满1岁的大儿子顾烈东喝下活疫苗溶液，成为中国第一个喝下脊髓灰质炎疫苗的孩子。顾方舟说即使有风险，也要豁出去了，因为那么多的孩子正生活在脊髓灰质炎病毒的阴影之下。

研究人员被顾方舟感动了，纷纷让自己的孩子参与实验。10天过去了，实验成功了，在众人面前，顾方舟失声痛哭，有为成功的喜极而泣，更有这期间的巨大煎熬和对儿子致残或致死的提心吊胆，个中滋味唯有他自己知道。要想有效地消灭脊髓灰质炎，就必须做到全国接种，但是，液体的减毒活疫苗，必须在低温下有效保存，而当时全国没有成熟的冷链系统。顾方舟借鉴祖国传统医学技术，在疫苗液外包裹了牛奶、奶油和葡萄糖的糖衣，这样在常温下能保存5天左右，在4～10℃冰箱中可以保存2个月以上，这就让疫苗下基层成为可能，实现了7岁以下儿童的全部接种。

2000年是一个重要的时刻，“中国消灭脊髓灰质炎证实报告签字仪式”正式举行，为了这个神圣的时刻，顾方舟付出了毕生的努力，他光荣地签下了自己的名字。我国成为无脊髓灰质炎国家，这是人类在消灭天花后的又一创举。由于控制不力，目前脊髓灰质炎依然在很多国家发生，全世界消灭该病任重而道远，因为不是每个国家都有顾方舟。他人如其名，宛若一叶方舟载着祖国的花朵安全渡过脊髓灰质炎的滚滚洪流。

参考文献

董德祥. 2004. 中国消灭脊髓灰质炎——历史回顾及体会. 国外医学(流行病学传染病学分册), 31(5): 261-264.
王青, 姚宁. 2018. 脊髓灰质炎的流行现状及疫苗免疫策略的研究进展. 保健医学研究与实践, 15(6): 7-9.
殷环, 高东平, 林炜炜, 等. 2019. 我国传染病防控工作进展研究. 医学信息学杂志, 40(8): 1-8.

（南京医科大学基础医学院 李 婉 陈艾东 王觉进）

35. 国际主义战士 新中国卫生事业的先驱者——马海德

思政关键词 政治认同，科学精神，医者精神。

思政要点 1）介绍国际主义战士马海德博士为中国防疫奉献终生的故事，彰显他对中国共产党的政治认同。

2）介绍马海德博士在边远的农牧区收集性病患者数据，不惧艰苦，自制沙漏净化水质，改造显微镜，保证数据可靠和诊断准确，引导学生体会老一辈科学家严谨求真、坚毅执着、善于创新的科学精神。

3）讲解马海德博士率先垂范的思想境界，引导学生体会老一辈医学家精于医术、诚于医德的医者精神。

教学场景推荐 可用于“机能实验学”和“微生物”课程中实验教学。

（1）可怕的麻风病

麻风病是由麻风分枝杆菌感染所引起的一种慢性传染病，主要侵犯皮肤和周围神经，严重者可累及深部组织和内脏器官。临床表现为麻木性皮肤损害，神经粗大，严重者可造成眼、手、足的畸残。麻风杆菌是由挪威学者阿莫尔·汉森（Armauer Hansen）于1874年首先发现，麻风病与结核病、梅毒一起被称为三大慢性传染病。麻风病有着比其他传染病更可怕和可恶的特质，患者因它致残、毁容，外貌变得“人不人，鬼不鬼”，这带给一般人难以克服的恐惧。随着我国积极防治，麻风病也得到了有效的控制，实现了“基本消灭麻风病”的目标。

（2）中国医生——马海德

马海德原名乔治·海德姆（Shafick George Hatem），1910 年 9 月 26 日出生在美国纽约州布法罗市的一个移民家庭。1933 年，刚获瑞士日内瓦大学医学博士学位的马海德听说在上海流行着一种东方热带病，同情心敦促他越过重洋来上海从医，为苦难的中国人民解除病痛。就这样，他踏上了中国的土地，这一来，便是一生。

1936 年，马海德博士赴西北根据地考察，并自愿参加中国工农红军，担任过中央军委总卫生部顾问。为了更好地融入边区人民，他不仅很快学会了中国话和陕北方言，而且把自己的美国名字乔治·海德姆改成中国名字马海德。他以崇高的国际主义精神和精湛的医术为解放区军民服务，并在对外交往中作出了卓越贡献。

1937 年，马海德加入了中国共产党。正如他说的：“从此我能够以主人翁的身份，而不是作为一个客人置身于这场伟大的解放事业之中，我感到极大的愉快。”1949 年，中华人民共和国成立之际，马海德加入了中国国籍，他为自己成为中华人民共和国公民而自豪。作为我国卫生事业的重要奠基人，马海德奔波在抗疫第一线，亲自参加制订皮肤性病研究的任务、方向和发展规划等，致力于我国性病、皮肤病和麻风病防治与研究工作，为中国消灭梅毒和麻风病作出了巨大的贡献。

在治疗梅毒方面，很多外国专家提出了要用“914”和铋联合使用的长期治疗方案。马海德根据中国国情，提倡用节省人力、物力、财力的青霉素 10 日疗法，但是，这种疗法在国内还没有远期疗效的观察资料。为此，马海德专门跑到边远的农牧区，对梅毒患者进行全面复查，牧区水质不好，他用自制简易的沙漏过滤水，确保实验数据可靠。由于牧区没通电，检查梅毒螺旋体时，马海德就对暗视野显微镜进行改造，用干电池作电源进行观察，保证了诊断的准确性。一系列的结果证实了青霉素治疗梅毒的效果，在中国使用青霉素是适合我国国情的。经过多年的努力，在 20 世纪 60 年代初中国取得了基本消灭性病的震惊世界的成就。马海德博士从国家和民族利益出发，不畏艰苦，彰显了老一辈科学家追求真理、坚毅执着的科学精神。

随后马海德又把主要精力投入消灭麻风病的工作中去。麻风病在中国有数千年的流行史，人们对麻风病普遍存在着畏惧心理，对患者十分歧视。对于令人生畏的麻风病，马海德率先垂范，在进入麻风区时不穿隔离服，并主动和患者握手，甚至把患者的脚放在自己的腿上检查足底的溃疡，使人们对麻风病的恐惧和偏见得到了消除。同时，马海德博士根据中国国情，将麻风病传统的住院隔离治疗办法改变为社会防治，并于 1980 年把国外治疗麻风病的新技术——强杀菌联合药疗引进中国，大大提高了疗效。但是这种联合药疗价格昂贵，影响其在全国推广使用。为此，马海德出访了十几个国家，为中国提供了价值上千万美元的药品、医疗器械和交通工具等援助。到 1986 年底，强杀菌联合药疗在全国麻风病防治工作中得到了推广，使全国每一个麻风病患者的治疗都有了可靠的保证，大大加速了消灭麻风病的进程。在 20 世纪末，我国总体实现了“基本消灭麻风病”的目标，为全球的麻风病防治提供了最佳实践。

（3）中华人民共和国卫生事业的先驱

马海德在中国度过了55个春秋，是第一位加入中国共产党的外国人，也是中华人民共和国成立后第一位加入中国国籍的外籍公民。他坚持和认同中国共产党的领导，他以崇高的国际主义精神和精湛的医术，将自己的全部智慧和精力奉献给了中国人民的解放事业和建设事业，彰显了对中国、中华民族、中华文化、中国特色社会主义道路的认同。为表彰马海德为中国革命和建设作出的突出贡献，1988年，卫生部授予他“新中国卫生事业的先驱”荣誉称号。他始终以全心全意为人民健康服务为光荣使命，为中国卫生事业的发展作出了不可磨灭的贡献。

参考文献

高炳 . 2021. 马海德：精神崇高 医术精湛 . 共产党员（河北）, (13): 110-111.
高翠 . 2020. 40 多年来国内马海德研究综述 . 北京党史 , (6): 49-52.
孙迪 . 2021. 马海德：新中国卫生事业的先驱 . 党建 , (9): 65.
张霄 . 2021. 为人民的马海德 . 今日中国 , 70(11): 84-85.
赵红 . 2021. 马海德：加入中国共产党的美国医生 . 延安大学学报 , 19(2) : 封 2, 封 3.

（南京医科大学基础医学院　吴晓燕　袁艺标）

36. 中国生理学奠基人和开拓者——蔡翘院士

思政关键词　科学精神，家国情怀。

思政要点　1）讲述蔡翘院士一生艰苦创业、涉猎广泛，在生理学领域进行了多方面的开创性工作，取得了众多重要的发现和成就；培养学生热爱学习，不畏困难，刻苦钻研的科学精神。

2）介绍蔡翘院士积极创建生理学科，执教生理学等课程，出版了我国第一本由国人编写的《生理学》教科书，培养了大批生理学人才，是我国生理学的奠基人和开拓者之一，彰显中国科学家的家国情怀和强烈的社会责任感；引导学生的爱国情怀和社会使命感。

教学场景推荐　适用于“生理学”“人体机能学”“基础医学概论”等课程中绪论部分及神经系统内容的讲授。

蔡翘于1897年10月11日出生于广东揭阳，1925年毕业于美国芝加哥大学，获哲学博士学位，1955年被聘为中国科学院学部委员（院士）。他的一生为我国生理学作出了卓越贡献，是我国医学教育家、生理科学的奠基人。

（1）发现蔡氏区

蔡翘22岁那年，受五四运动的影响，胸怀科学救国的志向，只身赴美国留学。先后在加利福尼亚大学和印第安纳大学学习心理学，用2年的时间学完大学课程。1922年转入芝加哥大学生理系读研究生，“要真正认识人类，就要先从生物的大脑开始”，这是蔡翘研究生涯的发端。他研究发现下丘脑和中脑被盖间存在一个从未被认识的微小核团，这个核团是揭示视觉与眼球运动功能关系的结构基础。蔡翘把这一研究成果写成长达75

页的论文。论文发表后，国际学术界将蔡翘发现的大脑版图命名为“蔡氏区”，这奠定了他在生理学界的地位。蔡翘不仅在生理学涉猎广泛，在多个领域均有突出贡献。1929 年，蔡翘及助手研究发现了甲状旁腺与钙代谢的关系，阐明甲状旁腺切除后，血钙浓度的下降是肌肉抽搐导致死亡的主要原因。20 世纪 30 ～ 40 年代，蔡翘在感受器的适应现象、肝糖原异生机制等方面有重大贡献。

（2）中国生理科学奠基人之一

1927 年，蔡翘受聘吴淞中央大学医学院，创建生理学科，是我国综合性大学开设专门生理学课程的第一人。蔡翘任生理学教授，兼讲授比较解剖学、组织学和胚胎学。当时，大学普遍用英语授课，他认为用外语教学不利于学生对知识的吸收和掌握，更不便于科学知识的普及与推广。于是他坚持用汉语教学，自编中文讲义，用 2 年的时间编写了我国第一本大学生物系用书《生理学》。1929 年该书由商务印书馆出版，共 50 章、70 万字，后增订本改名为《人类生理学》。

1937 年 1 月，蔡翘放弃优厚待遇毅然决然来到南京，受聘刚建院不满 2 年、条件较差的中央大学医学院，任生理学教授兼科主任，立志于创建我国生理学科并培养我国医学人才。蔡翘倾囊购置了不少仪器、设备、图书等，并筹建动物房及研究室。蔡翘与助教共同编著了《生理学实验》一书用于教学。卢沟桥事变爆发，日本强盗悍然侵略中国，学校准备西行搬迁至成都。搬迁时，蔡翘积极发动师生，打包实验器材，连一颗钉头、一支竹签都没有丢下。在成都暂时借用前华西大学医学院教室进行教学和科研，为了满足教学和研究需要，蔡翘自筹经费、亲自动手，成立生产实验仪器的车间。1938 年秋，蔡翘在三所大学（中央大学、华西大学、齐鲁大学）医学院发起成立了中国生理学会，并领导成都分会。1941 年 6 月，他主编创办了《中国生理学会成都分会会志》，这是太平洋战争爆发后，国内唯一的一本生理学刊物，至抗战胜利止，共出版 2 卷 13 期 300 多页。

（3）崇高品德，一代师表

蔡翘不仅是一位著名的生理学科学家，而且是一位受人尊敬的医学教育家。他归国以来，曾先后在上海、南京两地的高等学校从事了 25 年的教学工作。1938 年，他成立了生理学研究所，培养了许多研究生和进修生，其中有延安军医学校秘密送来的同志。在那炮火连天的日子里，蔡翘犹如一个强大的磁场，吸引和聚集了各方人才。1978 年，在他的积极建议下，军事医学科学院成立了基础医学研究所，他亲自指导该所神经生物学室的研究工作并积极培养研究生，通过科研工作培养了很多的生理学人才。几十年来，蔡翘培养的学生遍布全国，他们后来大都成为生理学科的巨擘，名冠中华、蜚声海内外。他们就像一批种子，撒在全国各地，并开花结果。

蔡翘一生艰苦创业、涉猎广泛，在生理学领域进行了多方面的开创性工作，取得了众多重要的发现和成就。他是我国杰出的医学教育家，生理科学界的奠基人和开拓者，航天、航空、航海医学的创始人。2011 年 10 月 14 日，在北京隆重举行了国际编号 207681 小行星命名为“蔡翘星”仪式。蔡翘一生建立的卓越功勋将永远伴随着这颗星星闪耀在茫茫宇宙。

参考文献

柳川 . 1988. “蔡氏区”和它的发现者蔡翘教授 . 生物学通报 , (3): 45-46.
张香桐 . 1982. 记蔡翘先生在神经解剖学上的贡献 . 生理科学进展 , 13(4): 380.

（南京医科大学基础医学院　周　红）

37. 不懈奋斗的生理学家——林可胜

思政关键词　家国情怀，科学精神，医者精神，时代品格。

思政要点　1）介绍林可胜无惧战火、积极组织战地救护，创建并领导中国红十字会抗战救护总队，全身心投入抗日战争的伟大事业，彰显了中国科学家的家国情怀和强烈的社会责任感。

2）介绍林可胜扎实科研，以身试药的故事，引导学生体会老一辈科学家求真严谨的科学精神和坚定的理想信念。

3）介绍林可胜在组织领导抗战救护总队期间，全力救助士兵甚至日军战俘的故事，传播“大爱”的医者精神。

4）介绍林可胜在担任中国红十字总会救护总队总队长期间，募捐、经手的物资经费达 6500 万美元之巨。他洁身自好、两袖清风，离开的时候甚至要变卖家当筹集路费，体现了他高尚的时代品格。

教学场景推荐　可用于“生理学”课程的绪论中介绍中国生理学的发展史部分或消化系统中胃肠激素部分的讲授，讲述林可胜对肠抑胃素的发现。

（1）背景

林可胜（1897—1969），祖籍福建，生于新加坡，1925 年回国，1949 年移居美国。林可胜发起成立了中国生理学会并担任首届会长（1926—1928），主持创办了《中国生理学杂志》，担任杂志主编，为我国生理学长足发展奠定了坚实的基础。林可胜被誉为我国现代生理学奠基人。1928—1930 年，他被推选为中华医学会主席；1942 年，当选美国科学院第一位华人院士。

林可胜是赤诚的爱国主义者，抗战时期出任中国红十字会救护总队的总队长，他值得人们铭记的贡献，除了医学尤其是生理学外，更为重要的是他创建和领导了战时军队救护系统，为抗日军队提供了有效的救护。

（2）治学严谨，建树丰硕

林先生治学严谨，据著名生理学家张锡均的回忆，“林可胜为了研究阿司匹林的镇痛作用，他先把缓激肽注入自己动脉血中产生剧烈疼痛，然后再用阿司匹林来镇痛，他为科学献身的精神让人动容”。林可胜重视实验课，为教学设计了一套完整的实验计划。他主编《中国生理学杂志》时，废寝忘食，认真审查每一篇论文，常常亲手反复修改多次，直至完全满意时才同意发表，其认真的写作态度、严谨的科学作风为学生树立了榜样。

林可胜的研究工作包括消化生理学、循环生理学和痛觉生理学三个领域，尤为突出的工作是在消化生理学方面。他发现进食脂肪后，小肠黏膜可释放一种物质，经由血液循环到达胃部，可抑制胃的分泌和活动。林可胜将这个新物质，命名为“肠抑胃素”，它是一种来源于小肠的抑制胃酸分泌的激素，这是中国人发现的第一个激素。

（3）无惧战火，以身报国

林可胜的贡献超出了科学范围，他不仅在现代生理学领域开拓进取，在抗战时期，林可胜以学者身份毅然投身军旅，组织救护总队和战时卫生人员训练，为战地救护工作树立典范，尤为令人尊敬。

卢沟桥事变爆发前，林可胜担任北平协和医学院执行院长兼生理系主任，事业如日中天，薪水很高，还有一个幸福温暖的小家庭。全面抗战爆发后，林可胜面对国难当头的局势，作出一个重大抉择：离开协和医学院，投身抗战。为了使自己一门心思参加抗战救护工作，林可胜说服心爱的英国妻子和可爱的儿女，把她们送到新加坡父亲家里安顿下来。然后含泪告别亲人，回国踏上抗战救护的艰辛征程。

随后他只身抵达武汉，组织中国红十字总会救护总队，担任总队长。经过组建，救护总队共有 9 个大队，84 个小队（后来扩充至 123 小队），担负起辅助军医和战区防疫的任务，成为抗战的一支重要力量。

（4）救死扶伤，医者仁心

1938 年春，林可胜克服种种困难组建中国红十字会救护总队，并出任总队长兼总干事。他为救护总队确定了“救死扶伤、博爱恤兵”的宗旨，并订立了八条战场上的救护信条：具丰富情感，抱牺牲志愿，本博爱襟怀，献科学身手，作精密准备，求迅速效率，保伤兵安全，增人类幸福。这些信条对激励和规范救护人员的工作起到了重要作用。

林可胜对受伤官兵怀有深厚感情，在他身上，时刻体现出救死扶伤的责任感。有一年圣诞节傍晚，从前线转来一大批伤兵，救护总站的工作人员因时间已晚，且病房已满，不予收容。伤兵们只好瑟缩地躺在训练医院门口。时近半夜，林可胜得知这一情况后，当场大发脾气，命令立即停止欢庆圣诞的晚会，全体医护及事务人员紧急集合，打开训练示范病房，安置好全部伤兵，并煮粥给他们吃，一直忙到第二天黎明。

1942 年，日军占领新加坡，把林可胜的父亲和妻子、儿女全部抓起来威逼利诱，妻子和女儿相继被杀。就在林家惨剧发生后不久，位于贵州省镇远县的日军战俘收容所发生暴动事件，十几名日军战俘受伤需要及时治疗。国民政府军医署要求救护总队派人前去救治。尽管林可胜带着愤怒赶到事发地，但一看到一个个痛苦呻吟着的战俘，人道精神、医生的仁心又重新回到他身上，他把仇恨压在心底，马上开始紧张而又忙碌的救治工作。当有些战俘得知林可胜家里遭受的不幸时，不禁跪地谢罪！

（5）两袖清风，人格高洁

林可胜执掌中国红十字总会救护总队 6 年，据统计共募得 6500 万美元捐款，平均每年 1000 万美元，以当时汇率计算，这是一个非常庞大的数字。在红十字会工作期间，对物资的发放、捐款与赠品，林可胜要求有关部门和财会人员，严格管理，廉洁奉公，每一笔都列有清单，以备查看，一丝不苟。林可胜本人更是以身作则，洁身自爱，一尘不染。这位曾经手几千万美元的红十字会会长，两袖清风，离开祖国赴美时因为没有路费，只好变卖全部家当，最后连朋友送的几双新袜子也卖掉了。

参考文献

郭清 . 2018. 抗战时期林可胜对中国红十字会的贡献 . 南京理工大学学报 (社会科学版), 31(5): 88-92.
何校生 . 2017. 林可胜与抗战时期中国红十字会救护总队 . 百年潮 , (6): 47-51.
金涛 . 2015. 林可胜 : 伟大爱国者和杰出科学家 . 民主与科学 , (1): 51-55.
李金湜 , 张大庆 . 2013. 中国近代生理学学术谱系研究初探——以北京协和医学院生理学系为例 . 医学与哲学 , 34(9): 89-93.
齐悦 . 2020. 林可胜 : 铿锵战地行 . 同舟共进 , (6): 36-38.

（南京医科大学基础医学院　崔胜忠）

38. 中国现代生理学的创建者和开拓者——张锡钧院士

思政关键词　家国情怀，科学精神，医者精神。

思政要点　1）介绍张锡钧院士爱国敬业、无私奉献的事迹，彰显中国科学家的家国情怀和强烈的社会责任感，培养学生的爱国主义情怀，也增强他们奋发学习、报效祖国的动力。

2）介绍张锡钧院士在科学研究中付出的辛勤劳动和获得的重大成果，以此熏陶学生，培养他们吃苦耐劳的务实精神和创新的科学精神。

3）介绍张锡钧院士关注公共健康、普及生理学和医学知识的故事，以此培养青年一代的社会责任感和使命感。

教学场景推荐　可用于“生理学”课程中绪论和神经递质的讲授。

（1）背景

张锡钧（1899—1988）是中国第一代生理学家，他 1899 年 4 月 25 日生于天津，1920 年毕业于清华学堂。1920 ～ 1926 年留学美国，1926 年学成并谢绝国外挽留，回国任教。他是我国现代生理学的主要奠基人、创建者和开拓者，为中国现代生理学的发展作出了杰出的贡献。

（2）爱国敬业，无私奉献

中学时代，张锡钧就是一位有着强烈民族自豪感的爱国青年。五四运动期间，他就读于北平清华学堂。“国家兴亡，匹夫有责”和“民主、科学强国”的先进思想在他脑海里深深地扎下了根。1920 年他被保送赴美留学，相继在芝加哥大学及芝加哥大学罗虚医学院学习，因芝加哥大学以往并无同时攻读两个博士学位的先例，张锡钧破例获得了医学和哲学双博士学位。随后，他谢绝了导师的挽留，毅然回国。他说，我把西方科学知识和经验学到手了，就觉得要回去为自己的国家做贡献，回来建设自己的国家。回国后，他和另一位生理学家林可胜先生共同编写国内第一套生理学实验教材，此后我国各高校在相当长一段时间内将其作为范本；他还开设系统生理学实验课，首次将生理学实验介绍到中国，并与林可胜先生共同创建中国生理学会和创办英文版《中国生理学杂志》。他以毕生精力献身并团结同行共同发展祖国的科教事业，填补了我国生命科学基础教育的空白。抗战期间，他拒绝为敌伪政权服务，冒生命危险与日寇宪兵队周旋，完整地保护了中国生理学会及《中国生理学杂志》杂志社的全部财物。

1933 年，张锡钧在国外深造期间，在神经递质 ACh 研究中获得重大突破，创立了定量测定 ACh 的生物学方法，在国际生物学界名声显赫。然而，他再次谢绝了国外的挽留，按期回国，很快在其任职单位北平协和医学院生理学系建立了国内 ACh 研究基地，继续开展 ACh 研究，首先提出了完全由中国人自己创立的“迷走神经 - 垂体后叶反射”学说，得到了国际生理学界的认可和重视。

（3）勤奋刻苦，大胆创新

20 世纪初，科学家们推测神经系统可以通过化学物质如 ACh 进行信息传递，其中英国生理学家戴尔（Dale）曾在马脾脏中提取到一种与 ACh 作用相似的物质，但是当时仅知植物中含有 ACh，动物体内是否也存在这一物质成了亟待解决的难题。1932 年张锡钧以访问学者身份加入了戴尔的研究室，与 J. H. 盖达姆（J. H. Gaddum）进行合作研究，其间，他投入全部精力和时间进行创新研究，首创了 ACh 定量测定法——蛙腹直肌定量测定 ACh 法。这一方法准确灵敏，成为生物学中测定 ACh 的经典技术。在此基础上，他们实现了戴尔教授关于可在动物组织中提纯出 ACh 的设想，最有意义的是首先发现脑内存在 ACh，以及首次发现马的交感神经节内含有大量 ACh，这些研究结果为后人的研究开辟了方向并奠定了基础。值得一提的是，戴尔实验室的一系列工作终于证明了 ACh 是神经传递的化学物质，而且戴尔以神经冲动的化学传递在 1936 年获得了世界科学的最高荣誉——诺贝尔生理学或医学奖。毫无疑义，生理学中这一举世瞩目的成就包含着张锡钧教授的贡献。

（4）利用所学，惠及民众

无论是在中华人民共和国成立前的敌伪政权期间，还是在以后的艰难时期，他都克服困难，发挥专长，为劳苦百姓开设门诊，治病救人。为了更好地治愈病患和减轻患者负担，他还将传统医学和西方医学综合起来诊断和治疗，广受赞誉，成为将祖国传统医学与西医结合的先行者。

同样，为了全民健康，他非常重视医学（生理）知识的普及工作。例如，他看到有些人骑车吸烟，甚为担忧，出于一位医学家的责任感，他经常在马路上拦住这些人，向他们普及在体力活动时呼吸、血液循环加快，会使烟草中的毒素吸收更多的知识。他这种发挥专业知识为人民服务的高尚风范，很值得我们学习。

张锡钧先生还非常关心青年一代的科研工作，改革开放后，在其夫人和子女的支持下，将过去在国外的存款全部捐赠，用作奖励青年科学工作者的基金。

张锡钧教授热爱科学与教育的情怀、为人类健康无私奉献的精神，无不令我们怀念和敬仰！

参考文献

杰英，蔡人亮 . 2000. 一代宗师张锡钧 . 科技文萃，142(8): 142-145.

吕萌，姗姗 . 1999. 光辉业绩　无私奉献——纪念脑内乙酰胆碱的发现者张锡钧院士 . 科学新闻，24: 14.

任翔 . 2000. 张锡钧教授对现代生理学的贡献——纪念脑内乙酰胆碱发现 69 周年 . 科技文萃，(5): 19-20.

周发勤，周美和 . 1985. 勤奋・方法・灵感・成就——张锡钧教授谈他的科学发现 . 中国科技史料，(4): 26-31.

（南京医科大学基础医学院　李迎春）

第五章　生物化学思政教学案例

39. 拓荒年代的科学结晶——中国科学家人工合成牛胰岛素

思政关键词　家国情怀，政治认同，科学精神。

思政要点　1）介绍我国生物化学家在困难岁月中，不忘初心、牢记使命，艰辛探索，彰显中国科学家的家国情怀和强烈的社会责任感。

2）介绍新中国科学家以集体合作的方式完成世界一流的科学工作，体现社会主义制度下科研合作的优越性，引导学生体会老一辈科学家求真的科学精神和坚定的政治认同。

3）介绍中国第一代科学家们在科研中艰辛探索，引导学生体会老一辈科学家孜孜求真的科学精神。

教学场景推荐　可用于“生物化学”课程中蛋白质的结构与功能一章及“药理学”课程中降血糖药——胰岛素的讲授。

（1）背景

糖尿病是危害人类健康，引起并发症较多的一种疾病。历史上糖尿病曾被认为是一种绝症，直到20世纪初，加拿大科学家班廷及其合作者贝斯特发现胰岛素并用于治疗糖尿病，结束了糖尿病作为不治之症的历史。班廷（Banting）因此项成果在1923年获得诺贝尔生理学或医学奖。1953年，英国生物化学家桑格（Sanger）确定了牛胰岛素的结构，并于1958年获得了诺贝尔化学奖。牛胰岛素一级结构的测序完成使实验室合成胰岛素成为可能，很快世界各国研究者之间展开了人工合成胰岛素的竞争。但是，人工合成胰岛素难度极高，不仅要完成肽链中的合成，而且合成的肽链要折叠成与天然胰岛素同样的构象，才具有和天然胰岛素一样的生物活性。当时*Nature*发表文章称“人工合成胰岛素还不是近期所能做到的”。

1956年的中国刚刚完成了三大改造，正式进入社会主义初级阶段。1956年周恩来总理在中国人民政治协商会议第二届全国委员会第二次全体会议上明确提出向科学事业发展的号召，同年，中央政府制定了《1956—1967年科学技术发展远景规划》。当时社会各界人民以极大的热情投入社会主义建设中，各条战线上捷报频传。科学家们也摩拳擦掌，要在科学领域为建设祖国做出贡献，向全世界展示中国人民的才智。

（2）艰苦卓绝的奋斗

胰岛素的合成是由三个单位协作完成的。上海生物化学研究所由钮经义和龚岳亭领导的小组负责B链的合成；上海有机化学研究所由汪猷领导的小组及北京大学由邢其毅领导的小组共同负责A链的合成，两条链均通过传统的片段缩合合成；上海生物化学研究所由邹承鲁、杜雨苍负责两条链的组合。参与研究的人员知道这场战斗将异常艰难，但是当真正投入到研究工作中时才发现，困难远比想象的大得多。

当时中国没有任何蛋白质合成方面的经验，甚至连合成胰岛素所需的氨基酸都没有。组成胰岛素的 17 种氨基酸，都需要进口，然而就在项目开始的前一年，苏联援华专家被撤走，中苏关系走向冰点，而欧美国家正在全力想把新中国扼杀在摇篮里，绝不可能从这些国家进口到合成牛胰岛素所需要的氨基酸。

中国科学家们亲手搭建厂房，自己戴防毒面具去生产氨基酸，以一不怕苦二不怕死的精神投入工作。然而，在之后的很长时间里，科学家们对于如何构成胰岛素复杂的立体结构一筹莫展。

1960 年 1 月，在全国第一次生物化学学术会议上，年轻科学家杜雨苍发表了天然牛胰岛素拆合研究的研究成果。天然胰岛素的拆合为人工合成牛胰岛素解决了第一个关键问题。

1964 年，中国科学家成功合成牛胰岛素 A 链和 B 链。之后又经过夜以继日地尝试，在 1965 年 9 月 3 日完成了 A 链与 B 链的人工全合成实验。合成物冷藏 14 天后，1965 年 9 月 17 日清晨，中国科学家取出合成物，用高倍显微镜观察。在镜下看到了完美的六面体结晶——人工合成牛胰岛素。经过严格鉴定，人工合成牛胰岛素的结构、结晶形状、物理化学性质、生物活性都和天然的牛胰岛素完全一样。至此，中国科学家人工合成牛胰岛素的研究获得成功。

（3）意义

人工合成牛胰岛素，是人类第一次用人工方法合成了蛋白质，开辟了人工合成蛋白质的新纪元；它表明我国在多肽和蛋白质合成方面的科技水平已在世界上领先。中国人工牛胰岛素的合成得到了国际同行们的承认，中国科学家们使全世界再一次对东方大国刮目相看。这项重大的研究被海内外多位专家认为是诺贝尔奖奖级成果，但因为当时历史条件所限，这项研究成果与诺贝尔奖失之交臂，令人惋惜。但是研究的成功，为造福人类、保障生命健康作出了巨大贡献，这便是参与人工合成牛胰岛素研究的科学家们获得的最高荣誉。参与该项目的科学家们不仅有满腔的热情，还有严谨、大无畏的科学探索精神，是我国多个部门共同合作的科研结晶，充分体现了中国科学家一步一个脚印，在艰苦的环境下精诚合作，和衷共济，攀登科学高峰的集体主义精神。

参考文献

龚岳亭，杜雨苍，黄惟德，等. 1965. 结晶牛胰岛素的全合成. 科学通报，(11): 941-945.

刘延东. 2015. 在纪念人工全合成结晶牛胰岛素五十周年暨加强原始创新座谈会上的讲话. 科技日报，2015-11-19(1).

中国科技报研究会. 2009. 新中国科技 60 年. 环球科学，(10): 16-21.

邹承鲁. 1998. 对人工合成结晶牛胰岛素的回忆. 光明日报，1998-1-30.

（南京医科大学基础医学院　王林涛　魏　立）

40. 蛋白质变性理论的建立——吴宪教授

思政关键词　家国情怀，科学精神，时代品格。

思政要点　1）介绍吴宪教授坚持回国发展生物化学的经过，彰显中国科学家的家国情怀和强烈的社会责任感。

2）介绍吴宪教授在科研中艰辛探索，引导学生体会老一辈科学家孜孜求真的科学精神。

3）缅怀吴宪教授在蛋白质研究领域的杰出贡献及培养人才、提携后学的宽广胸襟，培养青年一代的责任感，使命感和崇高的时代品格。

教学场景推荐　可用于“生物化学与分子生物学”课程中蛋白质的结构与功能内容的讲授。

（1）背景

吴宪教授早年留学美国，获哈佛大学博士学位。1920 ～ 1942 年任北平协和医学院教授，担任协和生物化学系首任系主任。当时，国际学术界对蛋白质变性本质缺乏明确的认知，常常把变性与沉淀、聚集、絮凝等现象相混淆。吴宪教授从 1920 年发表第一篇论文开始，经过多年的深入研究，在发表了 12 篇有关蛋白质变性研究论文的基础上，至 1931 年才正式提出了蛋白质变性理论，体现了吴宪教授严谨的治学态度。

（2）求真求实，成果斐然

吴宪教授在总结蛋白质变性研究的基础上区分了多种生化现象，充分讨论了变性作用的特点。他认为变性作用具有如下特征：①可由不同因素所引起；②易于发生；③分子量不变；④不发生化学变化；⑤一般为单分子反应；⑥变性速度受氢离子浓度影响；⑦变性后有酸碱结合能力的变化；⑧变性后较易被胰蛋白酶水解；⑨抗原行为发生变化；⑩黏度发生变化。他在论文的摘要中写道：“天然蛋白质之分子，因环境种种之关系，从有程序而紧密之构造，变为无程序而散漫之构造，是为变性作用。”20 世纪 30 年代初，蛋白质中的肽键结构尚未被普遍接受，最早的蛋白质结晶也不过刚刚完成，吴宪教授提出的蛋白质变性理论，在思想上是超前于他所处时代的。

吴宪教授曾语重心长地说：“我的座右铭是三真：即真知、真实、真理。求学问要真知，做实验要真实，为人要始终追求真理。”他的一枚图章上刻有“博学、审问、慎思、试验、明辨、笃行”的字样，这是他一生的不懈追求，也是他科学一生的真实写照。他的同事说：“无论是他发表论文，还是审阅别人的稿件，对文稿中每一句话，每一个数据，甚至每一个标点符号，他都仔细地推敲、修改，直到他认为满意为止。”

吴宪教授不仅严谨治学，还非常重视师资力量的发展和学生培养。1920 ～ 1940 年，协和生化系人才辈出，为我国的生物化学和其他学科作出了重大贡献。吴宪教授对国际生物化学和中国科学事业的贡献是卓著的，也因此赢得了国际声望和在中国科学界的地位。美国学者 J. 里尔登 · 安德森（J. Reardon Anderson）将其誉为“中国化学的巨人”，并评价道：“毫无疑问，吴宪教授是 20 世纪前半叶中国最伟大的化学家，或者说是最伟大的科学家。当他 1919 年发表他的第一项研究时，在中国还没有任何一类的化学研究。”至 1949 年，“化学研究已发展到全国时，对这一事业，没有人比吴宪贡献得更多。”

（3）意义

吴宪教授是我国生物化学界的先驱，是少数真正做到写进教科书的科研成果的中国科学家。吴宪教授胸怀国家的爱国精神，勇攀高峰的创新精神，严谨治学的求实精神，潜心研究的奉献精神，集智攻关的协同精神及奖掖后学的育人精神，是科学家精神的主要内涵，是指导科技工作者从事科学实践的宝贵财富。他的成功与他毕生的刻苦努力是分不开的，特别是吴宪教授对科学的求真，求实精神值得后辈学者们铭记学习。

参考文献

刘思职 . 1981. 我国生物化学的开拓者——吴宪教授 . 化学通报 , 4: 57-63.

邹承鲁 , 王志珍 . 1996. 立足国内走向世界——从吴宪教授六十四年前一篇论文的重新发表谈起 . 生物化学与生物物理进展 , 27(1): 5-6.

（南京医科大学基础医学院　王林涛）

41. 天外奇想源于深刻洞察——化学渗透学说创立的科学启发

思政关键词　科学精神，时代品格。

思政要点　1）介绍生物化学家在科研探索的困难处境中，能别出蹊径、大胆设想，同时小心求证、敢于坚持的科学精神。

2）了解科学探索的艰辛曲折，尤其是科学家在遇到各种困难阻挠不忘初心、不屈不挠的时代品格。

教学场景推荐　可用于“生物化学与分子生物学”课程中生物氧化内容的讲授。

当呼吸链上电子传递与 ATP 合成偶联成为学术界共识，其具体分子机制是一个极富魅力的研究课题。很多科学家提出了自己的假说，最具影响力的有“化学偶联”假说，“构象偶联”假说，然而均无可靠的实验证据，一时间众学者一筹莫展。

在学术界正为假说与实际研究之间的不可调和而烦恼之际，英国青年科学家彼得 · 米切尔（Peter Mitchell）却从一个意想不到的方向——细胞生理学作出了惊人的推断。他曾深入研究过细菌的主动运输，营养物质和废物在受控状态下进出细胞膜。在孤立的情况下，物质的渗透总是由高浓度向低浓度进行，而细菌的细胞膜是脂质的半透膜，水溶性物质被阻挡，但膜上有各种蛋白质通道，选择特定的物质进出。半透膜的特性及细菌消耗能量的主动运输，使得细菌可以逆浓度梯度运输物质。对于细菌主动运输的研究，使得米切尔对生物膜导致的化学物质浓度聚集有了特别的敏感性。把细菌的主动运输过程倒过来看，如果逆浓度运输耗能，那么逆浓度运输造成的浓度聚集本身就是一种势能。这就是米切尔的突破点。经过反复探讨思考，米切尔提出了惊世骇俗的“化学渗透”学说，基本内容为电子经呼吸链传递时，可将质子（H^+）从线粒体内膜的基质侧泵到内膜胞质侧，产生膜内外质子电化学梯度储存能量。当质子顺浓度梯度回流时驱动 ADP 与 Pi 生成 ATP。该学说刚一问世，即因过于新颖，同时也缺乏必要实验证据支持被打上离经叛道的标签，领域内的权威人士纷纷批驳，甚至连三羧酸循环的发现人克雷布斯（Krebs）都表示质疑。米切尔坚持己见，舌战群儒，引发了旷日持久的科学论战，终因寡不敌众，最后竟无法在学界立足。好在其家底殷实，自费建立实验室继续研究工作。十多年后终于获得同行的认可，于 1978 年荣获诺贝尔化学奖。

“化学渗透”学说是一种反直觉思维的结晶，需要学者长期相关的思维训练及敏锐地分析推理。而这一类思维的产物又往往显得特立独行，在相对偏保守的学术界常常会遇到莫大的阻力，这又要求学者在仔细审视自身学说的同时保持信心和耐心，并更加深入地研究，用扎实的实验数据支撑自己的学说。米切尔的成功充分地说明了这一点。

参考文献

卢义钦 . 1993. 纪念“化学渗透学说”的创建人——Peter Mitchell(1920—1992). 生命的化学 , 13(1): 38-39.
Ian C. 1992. In memoriam: Peter Mitchell, 1920—1992. Mol Microbiol, 6: 3623-3625.

（南京医科大学基础医学院　王林涛）

42. 两次获得不同领域诺贝尔奖的科学奇才——美国科学家鲍林

思政关键词　科学精神，生态文明。

思政要点　1）讲解科学家在科学研究中要具有宽广的视野，尽可能关注相关领域的发展，具有科学服务于社会的科学精神。

2）讲解科学家不仅全力以赴于本职工作，同时要有社会责任感。

教学场景推荐　可用于“生物化学与分子生物学”课程中蛋白质的结构与功能内容的讲授。

美国著名科学家莱纳斯 · 鲍林（Linus Pauling，1901—1994）具有丰厚扎实的化学基础和素养，他将化学的原理和手段运用于生物学领域获得了多项重大突破和成果。难能可贵的是鲍林在孜孜于科学研究的同时不忘关注社会现实，他是一位热心的社会活动家，在反对核试验的社会抗议中走在最前列，为世界和平作出了自己的贡献，体现了科学家的社会良知。

鲍林具有超群的科学功底和素养，他敢于开拓进取，在结构化学、生物化学等多个学术领域均富有建树，是 20 世纪最伟大的科学家之一。鲍林少年时即博览群书，被誉为科学奇才，大学时在俄勒冈农学院学习化学，其后进入加州理工学院深造，掌握了当时属于前沿领域的 X 线晶体衍射技术。他曾远赴欧洲师从索末菲、玻恩和海森伯，回国后，从事化学键本质的研究，创立了杂化键轨道理论和共振论。鲍林于 1933 年入选美国国家科学院，是美国历史上最年轻的院士。

1934 年开始，鲍林把结构化学应用于生物学，在生物化学领域上作出了两项重大的贡献：一是与 R. 科里（R. Corey）合作解析了蛋白质的 α 螺旋结构，并为其后 DNA 结构破解提供手段；二是证明镰状细胞贫血是由于血红蛋白的氨基酸序列改变，证明人的遗传性疾病是由于基因突变导致的蛋白质序列乃至空间结构的改变，并进一步提出了分子病的概念。1954 年，鲍林因在化学键方面的工作取得诺贝尔化学奖。

二战结束后，他积极参与反战活动，坚决反对“以任何形式的战争作为解决国际冲突的手段”，他在世界各地奔走呼吁，唤起社会大众对核污染的关注，反对核试验，致力于世界和平事业。1958 年，他向联合国递交了由他起草，49 个国家　　11 000 位科学家共同签名的《科学家反对核武器试验宣言》，要求签署停止核试验的国际条约。1963 年 10 月 10 日美苏签署《部分禁止核试验条约》当天，诺贝尔奖委员会宣布将 1962 年和平奖授予这位英勇的反核斗士。鲍林是迄今为止唯一一位以唯一获得者身份获得两次不同领域诺贝尔奖的科学家。

鲍林首先是一位伟大的化学家，具有雄厚的化学修养和知识，他能够将化学的原理和手段运用于生物学领域，获得了多项重大的突破和成果，实现了学科的跨越。年轻的科学家应借鉴和学习，尽可能多了解和关注相关科学领域的知识和最新进展。此外，科学家不单要全力以赴地投身于本职工作，更要有强烈的社会责任感，要敢于对社会重大问题提出自己的观点，运用自己掌握的知识唤醒引导大众。

参考文献

托马斯·哈格 . 1999. 鲍林——20 世纪的科学怪杰 . 上海 : 复旦大学出版社 .

邢润川 . 1982. 献身于科学与和平事业的杰出化学家鲍林 . 自然辩证法通讯 , 4: 63-71.

（南京医科大学基础医学院　王林涛）

43. 过程重于结果——罗杰·科恩伯格的科学人生

思政关键词　科学精神，时代品格。

思政要点　1）讲解科学家在科学研究中要有长期的专注和耐心的科学精神，也要尽量享受科学发现过程中的精彩和美好。

2）讲解对于事业信念坚定，充满兴趣，不断孜孜以求的时代品格。

教学场景推荐　可用于“生物化学与分子生物学”课程中转录内容的讲授。

美国生物化学家罗杰·科恩伯格（Roger Kornberg）因其对真核转录的分子基础所做的研究而荣获 2006 年诺贝尔化学奖。他的父亲阿瑟·科恩伯格也是斯坦福大学的教授，并且因为发现 DNA 聚合酶而获得 1959 年诺贝尔生理学或医学奖。

罗杰 1947 年出生，是老科恩伯格的长子。在父亲的谆谆教诲下，他从小对科学具有浓厚兴趣，尤其喜爱在发现过程中不断求索、不断失败、最终成功的美好感受。罗杰小时候被问到想要什么圣诞礼物时，回答是想在实验室待 1 周。在回忆自己的科研生涯时，罗杰表示，信念感和重视“发现”的过程是非常关键的力量。“我曾经有几年从早学到晚，一年 365 天都如此，做了几千页的笔记，但是并没有发现什么东西。有一天，同样是科学家的父亲随意问我，你学了 3 年却一事无成，你是否担心自己？我说，即使我什么都没有发现，但还是觉得自己能够成功。”

罗杰的观念得到了他父亲的赞同——相比于学会或发现了什么结果，一直希望并相信自己能够收获更多的东西并不断探索，才是科研路上最重要的东西。

罗杰长期担任斯坦福大学医学院结构生物学教授。瑞典皇家科学院在颁奖词中说，罗杰·科恩伯格的研究对于揭示真核生物体内的细胞如何利用遗传信息生产蛋白质至关重要，理解这一点对于生物医学具有“基础性”作用。人类的多种疾病如癌症、糖尿病、心脏病等都与这一过程发生紊乱密切相关。59 岁的罗杰在接受记者采访时说，他依稀记得当年陪父亲到斯德哥尔摩领取诺贝尔奖的情景。罗杰和老科恩伯格是历史上第 6 对父子同为诺贝尔奖得主。

罗杰·科恩伯格从少年时代对科学充满了兴趣，多少年如一日地孜孜以求，享受发现的过程，尤其是他对科学事业的极度投入和淡泊名利的科学风骨值得年轻的科学家们学习。此外他的成功也在于他父亲对其循循善诱，其科学的培养方式值得当下科学教育工作者借鉴。

参考文献

郭丹，马宏佳，李甜. 2007. 在分子基础上展示真核转录过程——2006 年诺贝尔化学奖获得者罗杰·科恩伯格. 生命的化学, 27(1): 7-10.

郭晓强，杨改平. 2008. 真核细胞转录机制的阐明者——科恩伯格. 化学教育通讯, 6: 72-73.

（南京医科大学基础医学院　王林涛）

44. 小职员的科研逆袭——电气工程师田中耕一的科学人生

思政关键词　科学精神，时代品格。

思政要点　1）讲解大多数科研工作者要经历漫长而平凡的艰难探索，需要的是耐心、坚忍、严谨的科学精神。

2）讲解面对骤然而至的荣誉，真正的科学家不会迷失自己，反而会警惕、自励，继续努力，体现科学工作者高尚的时代品格。

教学场景推荐　可用于"生物化学与分子生物学"课程中蛋白质结构与功能、蛋白质序列分析内容的讲授。

（1）背景

日本岛津公司工程师田中耕一的履历乏善可陈：他只是一位电气工程师，本科学历，与学术界无任何交集。其于 2002 年获得诺贝尔化学奖在全世界引起了极大的震撼。低调寡言的田中耕一立刻成为深受日本人追捧的科学偶像。然而田中耕一却避开了公众的聚光灯，一隐 16 年，直到 2018 年 2 月，田中耕一的名字再次见诸媒体，他又在生物医学领域作出了重大贡献。

（2）意外获奖与必然成功

2002 年的一个早上，43 岁的日本岛津公司电气工程师田中耕一被电话铃声吵醒。他只听电话那一头说着一堆英文。他只听懂了两个词：祝贺，诺贝尔。田中挂了电话。随后，电视新闻开始播报 2002 年诺贝尔化学奖得主是田中耕一。他办公室里的电话也被打爆了。许多化学家都不知道田中耕一究竟是谁。田中的朋友甚至家人也都无法相信他会与诺贝尔奖有任何关联。田中耕一就这样一夜间成为励志典范。

在岛津研究所，田中耕一的工作是开发"质谱分析仪"，利用激光测量金属、半导体和有机化合物分子的质量。在经过一年的摸索后，公司决定让他专门开发用激光对生命大分子进行质量分析的方法。田中开始进行大量的实验操作。由于缺乏化学常识，他忽视了一些学术界的基本常识，其中一条是激光测量分子量的时候，上限是分子量为1000的化合物。田中采用激光射击大分子化合物进行实验时不小心将甘油混入了钴粉末里。因材料贵重，为了不浪费，他继续使用这些混合物进行实验操作，意外分离出分子量超过1000的化合物。这个意外成果，使田中发表了他人生中唯一一篇论文——《对生物大分子的质谱分析法》，并由此获得了诺贝尔化学奖。田中耕一成名后，很不习惯，名利非他所求。在推掉了社交应酬之后，田中消失了16年。这16年里，他只潜心做研究，2018年2月，田中耕一在*Nature*发表了最新研究成果，只需要分析几滴血液，即可提前多年发现待测者患阿尔茨海默病的征兆。早在40年前父母病逝时，田中便下定决心投身医疗研究。他不忘初心，再一次作出了重要的科学成就。

（3）意义

田中作为一家公司的普通工程师因实验意外阴差阳错获得了科研突破，但他并没有迷失于荣誉中，反而以此为契机，鞭策自己更加努力地工作，超越了之前的自己，做出了取得诺贝尔奖的成绩。这种淡泊忘我投身研究的精神值得年轻的学者学习追随。

参考文献

田中耕一. 2012. 最了不起的失败. 北京：科学出版社.

Tanaka, K. 1988. Protein and polymer analyses up to m/z 100, 000 by laser ionization time-of-flight mass spectrometry. Rapid Commun in Mass Spectrom, 2(8): 151-153.

（南京医科大学基础医学院　王林涛）

45. 拳拳报国心——吴瑞教授的科学往事

思政关键词　科学精神，家国情怀。

思政要点　1）介绍吴瑞教授在科研中艰辛探索，引导学生体会老一辈科学家孜孜求真的科学精神。

2）讲述吴瑞教授身在海外，时刻惦念祖国的科研事业，他推动的中美生物化学联合招生项目为我国培养了大批科研人才，体现了科学家的家国情怀。

教学场景推荐　可用于“生物化学与分子生物学”课程中分子生物学技术内容的讲授。

吴瑞教授是国际知名的生物技术领域开创人之一。吴瑞于1928年出生于中国北京，1949年父亲吴宪应聘为亚拉巴马大学客座教授，因此举家迁往美国。1950年，吴瑞在亚拉巴马大学取得化学学士学位。

1971年，他创建了引物延伸法完成了λ噬菌体黏性末端的DNA序列测定。这个重要的创举，为桑格（Sanger）所发明双脱氧法DNA测序，穆利斯（Mullis）发明聚合酶链反应（PCR）技术，以及史密斯（Smith）发明DNA定位突变法奠定了坚实的技术基础。1976年吴教授又创建了连接子（connexon）和衔接子（adaptor），用于基因工程，成为cDNA克隆、差异显示技术发展的重要条件。

尤其难能可贵的是，吴教授在艰苦卓绝的科研攻关之余，心系祖国的科研事业发展，时刻惦记为祖国培养科研人才。改革开放初期，时任美国康奈尔大学分子生物学教授的吴瑞向中国教育部建议：世界生命科学领域发展很快，中国应尽快培养该领域的年轻科技人才。为此，他向美国近百所一流大学介绍了中国的改革开放，并说服他们接受中国留学生，最终促成“中美生物化学联合招生项目”（CUSBEA）的实施。从 1981 年开始实施到 1989 年结束，CUSBEA 项目连续 8 年共派出 422 人，如今，许多当时的学子已成为当今世界生命科学领域的顶尖专家，为促进中国生命科学的发展发挥了重要作用。吴教授在 2007 年 7 月 21 日的北京大学 CUSBEA 项目 25 周年庆祝会上曾说：“他们今天的成就很好，我的期望实现了。人才是长久的事，中国有一句古话‘十年树木，百年树人’。在 25 年的时间里，我做的这件事得到一些结果，这是我一生中可以骄傲的事，希望能一代一代传下去。”

吴瑞教授在科研生涯中孜孜以求，严谨求实，做出了世界一流的科研成果，多项诺贝尔奖级发明正是建立在他的工作基础之上。他身在海外，时刻惦念祖国的科研事业，目光远大，在他的推动下的 CUSBEA 项目为我国培养了大批科研人才，这体现了海外华人学者拳拳爱国之心。

参考文献

曹育 . 1988. 著名美籍华人分子生物学家吴瑞教授 . 中国科技史杂志 , 19(4): 51-69.

Wu R. 1970. Nucleotide sequence analysis of DNA. I. Partial sequence of the cohesive ends of bacteriophage lambda and 186 DNA. J Mol Biol, 51(3): 501-521.

（南京医科大学基础医学院　王林涛）

46. 生物学最美丽的实验——DNA 半保留复制的发现

思政关键词　科学精神，时代品格。

思政要点　1）介绍科学家梅塞尔森和斯塔尔在 DNA 半保留复制的发现过程中，不怕失败，积极探索，勇于创新的故事，引导学生体会科学家求真的科学精神。

2）介绍科学家梅塞尔森和斯塔尔在科学研究中的合作互助，不断尝试的过程，启发学生们懂得有些科研工作需要大协作才能出大成果，培养他们团结合作和奉献理念的时代品格。

教学场景推荐　可用于“生物化学与分子生物学”课程中 DNA 复制内容的讲授。

（1）背景

1953 年，在詹姆斯 · 沃森（James Watson）和弗朗西斯 · 克里克（Francis Crick）发表了有关 DNA 分子结构的文章后，人们想进一步知道 DNA 是如何进行复制的。当时科学家们提出了三种可能的复制方式，分别是全保留式复制、半保留式复制和混合式复制。虽然沃森和克里克曾根据 DNA 的结构大胆预测 DNA 的复制方式是半保留复制，但是，光凭预测是不够的，还必须用实验去证实。

（2）善于思考，大胆设想

1953 年，马修·斯坦利·梅塞尔森（Matthew Stanley Meselson）还是加利福尼亚州立理工学院一名化学专业的研究生。彼时，他对氢（H）被其同位素氘（^{2}H）取代以后氢键的相对强度产生了兴趣，恰在此时，他去听了有关细菌诱导酶合成的学术讲座，便据此推测，如果细菌能在重水中培养，然后再将其转移至一般的水中继续培养，一旦加入诱导物，新合成的蛋白质应该具有正常的密度，而原来“老”的蛋白质的密度比较高，可以利用密度差异将“新”“老”蛋白质分开。不久，他将注意力转移到 DNA 复制的问题上，决定投入精力去确定 DNA 复制是否以沃森和克里克预测的半保留方式进行，并将以上蛋白质密度的推测应用到了 DNA 的研究中。

（3）合作互助，不断尝试

1954 年夏天，梅塞尔森去马里兰州的一个海洋生物实验室，协助沃森进行一些滴定实验，以获得 DNA 双螺旋结构的证据。在此期间，他认识了来自罗切斯特大学（University of Rochester）的弗兰克·斯塔尔（Frank Stahl）博士。当时，斯塔尔博士正在研究噬菌体 DNA 遗传的问题。之后，梅塞尔森提出与弗兰克·斯塔尔合作，利用斯塔尔在研究噬菌体 DNA 上的特长，共同研究噬菌体 DNA 的复制，同时，他还提出了使用氘来标记 DNA 的设想，利用密度梯度离心分离重链 DNA 和轻链 DNA。但很快他们就意识到，由于噬菌体 DNA 之间存在高频的重组事件，会引起亲代和子代 DNA 片段的交换，从而影响实验结果，于是，他们决定将噬菌体换为简单的单细胞系统——大肠杆菌进行实验。

起初，他们利用胸腺嘧啶（T）的类似物 5- 溴尿嘧啶（5-BrU）作为标记物，由于含有 5-BrU 的 DNA 比含有 T 的 DNA 重得多，他们想利用超速离心的方法将它们分离。在超速离心技术奇才杰里·维诺格勒（Jerry Vinograd）的悉心指导下，梅塞尔森学会了操作当时最先进的超速离心机，并开始尝试用 7mol/L 的氯化铯（CsCl）重盐溶液来沉降 DNA，令他们意想不到的是，在高速离心场下，一种盐密度梯度很快就形成了，且 DNA 迁移到与其等密度的区域，形成很窄的条带，据此梅塞尔森提出了密度梯度离心的概念，相关论文发表在 1957 年 5 月份的美国科学院院刊（PNAS）上。

梅塞尔森和斯塔尔利用 5-BrU 标记 DNA 进行研究，但是后来担心 5-BrU 能诱发 DNA 突变而对细胞产生毒性，他们又决定使用 $^{15}NH_4Cl$ 作为唯一氮（N）源的培养基培养大肠杆菌，以获得被 ^{15}N 标记的重链 DNA。他们首先将大肠杆菌放在 $^{15}NH_4Cl$ 培养基中连续培养十几代，得到了几乎全被 ^{15}N 标记的大肠杆菌 DNA。然后，用 10 倍过量 $^{14}NH_4Cl$ 稀释培养基，在不同的时段，将 DNA 从细菌中抽取出来，并使用 CsCl 密度梯度离心的方法进行分析。结果表明，起初完全被 ^{15}N 标记的 DNA 具有单一的条带，而在 $^{14}NH_4Cl$ 培养基中培养的第一代细菌 DNA 的密度介于 ^{15}N-DNA 和 ^{14}N-DNA，为杂交 DNA（$^{15}N/^{14}N$-DNA）。而在第二代细菌中，得到几乎等量的 ^{14}N-DNA 和杂交 DNA，随着培养代数的增加，杂交带始终存在，而且它的量维持不变，但 ^{14}N-DNA 的量越来越多。至此，DNA 是以半保留的方式进行复制的，终于有了实验的依据。

（4）意义

纵观整个实验过程，我们不难发现，巧妙的方法与构思是建立在严谨而又科学的理论知识之上的，而机遇与巧合又是推动科学研究的助力剂，正是因为有着对科学的痴迷及扎实的理论知识，研究者才能一步步地优化实验条件，在关键时刻做出正确的选择，逐步接近那个最为完美的真相。因而，由梅塞尔森和斯塔尔设计的证明 DNA 半保留复制方式的实验被誉为“生物学最美丽的实验”。

参考文献

颜青山 . 2007. 辩护生物学发现中的巧合 : Meselson -Stahl 实验的个案分析 . 中南大学学报 (社会科学版), (6): 621-625.

Meselson M, Stahl F H. 1958. The replication of DNA in *E. coli*. PNAS, 44: 671-682.

Holmes F L. 2001. Meselson, Stahl, and the Replication of DNA: a history of “the most beautiful experiments in biology”. New Heaven: Yale University Press.

Meselson. M, Stahl F W. 2007. Demonstration of the semiconservative mode of DNA duplication. In: “Phage and the Origins of Molecular Biology”(editors Cairns J, Stent GS, Watson JD). Cold Spring Harbor Laboratory Press.

（南京医科大学康达学院　裴丽丽）

第六章　病理学思政教学案例

47. 健康中国健康家——肺癌的科学防治

思政关键词　政治认同，时代品格。

思政要点　1）介绍肺癌的全球发病和死亡情况、中国的发病和死亡情况，介绍国家经济、医疗技术发展和控烟等政策对肺癌防治的贡献，引导学生体会国家发展及政策对肺癌防治的影响。

2）介绍肺癌的病因、切实可行的防治策略，以及可能对家庭和社会造成的影响，培养学生的家庭和社会责任感。

教学场景推荐　可用于“病理学”课程中呼吸系统疾病内容的讲授。

（1）肺癌全球流行病学数据分析

2021 年 WHO 国际癌症研究机构发布了 2020 年全球最新癌症数据。数据显示，2020 年全球新发癌症病例 1929 万例，死亡病例 996 万例，其中肺癌新发病例 220 万例，死亡 180 万例，位居癌症死亡人数第一，远超其他癌症类型。而我国 2020 年新发癌症病例 457 万例，死亡病例 300 万例，其中肺癌新发病例 82 万，位列第一。肺癌的死亡人数更是遥遥领先，高达 71 万，占癌症死亡总数的 23.8%。

WHO 认为，1/3 的癌症可预防，1/3 的癌症可早期发现并治愈，1/3 的癌症可以通过有效的综合治疗减轻痛苦，延长生命，提高生活质量。那么怎样才能远离肺癌？首先我们要知道肺癌的病因是什么。实际上肺癌的病因非常复杂，目前认为主要与吸烟、大气污染、职业因素、遗传有关。众所周知，肺癌和吸烟有关，烟草中有大量有害物质，明确的致癌物质就有 69 种。中国众多的烟民数量，也让我国成为肺癌高发地区之一。科学研究发现肺癌死亡率取决于吸烟状况，相比于不吸烟的人，一直吸烟的人的死亡率显著提高，而且与戒烟的年龄同样密切相关，越晚戒烟，死亡率越高。

（2）肺癌国内流行病学数据分析

近年来，中国女性肺癌发病率在不断上升，但中国女性的吸烟率较低，这些女性患肺癌的主要危险因素可能是二手烟的暴露。早在 2012 年，国家卫生部就发布了《中国吸烟危害健康报告》里面明确指出，二手烟暴露不存在“安全水平”，只要吸入了就会对身体造成不利影响。研究发现，在丈夫吸烟，妻子不吸烟家庭中的妻子，患上肺癌的概率要比起不吸烟家庭中的妻子明显增加。另外，油烟也是导致女性肺癌的危险因素。研究发现 50 岁以上患肺癌的女性中，超过 60% 的人是家中主厨，厨房油烟，是致使她们患肺癌的一大因素。中国的烹饪习惯是高温煎炸和爆炒，而温度越高，油烟中有害物质越多，长期如此易导致肺癌。

（3）肺癌的预防原则

2013 年，中办、国办就印发了《关于领导干部带头在公共场所禁烟有关事项的通知》，2019 年 7 月国务院发布《关于实施健康中国行动的意见》，再次提出“实施控烟行动”。为此，我国推行了很多禁烟的政策，如把各级党政机关建设成无烟机关，逐步在全国范围内实现室内公共场所、室内工作场所和公共交通工具内全面禁烟；将违反有关法律法规向未成年人出售烟草的商家、发布烟草广告的企业和商家，纳入社会诚信体系“黑名单”，依法依规实施联合惩戒。加大控烟宣传教育力度，进一步加强卷烟包装标识管理，完善烟草危害的警示内容和形式，提高健康危害警示效果，提高公众对烟草危害健康的认知程度。制定完善相关技术标准并监督执行。限制影视作品中的吸烟镜头。采取税收、价格调节等综合手段，提高控烟成效等。

实际上目前人们对二手烟造成健康危害的认识还存在不足。因此在了解了以上信息后，同学们平常在生活中可以向亲戚朋友介绍吸烟包括二手烟，以及油烟等的危害，劝他们戒烟。在家的时候多帮爸爸妈妈做饭，尽量多蒸多煮少吃油炸的菜，不仅能减少油烟对肺部的伤害，做出来的食物对肠胃健康也有好处。如果看到有人在公共场所抽烟，作为医学生，在条件允许的情况下尽量去劝阻。要积极支持和促进控烟的立法，让所有家庭和公共场所都变成无烟的清洁空间。

预防肺癌的重要策略之一是定期体检。一项临床的调查显示来就诊的肺癌患者局限在肺部没有扩散到区域淋巴结的是 16%，5 年生存率是 56.3%。而就诊时已经发生远处转移的有 57%，5 年生存率只有 4.7%。可以看到早期诊断的重要性，因此需要定期体检。随着国家经济、医疗水平的进步，目前临床上有很多诊疗措施。随着影像学诊断设备的不断发展，对肺癌的诊断有了很大进展，纤维支气管镜和痰细胞学检查对于中央型肺癌的确诊率较高。周围型肺癌可以使用 CT 引导经皮肺穿刺活检术，穿刺针直径＜1mm，患者穿刺创口小，创伤小。随着医学科技的进步和技术理念的更新，具有全身不良反应小、作用精准、效果优越等特点的靶向治疗药物，为晚期肺癌患者带来了更长的生存时间。

参考文献

Duma N, Santana-Davila R, Molina JR. 2019. Non-Small Cell Lung Cancer: Epidemiology, Screening, Diagnosis, and Treatment. Mayo Clin Proc, 94(8):1623-1640.

Sung H, Ferlay J, Siegel RL, et al. 2021. Global cancer statistics 2020: GLOBOCAN estimates of incidence and mortality worldwide for 36 cancers in 185 countries. CA Cancer J Clin, 71(3): 209-249.

Taylor R, Najafi F, Dobson A 2007. Meta-analysis of studies of passive smoking and lung cancer: effects of study type and continent. Int J Epidemiol, 36:1048-1059.

（南京医科大学基础医学院　潘彩龙）

48. 火眼金睛分良恶，病理世界写人生——刘彤华院士

思政关键词　家国情怀，科学精神，时代品格，医者精神。

思政要点　1）介绍刘彤华院士刻苦钻研、投身病理学事业的经过，彰显老一辈科学家热爱祖国的高尚情操，弘扬其以国家需要为己任的家国情怀。

2）介绍刘彤华院士刻苦钻研病理学的科学精神，培养学生解决医学难题的勇气和毅力。

3）介绍刘彤华院士培养学生勇挑重担的时代品格，坚持为国家为医院培养人才的事迹，着重培养当代青年学生的责任感和使命感。

4）缅怀刘彤华院士在病理学上的杰出贡献，弘扬其医者精神，包括病理诊断工作的高超医术、救死扶伤的仁心仁术和废寝忘食的忘我精神。

教学场景推荐 可用于“病理学”课程绪论、肿瘤、消化系统疾病相关内容的讲授。

（1）背景

刘彤华，女，江苏无锡人。1953 年毕业于上海圣约翰大学医学院（医学博士）。毕业后从事病理学的医、教、研工作，将毕生献给病理学事业。她先后担任中国医学科学院、北京协和医学院、北京协和医院病理科教授、博士生导师，60 多年专注病理学研究。1999 年当选为中国工程院院士。2018 年 7 月 8 日，刘彤华因病医治无效，与世长辞，享年 89 岁。

（2）刘彤华院士的病理人生

刘彤华从事诊断病理学临床工作 60 余年，有极丰富的经验和很高的造诣，诊断结果正确率高，深得院内外临床医师及患者的信任。她在科研工作中长期从事胰腺癌及内分泌肿瘤的研究，曾获国家科学技术进步奖二等奖 1 项，卫生部科学技术进步奖一等奖 1 项，二等奖 2 项。在生前 20 多年的时间里她一直进行胰腺癌的实验性基因治疗研究。

（3）柔弱少女结医缘

1929 年 11 月 13 日，刘彤华出生于无锡，因幼年时体弱多病，经常求医问药而和医生结缘，并立志“从医治病救人”。

1948 年 19 岁的刘彤华考入上海圣约翰大学医学院（1952 年该校并入上海交通大学医学院），当时的学制是 7 年，但她仅用了 5 年就完成学业。

（4）机缘巧合选病理

毕业时，刘彤华一心想当一名临床大夫，但是在国家需要和个人理想面前，她选择了服从国家安排：解放初期我国基础医学教师匮乏，医学院毕业的高才生们要选择一门基础医学作为专业方向，她选择了更接近临床的病理学，从此开始了 60 多年的病理学医学、教学与研究生涯。

1952 年刘彤华在北京协和医学院病理学高级师资训练班进修，当时的中国病理学泰斗胡正祥教授引领她真正热爱上了病理学。刘彤华后来在很多场合都反复提起，老教授们的仔细认真、引导式教学在她心底烙下了深深的印记。

（5）开创协和病理科

学成后刘彤华在第七军医大学（现中国人民解放军陆军军医大学）任教 3 年，接着又毅然回到了北京协和医学院肩负起建立协和医院病理科的重担。正值“文化大革命”时期，整个协和医院病理科已搬赴四川简阳，她只能带着 2 个技术员从零做起，白手起家。

当时的协和医院穷得连切片用的载玻片都买不起，她将废旧的玻璃片回收回来，冲洗、加热、烘干以备再次使用。即使是最困难的时候，她也坚持每天早早来到科室，亲手制作切片，在显微镜前一坐就是十几个小时。

（6）桃李天下育英才

刘彤华教授不但肩负着北京协和医院病理科繁重的科研、临床任务，以及担任中华病理学会常委、中华病理学杂志副主编、国际外科病理学杂志（美国）编委等国内外专业工作，还为培养我国病理学人才倾注了极大的心血。几十年来，刘教授已培养出 20 余名博士、硕士。她一直担任协和医学院研究生、本科生及病理科进修生的授课教师，真可谓桃李满天下。

（7）毕生钻研病理学

刘彤华院士从事病理诊断工作 60 余年，有极丰富的经验和很高的造诣，诊断结果正确率高，深得临床医师和患者的信任，被誉为“全国病理诊断的金标准”。她主编专著 4 部，由其主编的《诊断病理学》是中国病理工作者的必备参考书。同时，她将科研工作与临床实践紧密联系，发表论文 240 余篇。她率先在国内应用细针穿刺的方法对胰腺组织进行活检，有效地提高了胰腺疾病诊断的正确率。1980 年，她因“提高胰岛增生和胰岛素瘤诊断的研究”而获得卫生部科学技术进步奖一等奖（第三作者）。1985 年，她在国内外首先提出“胰头癌对胰内胆管环形壁内浸润”，获得卫生部科学技术进步奖二等奖（第一作者）。1993 年，由于对人胰腺癌细胞生物学、分子生物学特性研究的突出贡献，她获得卫生部科学技术进步奖二等奖（第一作者）。1995 年，她因“人胰腺细胞分子生物学及反义基因调控对其恶变表型的逆转”成果，获得国家科学技术进步奖二等奖（第一作者）。她始终站在学科发展的前沿，引领病理学科的发展。近 20 年来一直进行胰腺癌实验性基因治疗的研究，成绩斐然。21 世纪的临床医学提倡“个性化医疗”，肿瘤治疗进入靶向治疗的时代，刘彤华院士率先在国内提出了靶向治疗需要靶向诊断的概念，拓展了病理学的发展方向，提升了病理医生在疾病诊治过程中的作用与地位，极大地减轻了患者的病痛。

参考文献

段文利，梁智勇，董琳，等. 2018. 七厘米载玻片上的医学人生. 中国卫生人才，2018(11):70-73.

梁智勇. 2018. 永远怀念敬爱的刘彤华院士. 中华病理学杂志，47(9):657.

刘彤华. 2005. 国内诊断病理发展的机遇与挑战. 中华病理学杂志，34(8):466-467.

张静，梁智勇，曾瑄，等. 2009. 肺癌分子标志物在病理诊断及靶向治疗中的研究进展. 中华病理学杂志，38(8):564-567.

（南京医科大学基础医学院　丁贵鹏）

49. 感恩母爱　弘扬孝道

思政关键词　时代品格，文化自信。

思政要点　1）通过“暴走妈妈为儿子捐肝”的故事，体现“母恩深似海”，教导学生

"感知父母恩、尽孝为本"，加强对学生的感恩教育；引导学生课后注重实践，以"身边事小，孝心无价"为主题，为自己的父母尽一份孝心。

2）介绍陈母对子女无私的爱，呼吁子女对父母的爱，弘扬传统文化，彰显"尊老爱幼"的中国传统美德。

教学场景推荐 可用于"病理学"课程中脂肪肝内容的讲授。

（1）暴走妈妈的故事

"暴走妈妈"，原名陈玉蓉，1954 年出生，湖北武汉人；他的儿子叶海斌，患有一种罕见的疾病——肝豆状核变性。肝豆状核变性是一种常染色体隐性遗传性疾病。叶海斌的病情非常严重，已发生严重肝硬化，医师建议做肝移植手术治疗。在医师的权衡下，陈玉蓉决定用自己的肝脏换回儿子的性命，但让她意想不到的是，她的检查结果表明她患有重度脂肪肝。再加上叶海斌被进一步检查出合并丙肝感染，自身肝脏要被全部切除，进而需要母亲捐献 1/2 甚至更多的肝脏。陈玉蓉重度脂肪肝的情况不适合做肝捐赠。

看到陈玉蓉救子心切，医生建议她减肥，从而减轻脂肪肝症状。考虑要给儿子一个健康的肝，陈玉蓉既不能吃减肥药，也不能太过剧烈运动，于是她选择了走路加节食的方式。她每天只吃些维持基本体能的蔬菜，并且在家附近的堤坝上疾步行走锻炼，一天 10km，鞋子走坏了好几双。7 个多月后她从 68kg 减至 60kg，成功消除了脂肪肝，堪称奇迹！

2009 年 11 月 3 日，陈玉蓉接受了肝脏割离手术，随后儿子叶海斌接受了肝脏移植手术。陈玉蓉也被评为"2009 年感动中国人物"之一。

（2）弘扬传统文化，彰显传统美德

脂肪肝的病理变化特点为肝细胞脂肪变性。脂肪变性为肝细胞的可逆性损伤，即病因消除后，肝细胞能恢复正常状态。此案例"暴走妈妈"在成功减肥后，脂肪肝消失了，印证了肝细胞脂肪变性的可逆性，通过此案例加深了学生对可逆性损伤及肝脂肪变性的理解。

通过"暴走妈妈"案例的引入，引导学生感悟到，母爱是人世间最圣洁、最崇高、最无私的爱；我们必须葆有一颗感恩的心，感恩母爱、感恩生命，世间母爱伟大、母爱不求回报。"谁言寸草心，报得三春晖"，引导学生知恩尽孝不忘本，传承中华美德、弘扬传统文化。"百行孝为先"是中华传统美德之精髓。孝为人之本，孝为德之本，孝文化是中国特有的传统文化，是中华文化持久不衰的根脉，倡导孝文化能提升公民的道德素养，构建出现代文明与和谐。孝文化是弘扬中华民族传统文化的核心，是中华优秀文化的重要组成部分。大学生传承、弘扬和发展孝文化是教育之本。《孝经》云："夫孝，德之本也。"孝，是道德的根本，是教育的出发点。倡导传统孝文化能影响大学生的实践活动、认识活动和思维方式，提升大学生的道德素养，以德树人，进而实现家庭和谐和社会和谐。

课上激发学生课后以"身边事小，孝心无价"为主题，立即为父母做一件事或送去一句问候，落到身边实处，表达对父母的爱；唤醒学生知恩、感恩意识和行动的回归，诠释习近平新时代中国特色社会主义是实现中华民族伟大复兴的必由之路，践行社会主义核心价值观。

参考文献

王昱晔 . 2010. 亲历“暴走妈妈”报道全程 . 新闻与写作 , (4):47-50.

（南京医科大学基础医学院　马　娟）

50.“标新立异”的诺贝尔奖获得者——哈拉尔德·楚尔·豪森

思政关键词　科学精神，医者精神。

思政要点　1）介绍豪森教授顶着巨大压力坚持致力于人乳头瘤病毒诱导宫颈癌发生机制研究的事迹，引导学生学习他不唯书、不唯上、刻苦求真的科学精神，增强学生对医学科学研究的兴趣。

2）介绍豪森教授毕生致力于宫颈癌的发病机制研究与预防、推动宫颈癌疫苗推广的事迹，培养学生患者至上、坚持不懈的医者精神。

教学场景推荐　可用于“病理学”课程中女性生殖系统疾病内容的讲授。

（1）背景

20 世纪 50 年代以前，宫颈癌是女性最常见的恶性肿瘤，多发生于 40 ～ 60 岁的女性，平均年龄为 54 岁。近年来，虽然宫颈癌的防治取得了令人瞩目的进展，它仍是目前引起女性癌症患者死亡的主要原因之一。早年研究一直认为疱疹病毒是导致宫颈癌的元凶，直到德国著名科学家、医学家哈拉尔德·楚尔·豪森提出人乳头瘤病毒（HPV）是宫颈癌病变主要诱因的假说，此项研究为 2006 年宫颈癌疫苗的研发奠定了基础。

（2）“标新立异”的科学家

哈拉尔德·楚尔·豪森生于 1936 年 3 月 11 日，青年时代的他在波恩大学、汉堡大学及杜塞尔多夫大学学习医学，并于 1960 年获得医学博士学位。之后，他进入杜塞尔多夫大学微生物研究所担任科研助理。三年半后，在美国费城的儿童医院病毒实验室工作。随后他在宾夕法尼亚大学、维尔茨堡大学、埃尔朗根 - 纽伦堡大学及弗莱堡大学等处执教。

1974 年，豪森博士在美国佛罗里达州参加一个关于疱疹病毒的会议。他如同一名不速之客，在会议上毫不留情地提出疱疹病毒同宫颈癌无关。同时，他列出一些关于 HPV 的疑点，呼吁人们关注这个陌生的敌人。

全场一片沉寂，他的观点被忽视。之后很长一段时间内，豪森博士的研究小组从癌细胞中寻找 HPV 的所有尝试均无功而返，并未能提供有说服力的结果。那时的实验室无法培养 HPV，实验人员必须从患者的肿瘤组织中慢慢寻找病毒存在的线索。豪森博士的研究小组花了 10 年的时间来寻找不同的 HPV 类型，但这一工作非常困难。更为残酷的是，美国财政部门驳回了他的基金申请，制药公司也终止了对 HPV 疫苗研究的投资。有些人称豪森博士“一生只钻研一件事是愚蠢的”，一些早期同他并肩作战的同行纷纷离他而去。

10 年之后，转机出现。1983 年豪森博士发现了可致癌的 HPV16 型病毒。1984 年他从宫颈癌患者的组织里克隆了 HPV16 和 18 型病毒。随后，在全世界各地 70% 的宫颈癌切片中都发现此两型病毒。随着新技术的开发，大量临床和流行病学研究验证了 HPV 对宫颈癌的直接作用，人们对 HPV 的态度由试探变为肯定。1992 年 WHO 宣布 HPV 是引起宫颈癌变的首要因素，宫颈癌因此成为唯一明确病因的癌症。

对于一名科学家来说，只要认准了方向，毫不犹豫地坚持下去，终会得到别人的肯定。2008 年豪森博士因确认 HPV 与宫颈癌致病关系而被授予诺贝尔生理学或医学奖。诺贝尔委员会用“标新立异”作为对豪森博士的评价，然而这四个字显然不能概括他在科研生涯中所经历过的孤独和失望。

（3）人类治疗史上第一个肿瘤疫苗

HPV 是最常见的性病致病病毒，此病毒影响了人类人口的 50% ～ 80%。目前已知的 HPV 型别有 100 多种，近 40 种病毒影响生殖道，有 15 种具有引发妇女患宫颈癌的高风险。全球每年有 50 万妇女患宫颈癌，99.7% 的患者体内可检测到 HPV。此外，在子宫、阴茎癌、口腔癌和其他癌症组织中也都发现了此种病毒。在 1983 年和 1984 年豪森博士先后发现了 HPV16 和 18 型病毒，这使科学家最终能够研发出保护人们不受高风险 HPV 感染的疫苗，疫苗的保护率超过了 95%。疫苗不仅降低了进行手术的必要性，还减轻了宫颈癌给全球卫生体系造成的负担。

1983 ～ 2003 年，豪森博士担任德国癌症研究中心主席。2003 年 3 月正式退休。退休后，豪森教授仍然致力于 HPV 与宫颈癌发生机制的相关性研究，以及针对 HPV16 和 18 型病毒的疫苗的研制与推广。

2017 年 9 月 13 日，豪森教授来到成都参加“第十六届中国西部海外高新科技人才洽谈会”。在采访过程中，豪森教授对中国医疗科研领域的发展提出了自己的建议。“中国医疗事业的发展感觉非常瞩目……但我建议，在重视初创公司的同时，更应该加大对高校科研的支持力度。”他说，“我认为，所有技术进步，都是基于广泛的针对基础方面的工作，才能进行大规模应用。所以，对中国和其他国家都是如此，首先要在基础研究方面开展大量工作。”

参考文献

白永秀 . 1982. 子宫颈癌 . 北京：人民卫生出版社 .

陈杰，李甘地 . 2010. 病理学 . 2 版 . 北京：人民卫生出版社 .

孔宪寿 . 1996. 病毒肿瘤学 . 上海：上海医科大学出版社 .

马向于 . 2016. 诺贝尔生理学或医学奖获得者传奇故事（下）. 郑州：河南人民出版社 .

（南京医科大学基础医学院　白小明　徐　璐）

51. 与时俱进的脂肪性肝病分类方案

思政关键词　科学精神，时代品格，医者精神。

思政要点　1）介绍目前使用的脂肪性肝病分类方法，以及近 40 年来脂肪性肝病在发病特点上的变化，表明现有的分类指标已经不能很好地指导临床实践。提示学生要用发展的眼光不断审视疾病，寻求改变和提高。

2）在介绍脂肪性肝病的研究进展时，介绍研究思路，从疾病本身出发，结合自己的临床实践，不因循守旧，大胆提出新的分类建议，更适用于当今脂肪肝的诊疗实践，由此鼓励学生在工作学习中要善于独立思考，具有思辨精神。

3）帮助学生认识到疾病在不断发展，患者在不断变化，只有不断地进行知识的更新，从深度和广度上充实自己才能做好新时代的医疗工作者，引导他们培养持续学习、终身学习的习惯，提高医学生素养。

教学场景推荐 可用于“病理学”课程中肝细胞脂肪变性和脂肪肝部分。

（1）脂肪性肝病的分类

脂肪肝是一种临床综合征，是多种原因引起的中性脂肪在肝细胞内的蓄积，是常见的肝脏病理变化。近几年来，脂肪性肝病的发病率逐年上升，在亚洲地区的肝病中发病率仅次于病毒性肝炎。20 世纪 80 年代，路德维希（Ludwig）等根据临床常见脂肪性肝病病因，将脂肪性肝病分为酒精性脂肪性肝病（alcoholic fatty liver disease，AFLD）和非酒精性脂肪性肝病（non-alcoholic fatty liver disease，NAFLD）两大类。其中，不合并过量饮酒的肝脏中性脂肪过量沉积被称为 NAFLD。NAFLD 的诊断标准属于典型的“排他性”标准，诊断要点包括影像或组织病理学的肝脏细胞脂肪变性、排除过量饮酒及其他病因引起的肝细胞脂肪沉积和其他慢性肝病。

（2）脂肪性肝病的发生机制

随着物质生活水平的提高和饮食方式及结构的改变，NAFLD 在全球约累及 10 亿人口。如今 NAFLD 的病因构成已和 20 世纪的情况大不相同。大数据分析表明，NAFLD 与肥胖、代谢综合征、心血管疾病等多种代谢异常疾病密切相关，但是对于 NAFLD 这一疾病的命名和诊断标准却一直未进行修改。NAFLD 的命名提出之初，限于当时的患者数量和相关基础研究水平，该命名只强调除过量饮酒外的肝脏脂肪变性，并未对代谢异常在这类脂肪性肝病发生过程中的核心地位有任何提及和强调。不仅如此，NAFLD 的发病是一个非常复杂的病理生理过程，除了代谢异常因素之外，多种因素（包括遗传因子、年龄、性别、饮食情况、乙醇摄入量、肠道菌群构成等）共同参与了 NAFLD 的发生发展过程。而传统 NAFLD 的定义并不区分以代谢因素和以其他危险因素为主导的脂肪肝，在临床诊疗过程中造成了 NAFLD 的高度异质性问题。多种复杂构成的致病因素，决定了脂肪性肝病的多样化和个体化特点。而 NAFLD 的传统命名却并不能体现脂肪肝病因的多源性，因此合并代谢紊乱的 NAFLD 患者及其他危险因素往往被严重忽视，从而显著增加临床不良预后风险。另一方面，由于 NAFLD 带来的巨大疾病负担，各制药公司都将 NAFLD 药物的研发作为一个研究重点。然而至今仍没有一种药物被正式批准用于 NAFLD 的治疗。多种干预治疗 NAFLD 的试验药物中，仅有 10% ～ 20% 的轻度改善，从而止步于 Ⅱb 期和Ⅲ期临床研究，原因依然可归于 NAFLD 的病因异质性。不同致病因素导致的 NAFLD 虽然有相同的肝脏组织学改变，但其对药物治疗的反应可存在巨大差异。因此，现行的 NAFLD 诊断和分类标准已无法有效指导脂肪性肝病的临床诊断和治疗。

（3）脂肪性肝病的研究进展

基于这样的现状，近期国际知名肝病专家组联合倡议修改 NAFLD 的疾病命名，以代谢相关脂肪性肝病（metabolic associated fatty liver disease，MAFLD）取代，从而突出代谢因素在这类疾病中导致肝脏脂肪沉积的核心地位。MAFLD 特指以超重或肥胖、2 型糖尿病或多项代谢紊乱为主要致病因素的脂肪性肝病。区别于 NAFLD 的诊断标准，MAFLD 的诊断是一种肯定性诊断。MAFLD 明确了这一类型脂肪性肝病发病与代谢异常疾病的密切关系，两者互为因果，相互作用，共同推动代谢与肝脏不良结局的发生。尽管 MAFLD 患者也可能同时合并多个脂肪肝危险因素，但是不论个体脂肪肝的发病存在怎样的危险因素构成组合，MAFLD 的定义强调了代谢异常因素在脂肪性肝病发病机制上的主导地位，有效地将以代谢异常为主因的脂肪性肝病从 NAFLD 这一混合类别中区分开来，有利于针对发病机制干预脂肪肝病变进展。尽管目前仍没有专门针对 MAFLD 患者的临床药物研究，但可以预见，若针对 MAFLD 患者的代谢异常通路（如胰岛素抵抗）进行对因干预，其靶点将更加明确，针对性更强，且干预对象同质性更高，能最大程度地提高脂肪性肝病药物治疗的有效性。

MAFLD 的命名代表了数量庞大的以代谢异常为主要致病因素的脂肪肝病例，将代谢因素引起肝脏病变的临床重要性上升到与其他常见慢性肝脏疾病（病毒性肝炎、酒精性肝病等）的同等高度。这一命名的改变将有助于推动基于病因的脂肪性肝病分类体系，为脂肪性肝病的精准、有效的治疗发挥积极推动作用。

参考文献

翁建平 . 2020. 代谢性肝病的定义与分类探讨 . 中华医学杂志 , 100(6):401-406.

Eslam M, Sanyal AJ, George J. 2020. MAFLD：a consensus-driven proposed nomenclature for metabolic associated fatty liver disease. Gastroenterology, 158(7):1999-2014.

Friedman SL, Neuschwander-Tetri BA, Rinella M, et al. 2018. Mechanisms of NAFLD development and therapeutic strategies. Nat Med, 24(7):908-922.

Gao X, Fan JG. 2013. Diagnosis and management of non-alcoholic fatty liver disease and related metabolic disorders: consensus statement from the Study Group of Liver and Metabolism, Chinese Society of Endocrinology. J Diabetes, 5(4): 406-415.

Konerman MA, Jones JC, Harrison SA. 2018. Corrigendum to "Pharmacotherapy for NASH：Current and emerging". J Hepatol, 68：1337.

Ludwig J, Viggiano TR, McGill DB, et al. 1980. Nonalcoholic steatohepatitis: Mayo Clinic experiences with a hitherto unnamed disease. Mayo Clin Proc, 55(7):434-438.

Yki-Järvinen H, Luukkonen PK. 2015. Heterogeneity of non-alcoholic fatty liver disease. Liver Int, 35(12):2498-2500.

（南京医科大学基础医学院　许　宁）

52. 悟真求实全身心为患者的张孝骞

思政关键词　家国情怀，科学精神，医者精神。

思政要点　1）以张孝骞教授将易误判的肺出血 - 肾炎综合征纠正为游走性（移行性）血栓静脉炎为例，讲述临床诊断的具体过程。传承老一辈医学家发现错误、承认错误、修正错误，将片面认识转变为全面认识的科学态度和实事求是的科学精神。

2）分享张孝骞教授的医德思想，介绍张孝骞教授撰写的医德方面的著作，以此来培养医学生的执业规范行为与意识，对提高医学生的医德水平具有一定的启迪作用。

3）以"全心全意为伤病员服务"为对医务工作者最基本的要求，介绍张孝骞教授对工作、对他人认真负责的医者态度及专心钻研的精神，传递给学生“济世救民”“天下为公”的家国情怀。

教学场景推荐 可用于“病理学”课程中局部血液循环障碍内容的讲授。

（1）消化病学的奠基人张孝骞

张孝骞教授是中国消化病学的奠基人，是我国现代最杰出的医学家之一，1992 年国家邮政总局首次为张孝骞等四位著名科学家发行纪念邮票。张孝骞教授在整整 65 年的临床工作中，全心全意为患者服务，善于正确诊断疑难杂症，纠正误诊，使很多患者“起死回生”。“每一个病例都是一个研究课题”是张孝骞的一句名言。他谦虚谨慎，用实事求是的态度对待每一个病例。他查阅群书，精深钻研，反复推敲，然后才提出诊断意见。他不但医疗技术精湛，而且医德崇高。张孝骞教授撰写了一系列医德方面的著作，规范医务工作者的执业操作，为医务行业的道德建设贡献力量。

（2）实事求是的张孝骞

张孝骞教授要求自己和自己的学生实事求是，防止思想僵化，勇于发现错误、承认错误、修正错误，变错误为正确，变认识的片面为接近全面。在诊断过程中，他爱反复思考，一丝不苟。他会反复全面深入地了解患者的症状和体征，竭力避免遗漏某些重要的症状和体征，从而得出正确的诊断。一位患者因痰中带血下肢水肿入院，化验结果显示尿中有红细胞，初步诊断为肺出血 - 肾炎综合征。张孝骞参加会诊，起初也同意这个诊断，并且拟订了治疗方案。事后他静下来沉思，对这个诊断还有疑问。他反复琢磨，决定做进一步检查。第二天，他再次查体，察觉到患者腿部静脉有点异常，然后根据一些蛛丝马迹寻根究底，最后发现是游走性（移行性）血栓静脉炎造成肺、肾等多种脏器损害的假象。后来按新的诊断进行治疗，患者病情很快好转。

（3）品德崇高的医界楷模

张孝骞教授不仅医疗技术卓越，而且医德崇高，撰写了一系列医德方面的著作，明确了医务工作者的执业规范，提高了广大医务人员的医德水平。他在《在临床工作中学习和应用实践论和矛盾论的体会》和《医务工作者的职业道德》文中多次指出全心全意为伤病员服务是对医务工作者最基本的要求。张孝骞教授要求医务工作者在医疗活动中，要力戒马虎从事，竭力去追究现象背后的本质。医务工作维护人们的身体健康和生命，是一种崇高、神圣的职业，广大医务工作者必须掌握先进的科学技术，对技术精益求精，努力提高自己的知识水平。张孝骞把临床医生的正确思想方法和工作作风概括为“勤于实践，反复验证”。

张孝骞教授作为医界楷模，拥有“济世救民”“天下为公”的情怀。他毕生恪守治病救人、教书育人而不开业行医赚钱的规则。当今医务工作者应学习张孝骞教授坚持“一切以病人为中心”的思想，在工作中努力提高自身的业务水平和道德水平，为患者提供高效优质的医疗服务，真正做到全心全意为患者服务。特别是在发展社会主义市场经济条件下，医疗行业一定要树立悬壶济世救苍生的理念，反对拜金主义，正确处理好社会效益与经济效益的关系，把社会效益放在首位。

参考文献

蔡孝恒，程欣 . 2001. 张孝骞医德思想及其启示 . 中国医学伦理学，2: 30-33.
何大全 . 2000. 献身医学事业的楷模——张孝骞教授 . 湖南医科大学学报 (社会科学版), 2: 83.
游苏宁 . 2017. 挚爱学会的协和泰斗 献身期刊的医学大家——纪念张孝骞教授诞辰 120 周年 . 中华医学信息导报 , 32(24): 1, 5.
张孝骞 . 1965. 在临床工作中学习和应用实践论和矛盾论的体会 . 中华医学杂志 , 57(2): 70.

（南京医科大学基础医学院　王　敏）

第七章　病理生理学思政教学案例

53. 国产心脏支架的崛起

思政关键词　科学精神，政治认同。

思政要点　1）介绍国家在医疗器械研发方面的决心和投入，彰显科研工作者的敬业奉献，引导学生思考并学习科研工作者勇攀科学高峰的信念和勇气。

2）介绍患者在高值医用耗材领域可以用上质量更高、价格较合理的医药产品的案例，培养医学生在医疗改革及实施健康中国计划中的责任感和使命感，增强医学生的政治认同。

教学场景推荐　可用于“病理生理学”课程中缺血-再灌注损伤和心力衰竭内容的讲授。

（1）背景

医用耗材价格过高、使用不当造成看病负担重，并易滋生医疗领域腐败，一直饱受诟病。2020 年 11 月，国家高值医用耗材集中带量采购在天津举行，本次中标的心脏支架入选价最低 469 元，最高为 798 元，相同企业的相同产品平均降价 93%。心脏支架降价无疑显著缩减患者的医疗费用，降低治疗的经济负担，也有助于整顿医药采购中的腐败现象。放眼全球，中国的心脏支架价格可以降到世界最便宜，这种壮士断腕般的医疗改革，使老百姓得到实惠，使医务人员和医疗机构受到鼓舞，促进医疗行业健康发展。从中不难看出我们党坚持人民至上、生命至上的价值取向，从而增强医学生的政治认同，坚定医学生在医疗改革及实施健康中国计划中的责任感和使命感。

（2）经过

中华人民共和国成立 70 余年来，国产医疗器械、耗材产业经历了从无到有、从有到精、再到装备精良的过程。尤其是近 10 年，在国家政策助力下，国产医疗器械产业创新升级、高速发展。2011 年 12 月，科学技术部制定《医疗器械科技产业“十二五”专项规划》，2011 年，科技部、卫生部联合全国 10 个省（市）政府启动“创新医疗器械产品应用示范工程”（简称十百千万工程）。2015 年，国务院在发布的《中国制造 2025》规划中将“生物医药及高性能医疗器械”纳入制造业发展的十大领域，鼓励国产企业加强创新，攻坚克难。2016 年 12 月，国务院《“十三五”国家战略新兴产业发展规划》提出，发展高品质医学影像、先进放射治疗设备、高通量低成本基因测序仪等，加快组织器官修复和替代材料及植介入医疗器械产品创新和产业化。2017 年 5 月，科技部办公厅发布《“十三五”医疗器械科技创新专项规划》，提出医疗器械朝国产化、高端化、品牌化、国际化方向迈进，致力于推动医疗器械科技产业的跨越式发展。2018 年，创新器械优先审评审批、上市持有人制度、创新器械优先纳入集采目录等政策不断出台试行，医疗器械创新正式进入发展快车道。

经皮冠状动脉介入治疗（percutaneous coronary intervention，PCI）、药物治疗及冠状动脉旁路移植术是冠心病的三大治疗手段。从1977年至今，PCI器械经历了从球囊到支架、从金属裸支架到药物涂层支架、从永久残留到可完全吸收甚至无植入物理念的不断革新。最初这种治疗心血管疾病的救命支架只能进口，研发成本和劳动力成本已然不菲，再加上各种中间环节及进口关税等，一个支架报价高达2万～3万元。国产化产品的成本可能不到市场进口产品售价的10%，但是开发一个新产品前期研发成本高，再加上市场紧缺，国产化产品价格“水涨船高”，通常报价在进口产品的60%～80%。医疗器械生产的政策及技术门槛都较高，国内的生产厂家无法一哄而上，因此，这些有资质的医疗器械生产厂家容易形成一个利益联盟，维持心脏支架的高价格。

（3）科技攻关

冠状动脉介入手术的普及与提高，离不开冠脉支架的发展和进步。在心脏介入治疗的发展历史中，早期的球囊扩张解决了心脏搭桥手术的创伤性问题，但引发了高达50%的血管再狭窄问题，第一代的金属裸支架将再狭窄率降至25%，可会导致较严重的血管增生；第二代的药物支架解决了支架内再狭窄问题，却引发了晚期血栓问题。晚期血栓极其凶险，一旦发生，死亡率高达50%。2018年权威医学杂志《柳叶刀》（*The Lancet*）全文刊登了中国自主研发的火鹰（Firehawk）冠脉雷帕霉素靶向洗脱支架系统在欧洲大规模临床试验（TARGET AC）的研究结果。“火鹰支架”药物搭载量不到其他支架的1/3，采用独特的激光单面刻槽涂药和靶向洗脱技术，极大提升药物的利用率。该研究破解了困扰世界心血管介入领域10多年的难题——如何在兼顾疗效的基础上最大程度降低副作用。

然而，金属支架永久地固定在血管壁上，可能阻止冠状动脉血管运动、干扰术后血管的自然愈合，支架的长期存留引起的炎症反应、贴壁不良等也可能影响介入治疗的长期预后。支架技术的革新关系到无数患者的生命安全，2020年3月，由中国科学院院士葛均波教授领衔研制的XINSORB支架，以创新产品通过国家药品监督管理局审批上市。这款全国首个具有中国自主知识产权的生物可吸收冠脉雷帕霉素洗脱支架，为未来的介入手术提供更多的治疗选择。

（4）社会效益

国家心血管病中心发布的《中国心血管健康与疾病报告2020》显示，我国每年心源性猝死者高达54.5万人。另据数据推算，中国心血管疾病患者人数达到3.30亿人。心脏支架，是用于经皮冠状动脉介入手术的消耗性高值医疗器械，可支撑狭窄或闭塞的血管，是最有效减少患者死亡的手段。随着更多国产支架的不断升级和临床应用，我国的心血管疾病患者的救治水平将进一步提升，更多冠心病患者受益于国产心脏支架的崛起。

参考文献

黄辛，卜叶. 2020. 生物可吸收支架XINSORB上市. 中国科学报，2020-3-8.

许连军，高展，宋莹，等. 2018. 新型生物可降解涂层靶向释放雷帕霉素支架治疗中等复杂冠状动脉病变的长期安全性和有效性：TARGET Ⅱ 研究 5 年随访结果 . 中华心血管病杂志 , 46(7):523-528.
郑洋洋 , 丁锦希 , 李佳明 , 等 . 2021. 高值耗材实施集中带量采购的主要障碍及对策研究 . 卫生经济 , 38(4):35-38.

（南京医科大学基础医学院　李晓宇）

54. 医者自医——严重过敏反应后的成功自救经历

思政关键词　医者精神，科学精神。

思政要点　1）讲解临床上会遇到许多始料未及的变故，只要具备扎实的专业知识和细致的观察能力就可在一定程度上避免医疗意外与事故的发生。

2）介绍医生成功自救的整个过程，分析其急救原理，引导学生崇尚科学精神，热爱专业，增强学习动力。

教学场景推荐　可用于“病理生理学”课程中的休克讲授，介绍过敏性休克原因、对机体的影响及其应对措施。

药物引起的过敏性休克是临床常见急症之一，如不及时抢救，会严重威胁患者生命。一般服用致敏药物后，常在 15min 后发生过敏反应，少数可在 30min 后，甚至数小时后发生，因此对药物过敏性休克的抢救务必争分夺秒。

下面介绍一例药物过敏性休克的自救案例。某医院医生因咳嗽，自服一片莫西沙星片。该医生早年无过敏，虽近期有过一次皮疹，可家里没有其他药可用，自恃“艺高人胆大”，冒险服下。10min 后，他感觉耳朵奇痒，然后牙龈肿胀。因自我感觉不妙，医生的职业天性让他提高了警惕，服用氯雷他定后立即打电话通知家人。此时他感觉胃部不适，有火烧感，为防应激性溃疡、消化道大出血，马上服用一片法莫替丁。

必须立即前往医院，但他不敢自己开车，怕晕在车中，又不能去小区卫生站，因为万一要气管插管，那就死路一条！现在第一时间要进医院急诊科，因为那里有呼吸机。该医生边走边打 120，准确地告诉 120 医生自己的诊断及病因（这是最重要的信息），随后他在路边拦了辆出租车。在车上，他的眼睛已肿得几乎看不见东西，耳朵及脸也肿胀得厉害。此刻他最担心的是气道窒息，因为已明显感到气不够用了，如果没有医疗器械及药品，气管内黏膜的肿胀致死率为 100%。

医院附近大堵车。一心想着必须在窒息前进入急诊科，他别无选择，下车跑步前进，距急诊约 200m，心肺功能已明显不够用了。终于，看到急诊科医生，医生将他扶进抢救室。他拼尽力气说了一句：“莫西沙星过敏。”迷迷糊糊中看到来了很多医务人员，他知道，他活下来了。昏迷前，还不忘下了一次口头医嘱：“地米、非那根、糖钙，呼叫 ICU。”事后方知，他当时的血压是 70/40mmHg。

常言道“医者不自医”。本案例是一位医生在严重过敏反应后成功自救的过程，说明医者不仅可以救人，也可以自救。这对于激发学生对医学专业的学习热情具有重要意义。

过敏性休克是临床上难以预测、突然发生、威胁生命的严重过敏反应。抗生素可引起过敏性休克，一旦服用后有过敏反应，必须及时抢救。医生的自救过程每一步都险象环生，错过一步都可能失败。自救成功完全取决于对病情的正确预估和提前做好准备，这不仅需要扎实的专业知识，还需要熟悉所处环境。所以该案例不仅可以激励学生探索科学知识，还有助于培养学生对周围生活环境的细心观察能力。

案例中的医生处事冷静、逻辑严密，对树立医生的职业形象具有重要的社会意义。现在医患关系微妙，医务人员除了必备救死扶伤的职业精神，如何加强患者对医生的信任也是每一位医务人员的必修课。我们要始终牢记医学生誓言，不忘初心：健康所系，性命相托。当我们步入神圣医学学府的时刻，谨庄严宣誓：我志愿献身医学，热爱祖国，忠于人民，恪守医德，尊师守纪，刻苦钻研，孜孜不倦，精益求精，全面发展。我决心竭尽全力除人类之病痛，助健康之完美，维护医术的圣洁和荣誉，救死扶伤，不辞艰辛，执着追求，为祖国医药卫生事业的发展和人类身心健康奋斗终身。

参考文献

穆红，王丽丽，李俊静. 2020. 静脉滴注莫西沙星致过敏性休克. 药物不良反应杂志，22(2):119-120.
于晓博，李玉丹. 2016. 60 例药物过敏性休克的病例分析. 中国实用医药，11(5):126-127.

（南京医科大学基础医学院　黄　艳）

55. 用守护抚平“心”的伤痛——创伤后应激障碍应对

思政关键词　家国情怀，科学精神，医者精神。

思政要点　1）介绍“5·12”汶川特大地震发生后，党中央立即启动应急方案，经卫生部批准，四川大学华西医院在震后第一时间成立了“卫生部心理危机干预医疗总队”赴灾区开展救援工作，砥砺家国情怀，激发使命担当。

2）介绍卫生部《紧急心理危机干预指导原则》，分析其原理，引导学生崇尚科学精神，热爱专业，增强学习动力。

3）介绍奔赴灾区的医生适应艰苦的生活工作条件，彰显医学工作者的敬业奉献和医者精神，培养青年学生为祖国建设贡献力量的责任感和使命感。

教学场景推荐　可用于“病理生理学”课程的应激讲授，介绍应激对机体的影响、创伤后应激障碍（PTSD）及其应对措施。

2008 年 5 月 12 日，四川省阿坝藏族羌族自治州汶川县发生里氏 8.0 级地震，党中央第一时间启动应急方案，派遣大量救援团队奔赴灾区。其中，四川大学华西医院在震后经卫生部批准，成立了“卫生部心理危机干预医疗总队”，第一时间赴灾区开展救援工作。此外，为指导各地科学及规范地开展震后心理危机干预工作，卫生部紧急印发了《紧急心理危机干预指导原则》，力争尽最大可能帮助灾区人民和救援人员度过心理创伤期，将这场灾难对人们的心理影响减至最小。

2008 年 5 月 16 日，汶川地震发生后的第 4 天，“卫生部心理危机干预医疗总队”依照原定计划到达双流县（现双流区）的灾民安置点。到达后，面对数量巨大的地震幸存群体，医疗队根据预案快速投入工作，职责明确，井然有序。除了繁重的医疗任务，奔赴灾区的医生还需要适应艰苦的生活条件：余震不断，随时会发生塌方；由于雨水频繁，住宿的帐篷经常被淹，有时连找个睡觉的地方都很难；队员们长时间住在帐篷里，每天需要几个小时车程才能到达不同的服务站。由于心理干预的目标人群十分广泛，包括所有地震受影响者；因此需要细致深入了解不同人群的心理需要和情绪状态，指导科学的自我调试方法，提供心理救助；还要根据不同人群特定的情绪反应和需求，使用有针对性的心理干预方法。虽然灾区条件艰苦、环境恶劣，但队员们毫无懈怠，积极跟进灾区个案，及时帮助广大受灾者克服心理障碍。

医疗队在灾区前前后后共驻扎3年时间，为了方便开展工作，在都江堰、崇州、北川擂鼓、青川县等十余个重灾区都设置了医疗服务站点。早期，医疗队主要进行大范围筛查；随后，根据筛查情况跟进重点人群，开展心理健康教育辅导；后期，为实现长期干预治疗，医疗队帮助当地培养工作人员，建立当地心理康复服务站。国外专家曾预测：汶川地震发生后，灾区抑郁症、PTSD等心理疾病的患病率将大幅度增加。然而，灾后使用国际通用的诊断标准对都江堰、汶川、北川、青川等极重灾区的受灾人群进行调研发现，灾后1个月PTSD发生率约为35.4%；灾后4个月PTSD发生率约为11.4%，抑郁症发生率约为23.4%；灾后半年PTSD发生率约为8.8%，抑郁症发生率约为21.6%；灾后1年后抑郁症发生率约为8.4%。这一研究数据与国外报道基本一致，并未出现国外专家预言的发病率大幅度上升。这一结果与政府快速启动的救援行动、心理干预工作及全国人民的积极关注支持等都有密不可分的关系。

在"5·12"汶川特大地震中，PTSD的患者并不少见，受灾者往往会出现忐忑、悲伤等负面情绪，多数情况下还会出现悲观、无动于衷、抑郁和神经症状与行为障碍，他们往往无法意识到自己已经患病，甚至觉得医生的测试对他们来说是无休止的叨扰，对做心理卫生检查的医疗人员存在抵触心理，这就需要医疗人员具有极大的耐心。其中有这样一个案例：患者刘某是"5·12"汶川特大地震重灾区的一位中年女性，她在地震中失去了自己的丈夫和儿子。灾后，她一直沉浸在亲人去世的悲痛中。最初，刘某和大多数PTSD患者一样，并没有意识到自己的病情，并且抵触心理医生，在医疗队登门拜访七八次后，才和治疗师慢慢熟悉起来，说起地震那一天，她如何逃生，发了疯地寻找儿子和丈夫，并且一再重复地说头疼、做梦、无食欲的症状和想自杀的念头。在医疗队员坚持不懈的努力下，接受一段时间的心理干预后，刘某的症状慢慢好转，最终恢复正常。

灾后，为了总结经验，帮助更多的人，华西医院成立了"5·12"地震震后心理危机干预技术研究项目组。项目组成员多年来持续深入地震重灾区，开展当地医生和教师的培训工作，并对灾区群众长期进行调查和干预，至今仍在成都与青川之间往返。对于心理医生来说，他们始终坚信陪伴是最好的治疗，他们最大的心愿就是受灾者可以走出灾难的阴影，迎接新生活。

参考文献

陈婷. 2017. 汶川不相信眼泪——纪念5·12汶川大地震九周年随笔. 城市与减灾, (3): 48-50.

于红军. 2019. 汶川地震后幸存人员心理危机干预方法研究. 灾害学, 34(4): 176-180.

（南京医科大学基础医学院 朱旭冬）

56. 适度上网，珍爱健康，不负韶华

思政关键词 科学精神，时代品格。

思政要点 1）通过2个新闻报道的真实案例，帮助学生理解应激导致心源性猝死的机制，引导学生敬畏生命，珍爱健康，激励学生把精力投入到提升自己和现实生活中，不负韶华。

2）通过讨论熬夜上网带来的健康问题，使学生认识到适度上网的重要性，倡导健康生活方式，培养自律的时代品格。

教学场景推荐 可用于“病理生理学”课程中应激对机体的影响的讲授。

2022年8月，中国互联网信息中心公布的《第50次中国互联网络发展状况统计报告》显示：截至2022年6月，我国网民规模为10.51亿人次，其中20～29岁网民占17.2%。网络已成为大学生日常生活的重要组成部分。网络是把双刃剑，带来了诸多便利的同时也带来了负面影响。过度依赖网络，严重影响大学生的身心健康和成长成才，导致焦虑、抑郁、人际关系敏感等心理问题。

近年来，持续熬夜上网导致猝死的事件时有发生。现代快报网报道，2017年2月15日凌晨5：00，常州南大街派出所接到报警，称某网吧内一名男子晕厥，有生命危险。民警接警后立即赶到现场。网吧工作人员称，这名男子他们熟悉，平时经常来上网，此前巡查也看到他出来买过几次东西。最近一次巡查的时候，由于没有听到里面键盘敲打声，工作人员当即打开窗帘，发现该男子已经仰面躺在座位上，口吐白沫。工作人员第一时间报警，并拨打了120急救电话。当120救护车赶到时，该男子已经没有了生命体征。经过身份核对，该男子姓王，23岁，常州本地人，住在南大街某小区内。据民警介绍，该男子当天已经上网9 h。警方查询了男子的上网记录后发现，他在之前已经连续多天待在网吧里，每天上网时间7～8h。经过法医检查，排除他杀和中毒等其他情况，确认该男子为猝死。

随着主播越来越多，各种类型的主播长时间在线。某游戏直播平台的主播“孤王”被粉丝公认为某网络游戏最强辅助。据网友反映，“孤王”从2017年7月开始把直播时间改成从0:00到早上9:00。一连数月昼夜颠倒工作，劳累过度。11月6日，年仅20岁的主播“孤王”不幸猝死。从他的直播平台主页上能看到，“孤王”已拥有17万粉丝，175万礼物，人气可见一斑，却永远地停止在这个数字上。

心源性猝死是最严重的应激性疾病，其前奏往往是致死性心律失常。精神神经因素，如强烈的情绪反应或心理应激，是致死性心律失常和心源性猝死的重要原因。大量实验和临床证据表明，交感-肾上腺髓质的强烈兴奋，会引起冠状动脉痉挛，在冠状动脉和心肌已有病理损害的基础上，加重心肌缺血，导致心肌纤维断裂、心肌细胞的凋亡和坏死；此外，还可引起心肌电活动异常，诱发室性期前收缩，降低心室纤颤的阈值，严重时可诱发致死性心室纤颤而导致猝死。

长时间游戏的光声刺激使机体处于应激状态。应激时糖皮质激素的持续升高，可影响到胆固醇代谢，使血胆固醇水平升高；交感兴奋引起的急性期反应可使血液黏滞度和凝固性升高，促进血管损伤部位的血栓形成，引起急性心肌缺血、心肌梗死。另外，长时间采取坐姿，容易导致深静脉血栓，若血栓进入肺部，也会引发猝死。

从专业的角度，分析上网时间过长对机体的影响，特别是对心血管系统功能的影响，引导学生敬畏生命，珍爱健康。通过讨论过度上网对机体的不利影响，帮助学生认识适度上网的重要性，激励学生把精力投入到提升自己和现实生活中，不负韶华。

参考文献

柴文丽，徐兴燕，刘邦，等. 2019. 网络成瘾对医学生亚健康状态及学习成绩的影响. 中国高等医学教育，274(10):37-38.
池秀莉. 2003. 谈网络对青少年的伤害及其防治. 福建教育学院学报，(3):75-76.
刘慧英. 2013. 高校大学生猝死的原因与预防措施. 中国现代医生，51(30):140-141.
王新生，付艳军. 2017. 网络过度依赖心理对当代大学生的危害及解决途径. 绿色科技，(17):224-225.

（南京医科大学基础医学院　李　皓）

57. 可乐与低钾血症

思政关键词　科学精神，时代品格。

思政要点　1）通过分析可乐的主要成分——果糖、咖啡因等对钾代谢的影响，引导学生讨论大量喝可乐导致瘫痪的机制，促进学以致用，激发专业学习热情。

2）通过讨论可乐带来的其他健康问题，帮助学生认识大量喝可乐的危害，倡导健康生活方式，培养自律的时代品格。

教学场景推荐　可用于“病理生理学”课程中关于低钾血症的病因和对机体的影响的讲授。

如今，在各种各样快餐文化的影响下，在我们身边，随处可见肥胖青少年。这些孩子，除了喜欢吃薯条、汉堡、薯片外，还喜欢喝可乐。可乐的消费群体集中于 30 岁以下年龄段，以学生、白领和爱好体育的年轻人为主。因此，引导青年人改变不良的饮食习惯，倡导健康的生活方式非常必要。

据 2016 年 8 月 15 日《株洲晚报》报道：17 岁的小谭一直喜欢游泳。这个暑假，父母特意把他送到株洲的一个游泳培训基地训练。小谭平时喜欢喝可乐，训练时渴了、累了，他就把可乐当水喝，一天下来，最多可以喝 2L。上周，小谭上完游泳夜训课，连续喝了 2 瓶 500ml 的可乐，没想到第二天早上醒来，他的手脚突然使不上力气，连床都下不了，像瘫痪了一样。

接诊的刘医师介绍，小谭被送到医院时有胸闷、严重呼吸困难等症状，情况危急，医院一度下达了病危通知书。得知小谭爱喝可乐后，医生立即给他做血钾检查。果然小谭的血钾含量只有 2.6mmol/L，而正常人一般为 3.5 ～ 5.5mmol/L，显然，小谭发生了低钾血症。

经过吸氧、静脉注射与口服补钾等抢救性治疗，小谭逐渐转危为安，血钾浓度恢复正常。目前已经康复出院。

大量喝可乐为什么导致低钾血症？

首先，可乐含糖量高，大量喝可乐的人往往进食较少，由于可乐中含钾量仅 40mg/L 左右，2L 可乐共含钾约 80mg，而 WHO 建议每天从食物中摄取钾的最低量为 3510mg，因此，存在钾的摄入不足；其次，大量喝可乐摄入的糖导致反应性高胰岛素血症。在高糖及胰岛素作用下，细胞外钾向细胞内的转移增多；同时，由于可乐所含的糖主要为果糖，而人体对果糖的吸收率只有葡萄糖的 40%，大量未被吸收的果糖在肠道中可引起高渗性腹泻，在肾脏导致渗透性利尿，所以钾的排出增加。此外，每升可乐含咖啡因约 130mg，咖啡因能增加儿茶酚胺的释放，从而诱导细胞外钾向细胞内转移，肾脏排钾增多。

除了低钾血症，大量喝可乐还会带来哪些健康问题？

可乐含有咖啡因，长期喝易导致上瘾；可乐含有碳酸，喝多了对牙齿有侵蚀；可乐中含有大量糖，容易造成热量摄入过多而发胖……

学习本案例的意义在于。①促进学以致用：从专业的角度分析可乐的主要成分——果糖、咖啡因等对钾代谢的影响，激发学生的专业学习热情，增强学习动力。②以理服人：从理论上认识可乐带来的各种健康隐患，从而帮助学生理性地对待喝可乐的问题，达到宣传和倡导健康生活方式的目的。③领悟自律的力量：通过本案例引导学生理解健康来自于自律，增强学生的自律能力。自律的人淡定从容、内心强大，永远充满积极向上的力量。

参考文献

吕斌 . 2015. 年青小伙子为何会患上周期性瘫痪 . 家庭医学 , (7):62.
苏醒 , 刘小华 , 王亚芳 , 等 . 2015. 可乐导致低钾血症三例并文献复习 . 中华内科杂志 , 54(10):882-884.
文娟 . 2012. 常饮可乐易致血钾过低 . 农产品加工 · 创新版 , (4):59.

（南京医科大学基础医学院　李　皓）

58. 青藏铁路——离天最近的铁路

思政关键词　家国情怀，科学精神。

思政要点　1）介绍青藏铁路建设克服的重重困难，彰显建设者们排除万难、勇于拼搏的精神，激发民族自豪感；青藏铁路创造了高原医学史上的奇迹，彰显医学工作者勇担使命、敬业奉献的精神，培养学生为祖国建设贡献力量的责任感和使命感。

2）介绍青藏铁路建设在保障建设者生命健康方面的具体举措，引导学生崇尚科学，热爱专业，增强学习动力，激发学习热情。

教学场景推荐　可用于“病理生理学”课程中关于缺氧及高原反应的讲授。

青藏高原海拔 4000m 以上，年平均气温低于 0℃，大部分地区空气含氧量只有平原地区的 50% ～ 60%。高寒缺氧，风沙肆虐，紫外线强，自然疫源多，被称为人类生存的“禁区”。美国旅行家保罗 · 索鲁在《游历中国》一书中写道：“有昆仑山脉在，铁路就永远到不了拉萨。”建设青藏铁路是几代中国人的愿望，进入 21 世纪，中国政府推进西部大开发、实现各民族共同发展繁荣，建设世界一流高原铁路成为可实现的目标。

为了战胜高寒缺氧的恶劣环境，保障铁路建设者的生命健康，铁道部、卫生部（当时的国家铁道及卫生行政管理机构名称）在中国工程建设史上第一次联合下文，对医疗卫生保障作出详细规定，并投入近 2 亿元建立医疗卫生保障点，在全线建成了健全的三级医疗保障体系。

青藏铁路沿线的所有重点施工段基本配有高压氧舱等先进设备，有效地解决了建设者缺氧的难题。在建设著名的风火山隧道时，由于缺氧严重，一度无法施工。后来，工程专家们建立了供氧站，山洞里采用弥漫式供氧，山洞外建有吸氧吧，最终克服了困难。

青藏铁路建设实行了高原准入标准，对进入高原人员实行体格筛选，在格尔木或拉萨进行低海拔地区的阶梯式习服适应。所有高原人员都有健康档案，实行全程动态健康监护。编印了《青藏铁路卫生防病健康教育手册》，人手一本。施工人员每天吸氧 1 ～ 2h，免费发放抗缺氧、抗疲劳药物。实行轮休、轮换和夜间查铺制度，合理安排施工任务，限定人员作业时间。

铁路沿线共设立医疗机构 115 个，配备医务人员 600 多名，职工生病在 0.5h 内即可得到有效治疗。青藏铁路在关注建设者的生命健康方面创造了许多新纪录。青藏铁路建设时期，累计接诊患者 45.3 万多人次，治疗脑水肿 427 例，肺水肿 621 例，无一例死亡，创造了高原医学史上的奇迹。

最终，经过十多万筑路大军历时 5 年的艰苦奋战，2006 年 7 月 1 日，青藏铁路格尔木至拉萨段建成，至此，世界上海拔最高、线路最长的高原铁路全线胜利通车。青藏铁路的建成通车，对于加快青海、西藏地区经济社会发展、改善各族群众生活，对于增进民族团结和巩固祖国边防，都具有十分重大的意义。青藏铁路向世人昭示：中国人民有志气、有信心、有能力不断创造非凡的业绩，有志气、有信心、有能力屹立于世界民族之林。

保障铁路建设者的生命健康是建设青藏铁路的必备条件。青藏铁路创造了高原医学史上的奇迹。扎实有效的高原医学保障为青藏铁路建设保驾护航。

参考文献

吴天一 . 2001. 为青藏铁路建设提供高原医学保障 . 高原医学杂志 , 11(1):1.
徐伟 , 彭全升 , 张小润 . 2011. 青藏铁路现场救治急性高原肺水肿 117 例临床资料分析 . 中国煤炭工业医学杂志 , 14(5):694-695.
赵恩金 . 2022. 做好卫生保障工作是建设青藏铁路的必备条件 . 中国铁路 , (12):42-46.

（南京医科大学基础医学院 李 皓）

第八章　医学遗传学思政教学案例

59. 中国遗传学百年发展简史

思政关键词　家国情怀，科学精神。

思政要点　1）介绍多位遗传学家海外学成回国的经历，彰显中国科学家的家国情怀。2）介绍遗传学家们追求学术梦想，对祖国的遗传学事业报以坚定信念、执着精神和坚忍毅力，研究中大胆创新，鼓励学生学习老一辈遗传学家们的科学精神。

教学场景推荐　可用于“医学遗传学”课程中绪论部分的讲授。

（1）现代遗传学在中国的萌芽

1913年，孟德尔遗传学说进入中国。《进步杂志》刊登的《生命之解密》，着重介绍了孟德尔的遗传学说及其意义。同年，由上海广学会出版的《格致概论》也提及孟德尔。此后，多个科学刊物或专著介绍了孟德尔和他的遗传学说。在20世纪20年代，孟德尔的遗传学说在中国传播开来。

（2）中国遗传学早期发展历程

遗传学在中国的早期发展，得力于早年一大批海外留学的先进知识分子。他们怀揣爱国之心，远渡重洋学习西方科学知识，学成回国开设了遗传学专业和课程。

1922年，毕业于美国哥伦比亚大学摩尔根实验室获硕士学位的陈桢在东南大学开设了我国首个“遗传学”课程。他从事的金鱼变异、遗传与进化研究是我国最早开展的遗传学实验工作。

1926年，李汝祺在摩尔根实验室获得博士学位，在燕京大学开设“细胞遗传学”，并开展动物遗传学研究，发现了中国马蛔虫和欧洲马蛔虫染色体数目的差别。

1929年，李先闻在美国康奈尔大学获得博士学位后执教“植物细胞遗传学”。他回国后主要从事农作物遗传育种研究，是国际公认的植物细胞遗传学开拓者之一。

1937年，在加州理工学院生物系获得博士学位的谈家桢回国赴浙江大学任教，讲授综合进化遗传学，并建立了遗传学专业培养遗传学研究型人才。他以亚洲异色瓢虫为研究对象开展群体遗传学研究，“异色瓢虫色斑嵌镶显性”的发现被称为遗传学研究的一项经典工作。

1942年起，在康奈尔大学获得博士学位的李景均先后在金陵大学等多所大学农学院开设群体遗传学课程，编写的《群体遗传学导论》被学术界公认为“群体遗传学”领域经典名著。

1948年，在第八届国际遗传学大会，谈家桢做大会报告并被选为国际遗传学会常务理事。同年，徐道觉报道了人类一种隐性遗传的折叠舌。1949年，在湘雅医学院任教的卢惠霖完成了摩尔根《基因论》的中文翻译工作，但因种种原因，译本在1959年才由科学出版社正式发行。

在战火纷飞的年代，我国遗传学家克服研究经费短缺、生活和工作条件异常艰苦等诸多困难，他们凭着对事业的坚定信念、执着精神和坚忍毅力，始终致力于遗传学研究和人才培养。

（3）中国遗传学发展的波折期

中华人民共和国成立初期，我国全面学习苏联。苏联的李森科等用米丘林遗传学抵制孟德尔遗传学，并将后者定义为资本主义和唯心主义的反动学说。1956 年，李森科被撤去列宁全苏农业科学院院长职务。1956 年 5 月 2 日，毛主席在最高国务会议上正式宣布将“百花齐放、百家争鸣”作为党发展科学、繁荣文学艺术的指导方针。

1956 年 8 月，著名的青岛遗传学座谈会召开。这次座谈会对中国遗传学发展非常重要，摩尔根学派遗传学家在中国又取得了进行教学和研究的自由，遗传学专业逐步恢复。1957 年，李汝祺先生撰写、毛主席加注标题的《发展科学的必由之路——从遗传学谈百家争鸣》一文在《人民日报》发表。此后，我国的人类遗传学研究逐步发展，如 1961 年杜传书证实蚕豆病病因是葡萄糖 -6- 磷酸脱氢酶 (G6PD) 遗传缺陷，1962 年刘祖洞开办“人类遗传学”讲习班，1963 年卢惠霖报告了色盲的性连锁遗传规律。

1966 年“文化大革命”开始，科学研究工作几乎停滞，但遗传学家们仍没有放弃学术追求，想方设法开展遗传学研究。在人类医学遗传方面，有卢惠霖、夏家辉的人类染色体显带及高分辨 G 显带技术（1972 年）；韩安国的胎儿绒毛细胞遗传学分析（1973 年）；曾溢滔的血红蛋白生化遗传研究（1975 年）；刘祖洞的大别山地区遗传流行病调查（1975 年）等。

（4）改革开放迎来中国遗传学蓬勃发展

1978 年 3 月 18 日，在全国科学大会上，邓小平同志提出了“科技是第一生产力”。同年 10 月 7 日，中国遗传学会在南京成立。1980 年 7 月，中国遗传学会加入国际遗传学联合会。改革开放以来，中国遗传学取得长足进展，以下简要列举一二。

1979 年，谈家桢邀请美国科学院院士詹姆斯 · 邦纳（James Bonner）带领学术团队来华开设分子遗传学培训班，为我国开展分子遗传学研究培养了大批骨干。

袁隆平院士一生致力于杂交水稻技术的研究、应用与推广，为我国粮食安全、农业科学发展和世界粮食供给作出杰出贡献，被称为“杂交水稻之父”，2019 年 9 月 29 日荣获共和国勋章。

1999 年 9 月，中国加入人类基因组计划（HGP），负责测定全部序列的 1%。其后又完成了多种动植物基因组测序。

（5）结语

遗传学在中国历经近一个世纪，走过了一条崎岖曲折的道路，遗传学和其他学科一样，在中国有了一个良好的发展环境。科学的春天来到了，中国科学家将满怀信心地和世界各国科学家一起，为遗传学这个造福人类的学科的发展做出应有的贡献。

参考文献

冯永康 . 2000. 20 世纪上半叶中国遗传学发展大事记 . 中国科技史料 , 21(2):175-185.
谈家桢 , 赵功民 . 2002. 中国遗传学史 . 上海：上海科技教育出版社 .
曾凡一 , 曾溢滔 . 2019. 中国遗传学的春天——纪念中国遗传学会成立 40 周年 . 遗传 , 41(1):1-7.
左伋 . 2018. 医学遗传学 . 7 版 . 北京：人民卫生出版社 .

（南京医科大学基础医学院　乐　珅）

60. 人类染色体数目的发现历程

思政关键词　家国情怀，科学精神。

思政要点　1）介绍两位华人科学家对人类染色体数目研究的重要贡献，激发学生的民族自豪感，培养学生的家国情怀。

2）介绍通过科研实践中的技术突破，人类 46 条染色体的事实最终被发现，此后染色体病的病因被陆续发现，让学生领悟到科学家孜孜以求、开放交流和勇于批判等科学精神。

教学场景推荐　可用于“医学遗传学”课程中遗传的细胞学基础内容，在人类中期染色体的形态结构及染色体标本制备实验中讲授。

（1）背景

1923 年，美国遗传学权威、得克萨斯大学校长佩因特（Painter，1889—1969）提出人体的染色体数目为 $2n=48$。随后作为一条定论充斥于各种教科书和百科全书。在细胞遗传学研究中，染色体制备是非常重要的技术。当时制备技术有限，常用的“切片法”和“压片法”都无法获得清晰的人类染色体图像。因此，Painter 提出的“人二倍体细胞有 48 条染色体”的结论也就无人怀疑。

（2）经过

1952 年的某天晚上，从事博士后研究工作的徐道觉发现了一个奇迹。那晚，徐道觉照常在实验室培养一些治疗性流产的胚胎组织（皮肤和脾脏），按照常规操作步骤把培养物固定并用苏木精染色，竟然在显微镜下看到了铺展很好的染色体。在他后来的自传中，这样描述当时的心情：“当我看到在这些细胞中一些分散得非常美丽的染色体时，我简直不相信自己的眼睛。我没有告诉任何人，绕着实验楼走了一圈，去了一家咖啡店，又回到实验室。那些细胞的美丽染色体还在那儿。我知道它们是真的了。”这一批片子都有令人难以置信的漂亮的有丝分裂染色体。但当他试图制备另一些培养物重复这一奇迹时，染色体标本又回到了它正常的样子。重复实验失败后，他开始思考“奇迹”的原因。徐道觉博士花了约 3 个月的时间尝试着去改变所能想到的每一种因素：培养液的成分、培养的条件、培育的温度、秋水仙素的添加、固定的步骤、染色的方法等等，一次只改变其中之一，还是什么事也没有发生。“1952 年 4 月我改变了平衡盐溶液的渗透压。平衡盐溶液是实验室里人人在固定之前用来漂洗培养物的。当我用蒸馏水与平衡盐溶液混合以降低其渗透压时，奇迹又重新出现了。终于能破解一个谜的感觉实在是太爽了。”

（3）研究突破

1955 年夏，瑞典隆德大学遗传学研究所所长 A. 莱文（A. Levan）到美国作短期研究。他在制备人肿瘤细胞染色体时学会了低渗方法并将该方法带回瑞典。这一年的圣诞假期，蒋有兴按惯例来到莱文的实验室。他决定把低渗方法应用于观察人胚胎细胞染色体。12 月 22 日一早，蒋有兴在显微镜下观察 4 个胎儿肺组织的染色体，清清楚楚地数出了 46 条染色体。这一惊人结果被迅速发表在 1956 年 1 月 26 日出版的《遗传》杂志上，并震惊了世界。这一新的结论很快得到英国细胞学家福特和哈默顿的进一步证实。同时，莱文实验室的另外 3 名科学家告诉蒋有兴，他们于 1955 年秋研究一份人胎儿肝细胞的有丝分裂时曾反复数出是 46 条染色体，但当时他们认为制备的玻片标本还不够完美，所以没有写成论文发表。人类染色体数目的确定标志着人类细胞遗传学的开始。

（4）后续过程

1957 年，法国儿科医生勒热纳（Lejeune）听了蒋有兴关于人类染色体的学术报告，大胆猜想唐氏综合征（Down Syndrome）会不会是染色体异常所导致的。他回国后，马上投入对于患儿染色体的观察研究中。1959 年，Lejeune 发现唐氏综合征患儿的体细胞内比正常人多了一条 21 号染色体。这是人类发现的第一例染色体异常导致的疾病。

参考文献

高翼之 . 2007. 迷人的基因：遗传学往事的文化启迪 . 上海：上海教育出版社 .

Hsu T C. 1952. MAMMALIAN CHROMOSOMES IN VITRO:I. The Karyotype of Man. J. Hered. 43(4):167-172.

Hsu T C. 1995. How I became a geneticist. Am J Med Genet, 59(3):304-325.

Tjio J H, Levan A. 1956. THE CHROMOSOME NUMBER OF MAN. Hereditas, 42(1-2):1-6.

（南京医科大学　乐　珅　牛俊美）

61. 1% 国际 HGP——HGP 的“中国卷”

思政关键词　家国情怀，全球视野，科学精神。

思政要点　1）介绍我国科学家放弃国外优厚待遇毅然回国，为中国参加 HGP 而努力的经过。中国加入 HGP 是科学界和社会各界在中国政府倾力支持下团结一致、艰苦奋斗的范例，鼓励学生学习中国科学家的家国情怀。

2）HGP 是国际性的合作计划，也是我国生命科学发展中的一个里程碑，不仅为我国基因组研究奠定了重要基础，也为后续的国际基因组学研究打上了中国“印记”，充分展现了科学家的全球视野。

3）总结中国科学家在 HGP“中国卷”测序中艰苦奋斗、团结合作的经过，激励青年一代为中国科学事业继续奋斗，培养青年学生的科学精神。

教学场景推荐　可用于“医学遗传学”课程的人类基因组学、“分子遗传学”课程的中心法则导论、“生物医学导论”课程的遗传的物质基础和“基因组医学基础”课程的基因组与基因组学等内容的讲授，也可用于“生物化学”“医学分子生物学”“细胞生物学”等课程的相关内容的讲授。

（1）背景

2021 年 2 月，*Science* 和 *Nature* 杂志出版 HGP 专刊，以纪念人类基因组草图发表 20 周年。回顾以往，1985 年 5 月，在加利福尼亚大学圣克鲁兹分校的一次非正式会议上，有科学家提出是否可能将人类基因组所有 DNA 序列进行测序，得到包括哈佛大学分子生物学家、诺贝尔奖获得者沃特·吉尔伯特（Walter Gilbert）在内多位著名科学家的赞同，并形成了人类基因组计划（HGP）的设想。美国政府于 1990 年 10 月正式启动了这项将耗资 30 亿美元、历时 15 年的大科学计划。HGP 被称为是生命科学史上的"第二次革命"，是继"曼哈顿原子弹计划"和"阿波罗登月计划"之后，人类科学史上的又一次伟大工程。该计划自实施以来，很快受到国际科学界甚至政府的重视，英国、日本、法国、德国先后加盟，HGP 成为国际性的合作计划。

（2）时不我待，勇往直前

20 世纪 90 年代的中国，基因组研究工作起步晚、基础差、技术薄弱并且投入经费有限，与国际 HGP 发展的惊人速度相比，差距巨大。那时，国内科技界尚未考虑或不敢想象中国能够参与到 HGP 中。在国外从事基因研究多年的杨焕明博士和汪建博士等先后毅然回到祖国，围绕人类基因组开展研究并开始创业。终于在 1994 年，国家自然科学基金委员会和 863 计划先后启动了"中华民族基因组中若干位点基因结构的研究"和"重大疾病相关基因的定位、克隆、结构和功能的研究"。

1997 年 11 月，中国遗传学会青年委员会第一次会议在湖南省张家界召开。此次会议上，杨焕明、汪建和于军等专家学者相聚在一起，屡次深入地探讨 HGP 诸多话题和中国需要参加这一计划的迫切性。在这些科学家们的积极倡导和筹划下，1999 年 7 月，中国科学院遗传研究所人类基因组中心在国际人类基因组组织注册成功。1999 年 9 月 1 日，人类基因组计划第五次战略会议在英国伦敦召开，议题之一就是讨论是否接纳中国加入 HGP。杨焕明博士用会议仅给的 5 分钟有限时间陈述了中国积极参加 HGP 的准备情况，细数到实验室面积、设计、人员、机器运转一次产生的数据及准确率等，并递交前期已完成的基因数据库数据。精炼的汇报及令人信服的资料使与会者一致通过了接纳中国参与 HGP 的决定。中国成为该计划的第六个参与国，也是参与国中唯一的发展中国家，承担人类 3 号染色体短臂端粒一侧约 30 厘摩（centimorgan，cM）区域的测序和分析任务。该区域约占 HGP 整体工作的 1%，称为 HGP 的"中国卷"。

（3）艰苦奋斗，团结合作

需要提及的是，HGP 进展远超预期，1999 年完成了人类基因组 90% 以上测序工作，2000 年绘制了人类基因组的基本框架图，这在很大程度上归功于中国团队高效并准确地完成了 HGP 的最后拼图，此时距中国被纳入 HGP 还不到 1 年。中国团队承担了人类 3 号染色体短臂上一段约 3000 万个碱基对的区域测序任务，因时间紧迫，工作繁重，北京华大基因研究中心（现华大基因研究院）、国家人类基因组北方研究中心和国家人类基因组南方研究中心等单位立即展开奋战。他们及团队成员自筹资金购买了一台"377"型测序仪和一台毛细管测序仪。科技部以最快速度，拨款 3000 万元予以支持。1999 年 9 月 9 日 9 时，"人类基因组 1% 项目"正式启动，全体科研技术人员宣誓并立碑铭志:“勇往直前，义无反顾。敢以全国父老之名宣于天下，当以全体微薄之颜面对祖宗、子孙!”中国科学院遗传研究所人类基因组中心的研究人员用集装箱搭建了测序平台，其上放了3根玉米棒，并题警句“穷棒子精神永放光芒!”以自勉。在这种艰苦条件下，中国科学家排除万难，全力奋战，终于在2000年4月宣布：1%测序任务基本完成，其中50%的序列达到完成图的标准，中国科学家在世界上率先拿到了“工作框架图”。2002年5月，“中国卷”部分完成精细图构建，至今是人类基因组“参照序列”中最为准确的基因组区域之一。2006年4月，由美国、德国和中国等组成的合作小组在*Nature*杂志上发表了人类3号染色体的DNA完成序列与详尽分析。“不要小看这1%，他代表着中国科学家在这个划时代的里程碑上，刻上了中国人的名字”，杨焕明教授如是说。

中国加入HGP，极大扩展了HGP的国际化，使HGP成为人类自然科学史上第一个由发达国家和发展中国家一起参与的国际合作科研计划，也是中国科学家走向国际科学大舞台的重要起点。随着“1%计划”完成，在包括华大基因研究院、国家人类基因组北方研究中心、国家人类基因组南方研究中心共15个科研单位参与下，我国建立了基因组大规模研究的全套技术，培养了大批基因组科技人才，这不仅为我国丰富的生物资源的基因组研究及其产业化奠定了重要基础，也为后续的国际基因组学研究深深地打上了中国印记。未来基因组大科学计划将助力中国引领世界经济发展，抢占战略性新兴产业制高点，用基因科技增强国力并造福全人类。中国基因组学界已跻身于国际生命科学前沿，未来还将取得更加令世人瞩目的成就。

参考文献

曹新，季旻珺，魏钦俊. 2017. 生物医学导论. 2版. 北京：人民卫生出版社.

于军. 2013. “人类基因组计划”回顾与展望：从基因组生物学到精准医学. 自然杂志，35(5):326-331.

Carrasco-Ramiro F, Peiró-Pastor R, Aguado B. 2017. Human genomics projects and precision medicine. Gene Therapy, 24(9):551-561.

Collins FS, Morgan M, Patrinos A. 2003. The Human Genome Project:lessons from large-scale biology. Science, 300(5617):286-290.

Wang X, Xia Z, Chen C, et al. 2018. The international Human Genome Project (HGP) and China's contribution. Protein Cell, 9(4):317-321.

（南京医科大学基础医学院　姚　俊　曹　新）

62.“伯格来信”事件的启示——关于基因重组技术的伦理学思考

思政关键词　法治意识，科学精神。

思政要点　1）介绍“伯格来信”的始末，揭示科技发展和生命伦理的相互约束及相互促进的辩证关系，引发前瞻性政策法规制定的思考，增强学生的法治意识。

2）介绍“伯格来信”事件中科学家们对生命伦理与生物安全的理性思考，体现了科技发展中科学家的责任和担当，激发学生学习科学家们尊重生命和理性自律的科学精神。

教学场景推荐　可用于“医学遗传学”课程中遗传服务的伦理问题、“生物医学导论”课程中生命伦理学与安全性问题、“基因组医学基础”课程中人类基因组测序的伦理问题等章节的讲授。

（1）背景

20 世纪后叶以基因重组技术、HGP 和克隆技术为代表的三大突破拉开了“生命科技时代”的序幕，人们对于生命现象与本质的深入理解逐渐主导了科学技术的发展方向和进程。人类开始有能力改变生物的遗传性状，改造生命的基本结构，干预生命的进程，甚至改变生命的结果。同时，人们也开始担心这类研究成果是否会导致反人类或不可控的局面，新技术不断冲击着人们已有的伦理和道德观。

（2）“伯格来信”事件的始末与影响

1973 年的高登科学年会上，一些参会者呼吁美国国家科学院（National Academy of Sciences，NAS）调查基因重组技术的危险性。NAS 随即成立了由保罗·伯格担任主席的委员会。1974 年 4 月，保罗·伯格召集了一批当时最为杰出的分子生物学家，其中包括 DNA 双螺旋结构发现者之一的詹姆斯·杜威·沃森、逆转录酶的发现者大卫·巴尔的摩、斯坦利·柯恩和赫伯特·波耶等来研讨该问题。同年 7 月，他们在 *Science* 杂志上发表了一封公开信，即著名的“伯格来信”（又称“暂停信”），对整个科学界产生了极大的震动。该公开信建议全世界的分子生物学家自愿地暂停重组 DNA 研究，召开国际会议讨论这项技术的安全性，并讨论控制其潜在风险的规则。在缺乏足够的数据来判断这项技术真正风险的时候，科学界通过了暂停实验的草案，指出在最初设计实验时就要考虑潜在的风险。

1976 年，美国国立卫生研究院（National Institutes of Health，NIH）重组 DNA 顾问委员会颁布《重组体 DNA 分子研究工作准则》，欧洲国家也制定了类似规则。即便以当时的眼光看，有些规定也是不科学的，如现今在常规生物学实验室即可进行的 DNA 克隆，当时需要在严格防护的 P4 实验室中进行。这就意味着多数生物学家无法开展工作，也违背了发起“暂停信”的科学家的本意。直至 1978 年底 NIH 修订的新管理条例才取消了很多研究限制，大多数的重组研究才获允许，包括肿瘤与病毒 DNA 的研究。值得一提的是 1990 年正式启动的 HGP，在高达 30 亿美元的经费中，拨出 5%（约 1.5 亿美元）用于一个引人注目的子计划，即进行相关的伦理、法律和社会影响研究，这在科学史上史无前例。

（3）“伯格来信”事件的反思

科学与技术本身是客观和理性的，但承载着人性需求和价值追求的技术及成果与研究行为本身却存在着“善、恶、淑、慝”之分，当科学与技术产生“双用途”和谬用问题时科学家负有特殊责任。“伯格来信”事件启示我们，遵循生命伦理原则的理性自律的科学行为并不意味着将科技缩减到现有道德规范允许的水平，或禁锢和延缓科技的发展与进步；相应地，人类应匹配反映技术发展实际的伦理道德规范。“伯格来信”事件体现了人类发展历史中对科学理性与生命伦理关系的思考。一方面，科技发展实现了人类对自然及其自身的控制能力的增长，给人类带来福祉。另一方面，它给人类和社会带来了更多新的伦理和安全性问题：如何维护人的生命尊严与生命价值；生命观、安全观和公平公正观的再讨论，包括人与人的社会关系、人的健康观念与人的生死权利；应遵循怎样的规律去改变和改善人类自身；人类社会与自然的和谐共存及可持续发展的问题，包括生物多样性问题、生物安全性问题和前瞻性政策法规的制定等；经济、政治与科技全球化趋势中的伦理共性与冲突。面对这些崭新课题，旧有伦理学已束手无策。

人们对生命伦理的认知伊始是从行医道德规范、生命素质的整体提升、对人性和人格尊严的认同展开的。人类的科技发展历程中涉及的科学理性与生命伦理是一种相互依存、相互约束和相互促进的辩证关系，这正是马克思主义方法论和世界观的时代演绎与延续，是当代"以人为本，全面、协调、可持续发展"科学发展观的现实演绎。

参考文献

曹新，季旻珺，魏钦俊．2017. 生物医学导论．2 版．北京：人民卫生出版社．
陈竺．2015. 医学遗传学．3 版．北京：人民卫生出版社．
伍天章．2008. 医学伦理学．北京：高等教育出版社．
翟晓梅，邱仁宗．2005. 生命伦理学导论．北京：清华大学出版社．
Beauchamp T L, Childress J F. 1994. Principles of biomedical ethics. 4 ed. New York: Oxford University Press.

（南京医科大学基础医学院　姚　俊）

63. 米拉奇迹——罕见病药物研发

思政关键词　医者精神，科学精神。

思政要点　1）介绍米拉从发病到诊断的经过，引导学生关注罕见病群体的医疗现状，加深医学生对生命的敬佑；重点介绍新药研发团队为了患者与时间赛跑的思维观念和务实行动，培养学生的医者精神。

2）介绍游（Yu）团队新药研发经过，孤儿药的研发需要科学家的创新思考和严谨实验，体现科学家勇于创新的科学精神。

3）介绍"天价孤儿药"和个体化治疗时代的药物管制思考，引导学生辩证地认识和看待问题。

教学场景推荐　可用于"医学遗传学"课程的药物遗传学和遗传病的治疗内容的讲授及遗传病的诊断与治疗综合实验课学习。

米拉·马科韦茨（Mila Makovec）出生于美国科罗拉多州，健康活泼。1 岁会走路，1 岁半会说话，性格开朗，爱动爱笑。3 岁时，妈妈感觉米拉有些不对劲。她的右脚开始向内转，说话时会被单词卡住。米拉 4 岁开始看书时将书拉近她的脸，5 岁开始走路跌跌撞撞容易摔跤。2016 年，米拉 6 岁。那天，屏幕上正播着她爱看的动画片。爸爸心血来潮，想捉弄下女儿。他拿来一张报纸，在米拉的眼前，来回晃动。米拉愣在那里，双眼都没眨一下。父母突然意识到，米拉看不见了。

因为症状进展迅速，米拉住进了医院，被诊断为神经元蜡样质脂褐质沉积症（neuronal ceroid lipofuscinosis，Kufs disease，又名库夫斯病）。这是一组罕见的溶酶体贮积症，总体发病率约为 1/12 500，由于溶酶体蛋白分解代谢的酶或跨膜蛋白缺陷导致进行性神经退行性疾病，患者主要表现为进行性认知及运动功能倒退、顽固性癫痫、急性视力下降及早期夭折。该病呈常染色体隐性遗传，具有显著的遗传异质性，迄今为止根据基因突变的种类不同，分为 16 个亚型。

米拉病了，但无药可治。罕见病药物被称为“天价孤儿药”。治疗库夫斯病的药物每盒 2.7 万美元（约合人民币 19.17 万元），每周要用 1 盒。若患者有医疗保险，每年医疗费用为 48.6 万美元（约合人民币 345 万元）。但问题是，该药仅适用于 2 型，米拉不适合。前期基因测序结果提示米拉可能是 *CLN7* 基因突变型库夫斯病。若要确诊 *CLN7* 基因的具体突变，必须进行全基因组测序，这一检查又贵又耗时，米拉的病情可能在此期间快速恶化。米拉的父母没有放弃，他们成立了一个叫“米拉奇迹基金会”（Mila’s Miracle Foundation）的公益组织，并在各大社交网站上讲述米拉的故事，寻找可能找出米拉的致病基因的科研团队。许多爱心人士通过网站为米拉和与她有类似经历的罕见病儿童捐款。

美国波士顿的辛迪·利恩（Cindy Lien）医生注意到这则信息。她转发给自己的丈夫游维文（Timothy Yu）。他是美国波士顿儿童医院神经科医生和神经遗传学家，听到米拉的故事，他决定帮助他们。他带领团队加班加点，很快发现了米拉 *CLN7* 的非编码区的新突变——SVA 插入，导致了米拉的基因产生错误拼接，翻译提前终止，生成一种短而无用的溶酶体蛋白。至此，米拉得以确诊：*CLN7* 基因型库夫斯病，一种极为罕见的亚型。

游维文和研究团队决定针对 SVA 插入，设计反义寡核苷酸药物（ASO）。此前，美国食品药品监督管理局（FDA）批准用于治疗脊髓性肌萎缩的反义寡核苷酸药物 Nusinersen 可以改变 SMN2 RNA 的拼接模式。仅用 8 个月时间，研究团队设计出了新型分子药物 Milasen，它在体外培养的米拉皮肤成纤维细胞中明显发挥作用。

米拉的病情仍在持续恶化，2018 年 1 月，FDA 批准 Milasen 的单患者试验。米拉开始接受试验性治疗。用药几个月后，米拉逐渐好转，她的癫痫发作锐减。“从明确诊断，被宣判‘无药可医’，到药物研发成功，慢慢好转，只花了 1 年时间。”米拉妈妈说，“不论外界如何评价，作为一名母亲，我很幸运。”

这是个性化治疗的里程碑式突破。2019 年 10 月 9 日 Milasen 登上《新英格兰医学杂志》。肯定奇迹的同时，随之而来的是科学家们冷静的思考。《新英格兰医学杂志》配发了 FDA 药物评估和研究中心主任珍妮特·伍德科克（Janet Woodcock）的评论文章《个体化治疗时代的药物管制》，文章谈到：“这里有太多空白。哪些数据是有意义的？试验对象和受益者就这一个人，研发到什么阶段，能否用于人体？万一失败，此前的投入怎么算，以后怎么做？谁该为研发买单？”“唯一药”的安全性问题和研发、管理原则值得深思。

参考文献

董慧，李东晓，刘怡，等 . 2018. 一家三同胞神经元蜡样质脂褐质沉积症 7 型及其 MFSD8 基因新突变 . 中华实用儿科临床杂志，33(20):1550-1553.

燕小六 . 2019. 科学家为 9 岁女孩定制了一款新药，开启个体化医疗新时代 . 医学界，10: 14.

Kim J, Hu C, Achkar CME, et al. 2019. Patient-customized oligonucleotide therapy for a rare genetic disease. N Engl J Med, 381(17):1644-1652.

Woodcock J. Marks P. 2019. Drug regulation in the era of individualized therapies. N Engl J Med, 381(17):1678-1680.

（南京医科大学基础医学院　乐　珅）

64. DNA 双螺旋结构的发现

思政关键词　科学精神，全球视野。

思政要点　1）介绍沃森、克里克等科学家揭开 DNA 双螺旋结构的过程，鼓励学生学习科学家勇于挑战、大胆假设、细心求证、百折不挠、注重学科互补、不断探索新知的科学精神。

2）介绍 DNA 双螺旋结构模型的发现过程中富兰克林、威尔金斯、查伽夫等科学家们的努力，双螺旋结构的成功发现离不开一代代科学家的知识积累和传承，引导学生感悟到科学的进步蕴含着众多科学家的努力和付出，树立全球视野才能更好地推动科学的进步。

教学场景推荐　可用于“医学遗传学”课程中遗传的分子基础及“生物化学”课程中核酸的结构与功能内容。

1944 年，美国细菌学家奥斯瓦尔德·艾弗里（Oswald Avery）从肺炎球菌中分离得到可携带遗传信息的“转化因子”，并证明“转化因子”是 DNA。这个发现意味着 DNA 作为遗传信息携带者的地位的确立，也开启了 DNA 结构破解旅程。1951 年春，詹姆斯·杜威·沃森（James Dewey Watson）在意大利那不勒斯召开的会议上听到了伦敦国王学院莫里斯·威尔金斯（Maurice Wilkins）所做的有关 DNA X 射线晶体学的报告，深受启发，由此对基因的化学组成产生了极大兴趣，他意识到 DNA 是值得去攻克的难题。

几个月后，沃森改变了在哥本哈根大学攻读遗传学的学习计划，来到剑桥大学卡文迪许实验室，遇到了刚从物理学领域转型的生物学研究生弗朗西斯·克里克（Francis Crick）。这两位知识背景不同、相差 12 岁的年轻人一见如故，决定携手合作，以建模方式确定 DNA 结构。当时莱纳斯·鲍林（Linus Pauling）、罗莎琳德·富兰克林（Rosalind Franklin）等科学家都在探究 DNA 结构的秘密。

1951 年 11 月，沃森听了富兰克林关于 DNA 结构的较详细的报告后，提出了 DNA 三螺旋结构的设想，很快被证实错误。1952 年，奥地利裔美国生物化学家埃尔文·查伽夫（Erwin Chargaff）测定了 DNA 中 4 种碱基的含量，发现腺嘌呤与胸腺嘧啶的数量相等，鸟嘌呤与胞嘧啶的数量相等。这暗示他们之间也许存在某种配对关系。

1953 年 1 月，威尔金斯向沃森展示了富兰克林最近拍摄的一张“B 型”DNA 的 X 射线衍射照片，也就是解析 DNA 结构之关键的“51 号照片”。沃森看后，兴奋不已，因为这张图像比以前得到的“A 型”简单得多。同时，克里克邀请剑桥大学数学系研究生格里菲斯（Griffith）进行理论计算，结果表明嘌呤有吸引嘧啶的趋势。他们根据这一结果和查伽夫提出的 2 种嘌呤和 2 种嘧啶两两相等的结果，提出了碱基配对的概念，并发现 2 个氢键连接腺嘌呤 - 胸腺嘧啶对，3 个氢键连接鸟嘌呤 - 胞嘧啶对。

1953 年 3 月 7 日，沃森和克里克在实验室中联手搭建的 DNA 双螺旋模型宣告成功。从这模型中看到，DNA 由 2 条核苷酸链组成，它们沿着中心轴以相反方向相互缠绕，像一座螺旋形的楼梯。随后，威尔金斯和富兰克林的晶体学数据证实了双螺旋结构模型的正确性。1953 年 4 月 25 日，沃森与克里克在 *Nature* 杂志上发表了题为《核酸分子结构：脱氧核糖核酸结构》的文章。

DNA 双螺旋结构是一个划时代的发现，标志着分子生物学的正式诞生。而这一巨大成就首先归功于两位年轻科学家沃森和克里克具有足够的科学眼光和格局，能够聚焦重大科学问题，有雄心，敢想敢做。其次，当时有多个科学小组研究DNA空间结构，不乏美国加州理工学院鲍林这样的学界权威，最后却是沃森和克里克这两位初出茅庐的年轻人取得了突破，很重要的原因是他们两位实现了跨学科的合作。沃森是生物学家，具有雄厚的遗传学背景知识，而克里克是物理学家，掌握X射线晶体衍射的分析手段，正是他们的交叉互补促成了这一突破性发现。

参考文献

马向涛. 2017. DNA双螺旋结构的发现之旅. 中国医学人文, (9):42-43.

Klug A. 1968. Rosalind Franklin and the discovery of the structure of DNA. Nature, 219(5156):808-810.

Watson J D, Crick F H. 1953. Molecular structure of nucleic acids: A structure for deoxyribose nucleic acid. Nature, 171(4356): 737-738.

（南京医科大学基础医学院　金玉翠　王林涛）

65. iPS Cell

思政关键词　科学精神，法治意识。

思政要点　1）介绍iPSC研究历程，特别是山中伸弥发现胚胎干细胞临床应用瓶颈并积极寻求替代方法的经过，引导学生理解科学是不断探索发现的过程，培养学生的科学精神。

2）介绍胚胎干细胞临床应用的伦理争议及iPSC的技术优势和目前存在的问题，引导学生讨论临床应用场景并思考可能的副作用，结合相关法律，培养学生的法治意识。

教学场景推荐　可用于"医学遗传学"表观遗传学内容讲授。

1980年，英国科学家马丁·埃文斯（Martin Evans）从小鼠中分离出胚胎干细胞（embryonic stem cell，ES细胞），开创了ES细胞的应用研究。1998年，美国威斯康星大学的詹姆斯·汤姆逊（James Thomson）从人体分离到ES细胞，使得ES细胞的临床应用成为可能，但因为伦理学等的多重限制，后续研究无法顺利展开。

为了解决这一问题，日本科学家山中伸弥（Shinya Yamanaka）开始考虑用转基因的方法诱导体细胞获得干细胞特征。山中伸弥认为，能够诱导体细胞获得干细胞特征的因子应该是干细胞维持自身特性的必需因子，因此诱导成功的关键是寻找到维持干细胞多潜能的必需因子。山中伸弥的团队选择了24个在胚胎干细胞内高表达的基因，用病毒载体将它们导入小鼠皮肤成纤维细胞使其特异性地表达，并通过一套干细胞培养体系筛选获得干细胞特性的细胞。然后依次去除这些因子的一部分，重复转基因操作和筛选过程。经过一次次地筛选，2006年，山中伸弥团队最终确定了4个转录因子（Oct4、Sox2、Klf4和c-Myc）的组合可使小鼠成体细胞重编程，得到了类似胚胎干细胞的一种细胞类型，即诱导多能干细胞（induced pluripotent stem cells，iPS cell）。

2008年，哈佛大学乔治·戴利（George Daley）实验室将10种不同遗传病患者的皮肤细胞转变为iPS cell，期望这些细胞会在疾病模型建立、药物筛选等方面发挥重要作用。2010年，科学家们成功将iPS cell定向分化成血细胞，揭示iPS cell在输血医学方面的新前景。而来自霍德华休斯医学院、哈佛干细胞研究所等处的研究人员，利用病毒将3个重要转录因子导入小鼠的胰腺外分泌细胞，可以使其直接转变成分泌胰岛素的胰腺内分泌细胞，这表明利用诱导重新编程技术可以直接获得某一特定组织细胞，而不必先经过iPS cell这一步。

中国科学家于2008年11月利用iPS cell培育出小鼠——“小小”。中国科学院动物研究所周琪研究员和上海交通大学医学院曾凡一研究员这一合作工作表明，利用iPS cell能够得到成活的具有繁殖能力的小鼠，首次证明了iPS cell与胚胎干细胞具有相似的多能性。

相对于ES细胞，iPS cell的优势在于它的产生不需要卵母细胞或早期胚胎细胞，因此不涉及胚胎毁损等伦理问题；同时，利用iPS cell技术可以用患者自己的体细胞制备专有干细胞，所以不会有免疫排斥的问题。因此，iPS cell的出现实现了伦理和技术上的双重突破，成为继克隆羊多莉和人胚胎干细胞的细胞建系之后，干细胞研究领域新的里程碑。

但iPS cell技术目前也存在一些问题：①转录因子将体细胞重编程为iPS cell的机制研究尚未明了，重编程效率低；②导入4个“重编程”基因或取代疾病细胞中缺陷基因的方法有致癌风险；③iPS cell在具有快速增殖和高分化潜能的同时，细胞核型易发生改变，导致遗传和表观遗传稳定性下降；④iPS cell的临床应用安全性和可靠性评估体系仍需要完善。

总之，iPS cell应用于临床实践还有一段漫长的征途。但是相信随着相关研究的不断深入，iPS cell因其所具有的自体细胞移植、组织工程、新药筛选、体外疾病模型建立等优势，在临床应用中前景广阔，必将给医学界带来新的希望。

参考文献

陈倩，史庆华. 2012. iPS细胞的遗传安全性. 遗传, 34(3):260-268.

郭晓强，王萍，冯志霞. 2011. iPS细胞的制备者——山中伸弥. 生物学通报, 46(5):60-62.

徐错，陈霞，高绍荣. 2015. 我国多能干细胞研究进展. 生物技术通报, 31(4):72-81.

Karagiannis P, Takahashi K, Saito M, et al. 2019. Induced pluripotent stem cells and their use in human models of disease and development. Physiol Rev, 99(1):79-114.

Rowe R G, Daley G Q. 2019. Induced pluripotent stem cells in disease modelling and drug discovery. Nat Rev Genet, 20(7):377-388.

（南京医科大学基础医学院　李凌云）

66. 神药“格列卫”的诞生

思政关键词　医者精神，科学精神，时代品格。

思政要点　1）介绍慢性粒细胞性白血病患者生存时间，引导学生关注肿瘤患者的医疗现状，培养其“救死扶伤、治病救人”的医者精神。

2）介绍德鲁克尔的团队为了救治慢性粒细胞性白血病患者，严谨实验，与时间赛跑加紧研发新药的经过，激发学生体会科学家的大爱和勇于创新的科学精神。

3）介绍德鲁克尔遇到实验瓶颈及资金问题的处理方式，鼓励学生遇到困难不轻言放弃，培养迎难而上的时代品格。

教学场景推荐　可用于“医学遗传学”课程中遗传与肿瘤发生内容讲授。

在 20 世纪后半叶，科学家们已经在基因和蛋白质水平揭示了少部分癌症的确切起因，并尝试寻找更有针对性的治疗方法，去替代无差别地杀伤所有细胞的普通化疗。

1988 年，布赖恩·德鲁克尔（Brian Druker）教授在美国俄勒冈健康与科学大学建立实验室，针对慢性粒细胞白血病（chronic myelocytic leukemia，CML）进行研究。CML 虽然带着一个“慢性”的名头，但如果无法通过骨髓移植来治疗，患者的生存时间只有 3 ～ 5 年。Druker 之所以选择它来研究，是因为它的分子机制在当时已基本清楚：CML 患者细胞内出现了染色体结构畸变，即 9 号染色体与 22 号染色体发生了相互易位，导致原本在 9 号染色体长臂上的原癌基因 *ABL* 和 22 号染色体上的 *BCR* 基因重新组合，形成了 *BCR-ABL* 融合基因。

为什么 *BCR-ABL* 融合基因会导致 CML 呢？原来原癌基因 *ABL* 是一种酪氨酸激酶，它通过使底物磷酸化开启下游信号通路的转导，控制细胞增殖，一般情况下它的活性受到严格的控制，处于自发抑制状态；但 BCR-ABL 融合蛋白则不同，它改变了原本 ABL 蛋白的构象，使其一直处于活跃状态，导致酪氨酸激酶活性大大增强，从而改变细胞内多个信号转导通路的表达，加速细胞分裂，并诱导细胞恶变。更重要的是，导致这种癌症的 BCR-ABL 融合蛋白是基因异常融合的结果，不会出现在正常细胞中。因此，针对 BCR-ABL 开发的药物就不会对正常细胞起作用。

既然 BCR-ABL 融合蛋白的酪氨酸激酶活性过高是导致 CML 的发病原因，那么，最直接的治疗方法就是应用抑制该融合蛋白酪氨酸激酶活性的抑制剂，于是德鲁克尔开始了这项伟大而艰巨的抑制剂筛选工作。他首先针对以炎症为治疗目标而构建的小分子库中的小分子化合物一一进行测试筛选。为早日完成筛选工作，他经常会在实验室工作到深夜。最终他找到了一个编号为 STI571 的化合物，能够有效杀灭 CML 患者异常的粒细胞。STI571 在经过简单改造之后就进入了动物实验阶段，但它在多种实验动物身上都表现出副作用，特别是参与试验的狗，出现了几乎致命的严重肝脏反应。眼看项目就要胎死腹中，该化合物在猴子身上的实验取得了成功。虽然出现转机，但 STI571 的研发并未就此一帆风顺，在新药即将进入人体临床实验的时候，支持德鲁克尔展开研究的西巴 - 盖吉（Ciba-Geigy）公司发生了巨大的变动。该公司与另一家制药公司合并，组成了如今的瑞士诺华公司，合并后的新公司似乎对这个新药项目不感兴趣。

德鲁克尔锲而不舍地说服诺华公司，终于让 STI571 进入了临床实验阶段。在 I 期临床试验中，该药显示出了神奇的疗效：在接受 300mg 以上剂量的 54 名患者中，有 53 名出现了血液学上的完全缓解。基于其出色的治疗效果，2001 年 5 月，美国 FDA 罕见地在尚未进行Ⅲ期临床的情况下就批准了 STI571 用于 CML 的一线治疗，而这款药物的商品名就是我们所熟知的格列卫。

格列卫上市后在社会上引发了巨大的反响，就连美国《时代》周刊都对其进行了报道，称其为“革命性的药物”“抗癌战争的新武器”。而格列卫确实不负“神药”之名，它使 CML 患者的 5 年生存率从不到 60% 提高到 90% 以上，把 CML 从一种难治的癌症变成了可以被管理的慢性疾病。更为神奇的是，这种靶向 BCR-ABL 的药物对除 CML 之外的多种癌症都表现出了良好的疗效。目前，格列卫已经被 FDA 批准用于十几种不同癌症的治疗。德鲁克尔也因为在药物设计方面开创性的工作在 2009 年获得了被誉为“生物学和医学诺奖风向标”的美国“拉斯克奖”。

参考文献

张咸宁，刘雯，吴白燕. 2016. Thompson & Thompson 医学遗传学. 北京：北京大学医学出版社.
左伋，等. 2018. 医学遗传学. 北京：人民卫生出版社.
Nowell P C, Hungerford D A. 1960. A minute chromosome in human chronic granulocytic leukemia. Science, 142:1497.
Wapner J, Weinberg R A. 2014. The Philadelphia Chromosome:A Genetic Mystery, a Lethal Cancer, and the Improbable Invention of a Lifesaving Treatment. New York:The Experiment.

（南京医科大学基础医学院 刘 晨）

67. 为事业、为真理不懈战斗的科学家——谈家桢院士

思政关键词 政治认同，家国情怀，科学精神，时代品格。

思政要点 1）介绍谈家桢院士无惧战火、坚持回国发展遗传学事业的经过，彰显中国科学家的家国情怀。

2）介绍谈家桢院士在逆境中不放弃遗传学事业，坚持真理，敢于说真话的故事，引导学生体会老一辈科学家求真的科学精神和坚定的政治认同。

3）缅怀谈先生在遗传学上的杰出贡献，缅怀他培养人才、提携后学的宽广胸襟，培养青年一代的责任感和使命感，体现他崇高的时代品格。

教学场景推荐 可用于“医学遗传学”课程的绪论部分，介绍中国医学遗传学发展简史。

（1）背景

谈家桢院士是国际著名的遗传学家，也是中国现代遗传学奠基人之一，为中国遗传学的发展作出了杰出贡献。谈家桢 1909 年出生于浙江宁波，毕业于东吴大学，此后，在燕京大学获得硕士学位，在美国加州理工学院获得博士学位，于 1937 年应浙江大学竺可桢校长邀请回国任教。

（2）无惧战火，科学报国

他回国后不久，日本侵华战争的战火就烧到了杭州。浙江大学生物系辗转千里搬到了贵州湄潭。时局动荡，条件简陋，但谈家桢仍然坚持讲课并指导研究生。在那样困难的条件下，他带领学生在野外采集果蝇和瓢虫，在煤油灯下对着显微镜进行细胞的观察分析，终于在 1944 年取得了研究的重大突破，发现了瓢虫鞘翅色斑变异遗传的嵌镶显性现象。他的《异色瓢虫色斑遗传中的嵌镶显性》一文于 1946 年发表在美国的《遗传学》杂志上，反响巨大，被认为丰富和发展了摩尔根的遗传学说。

1948 年在瑞典召开的第八届国际遗传学会议上，谈家桢被选为国际遗传学会常务理事，国外同行纷纷向他投来橄榄枝。当时，国际遗传学界受到了来自苏联的影响。李森科把持了苏联生物学界，并且公开将孟德尔、摩尔根的科学学说打成“反动的”资产阶级伪科学。著名苏联遗传学家瓦皮洛夫横遭迫害。在会上，有美国同行劝告他吸取瓦皮洛夫的教训，转去美国发展。美国遗传学界多次向他发出盛情邀请，安排他和家人一起赴美定居。但是，谈家桢还是婉言谢绝了。他志在发展中国的遗传学事业，提高中国人的体质和素质。1948 年底，谈家桢毅然回到黎明前的祖国。

（3）坚持真理，逆流而上

20 世纪 50 年代初，由于不加分析地照搬苏联的做法，我国的生物界也受到影响。有人提出“消灭孟德尔 - 摩尔根主义”的口号，强制推行李森科的理论，谈家桢首当其冲遭受批判，被剥夺了讲授和研究遗传学的权利。他就翻译《生物学引论》，宣传达尔文的进化论。艰难时刻，他从未放弃理想，坚守科学阵地，坚信科学真理是不会被暂时的乌云遮没。

1956 年夏天，在周恩来总理的亲自关怀下，青岛召开了遗传学座谈会。在会上，谈家桢针对国内片面强调李森科学说、打压摩尔根学说的不正常做法，坦率地发表了自己的意见。1957 年 3 月，毛泽东主席在中南海亲切接见了谈家桢。党中央的有力支持，使谈家桢解除了思想上的沉重负担，下定决心把遗传学研究搞上去。1958 年复旦大学生物系开设了全国第一个遗传学专业；1961 年，复旦大学成立了遗传学研究所，谈家桢担任所长，培养了大批遗传学的研究人才。

（4）后续过程

1980 年，谈家桢当选为中国科学院生物学部委员（院士），已过古稀之年的谈家桢不顾年老体弱，亲自制订研究计划，整顿研究所，重建实验室，宣传遗传学和生物工程在新世纪的重要使命。他建立了中国第一个遗传学专业，创建了中国第一个遗传学研究所，组建了中国第一个生命科学院，为中国遗传学发展做出了巨大贡献。

参考文献

顾明远 . 2015. 中国教育大系：21 世纪初中国教育 . 武汉：湖北教育出版社 .

金力 . 2019. 纪念谈家桢先生诞辰 110 周年 . 科学（上海）, 71(6):49-51, 65.

王志艳 . 2008. 探险解密：揭开近现代中国的科技迷团（上卷）. 北京：北京燕山出版社 .

薛勇彪 . 2019. 纪念著名遗传学家谈家桢先生诞辰 110 周年 . 遗传 , 41(8):663-664.

（南京医科大学基础医学院　乐　珅）

68. 钟情于科学的遗传学家——芭芭拉·麦克林托克

思政关键词　科学精神，时代品格。

思政要点　1）介绍麦克林托克一生钟爱科学研究的故事，学习她开拓进取、甘于奉献，具有不禁锢于旧有理论的创新思维，引导学生树立客观、求真、批判、创新的科学精神。

2）介绍麦克林托克在大起大落中始终能淡泊名利、坚毅执着、踽踽前行，引导学生学习她可贵的时代品格。

教学场景推荐　可用于“医学遗传学”课程的基因及其表达与调控内容、“基因组医学基础”课程的转座子与基因组进化、“生物医学导论”课程的遗传的物质基础内容等。

（1）背景

转座子（跳跃基因）的发现是近代遗传学史上里程碑式的事件，而作为转座子的发现者——芭芭拉·麦克林托克却相对默默无闻。麦克林托克是美国植物学家和遗传学家，1902 年出生于康涅狄格州的哈特福德，1923 年在康奈尔大学农学院获理学学士学位，

1927年获植物学博士学位。从博士阶段开始，麦克林托克就一直从事玉米的细胞遗传学，并在该领域奉献了自己的一生。

（2）早攀巅峰，续迎挑战

当时的细胞遗传学是一门新兴学科，麦克林托克和同事一起在这一领域取得了一系列重要成果。她首次从形态学上描述了玉米完整的染色体，并成功将部分性状定位到染色体上，确定了它们之间的连锁关系；详述了三倍体玉米的染色体形状；首次在实验中观察到减数分裂中的同源染色体交叉互换现象，验证了染色体互换和连锁基因的重组关系，为摩尔根的“染色体交换导致基因重组”假说提供了直接证据。她还是发表玉米连锁遗传图谱的第一人。麦克林托克的贡献得到了学术界的公认。她于1944年当选为美国科学院院士（美国历史上第三位获得该荣誉的女性），1945年当选为美国遗传学会首位女性主席，麦克林托克迎来了人生中的第一个巅峰。

随后，麦克林托克着手“跳跃基因”（转座子）的开创性研究。这源于她对玉米籽粒颜色变化的困惑：同一根玉米上的籽粒颜色变化多种多样，并且籽粒的颜色并不能稳定地传给下一代。为寻找答案，麦克林托克开展了一系列杂交及细胞遗传学实验。经过大量的观察和统计，她发现玉米籽粒颜色的变化与9号染色体上的一些基因有关，其中的一个基因影响色素的合成。随后，她创造性地提出了解离因子（dissociation，Ds）和激活因子（activator，Ac）参与玉米色素基因调控的理论，即著名的“*Ac-Ds* 调控系统”：在Ac激活作用下，*Ds* 可以从基因组上解离，解离后的 *Ds* 直接移动到基因组的另一位置，重新整合到染色体上，且 *Ds* 可以在染色体上任意“跳跃”，而 *Ds* 解离的时间早晚则导致了玉米籽粒上色斑的大小不一。为揭示这一系统的调控机制，麦克林托克从1944年到1950年共花费了长达6年的时间，最终她发表了遗传学历史上著名的两篇论文《玉米易突变位点的由来与行为》（1950）和《染色体结构和基因表达》（1951）。

（3）跌落低谷，孤军奋战

麦克林托克发表的关于“跳跃基因”的研究成果引起学术界的一片哗然，人们认为这项研究是不可理喻的，特别是“基因的表达可以受到调控而改变”及“基因可以在染色体上跳跃”的发现，极大挑战了当时学术界的认知，即“基因在染色体上是固定不变的”。一时间，赞美、荣誉戛然而止，批评、质疑汹涌而来，她逐渐成为行走在主流遗传学界边缘的人。在多次试图向学术界介绍自己的研究成果失败后，她选择对自己的发现避而不谈，并且从1953年起再未公开发表任何研究成果，学术界也渐渐淡忘了这位曾经的学术新星。不过，麦克林托克的研究并未停滞，她仍然兢兢业业，日复一日、年复一年地默默从事自己钟爱的玉米遗传学研究。

（4）终获认同，淡泊一生

20世纪60年代，法国科学家方斯华·贾克柏与贾克·莫诺发现了“乳糖操纵子”，并认定其与基因调控有关，但早在十多年前麦克林托克就已经有了类似发现。随后，*Ds* 与 *Ac* 基因终于被其他科学家克隆成功，其基因调控的相关机制亦被阐明。事实证明，麦克林托克在转座子及可移动基因元件方面的研究成果与理论是正确的，只是过于超前，乃至超越了当时学界的普遍认知。麦克林托克重获主流遗传学界的认同，赞许和仰慕又纷至沓来，在她 82 岁高龄终于得到诺贝尔生理学或医学奖（1983 年）的垂青。获奖后的麦克林托克依旧淡然，她将荣誉归功于她的导师艾默生教授及合作同事。事实上，20 世纪 80 年代的植物遗传学领域已多年没有突破进展，随着卡耐基遗传研究所的关闭，麦克林托克的玉米试验田也被改建成了图书馆停车场，但她仍未放弃工作，比起自己获得诺贝尔奖，麦克林托克更愿意为年轻科学家克隆出 Ac 基因并在 *Cell* 杂志上发文而庆祝。

麦克林托克的一生大起大落，感受了源于科学及科学外的辛酸冷暖。在世人眼里，她是集智慧与美貌于一身却远离普通生活的倔强老太太；在同行眼里，她曾是红极一时的天才，曾是顽固不化的学术异端，而今是令人肃然起敬的孤独先驱者；在年轻学者眼中，她是谆谆教导的良师和慷慨热忱的益友。麦克林托克一生献身于遗传学事业。她的传记《情有独钟》中引述的一句话是她一生最完美的注解：“倘若你认为自己迈开的步伐是正确的，并且已经掌握了专门的知识，那么，任何人都阻挠不了你。不必理会人们的非难和品头论足。”

参考文献

戴灼华，王亚馥 . 2016. 遗传学 . 3 版 . 北京：高等教育出版社 .

伊夫林・凯勒 . 1987. 情有独钟 . 赵台安，赵振尧译 . 上海：三联书店出版社 .

Fedoroff N. 1992. Barbara McClintock:The geneticist, the genius, the woman. Cell, 71(2):181-182.

（南京医科大学基础医学院　姚　俊　曹　新　魏钦俊）

第九章　医学免疫学思政教学案例

69. 抗体的发现

思政关键词　科学精神，时代品格，医者精神。

思政要点　1）通过白喉抗毒素研制过程，将理论知识转化为成果，进而造福人类的故事，激发学生培养科研思维，唤起学习的内在动力，发现研究的乐趣，发扬勇于探索的精神。

2）通过介绍贝林与多位科学家合作的故事，引导学生不仅注重学术界的成就，也要在为人方面严格要求自己，成为专业卓越、人格完美的人。

3）通过贝林等科学家成功研制白喉抗血清拯救生命的事迹，引导学生热爱生命、呵护生命，实现医学生的人生价值。

教学场景推荐　可用于“医学免疫学”课程中免疫学概论及免疫球蛋白章节。

白喉曾是危害人类的一大传染病。清代中医李纪方，借鉴外祖父的方法，救治了上万人，被誉为诊治白喉的神医。1882 年李纪方将这些经验整理成《白喉全生集》，成为国内治疗白喉的经典之作，造福了国内百姓。几乎与此同一时代，在地球的另一边，白喉的克星即将横空出世，这就是白喉抗毒素（也称白喉抗血清）。

1901 年颁发了第一个诺贝尔生理学或医学奖，得奖者是德国医学家埃米尔·阿道夫·冯·贝林，以表彰他在白喉抗毒素的发现和应用中作出的贡献。

1854 年 3 月 15 日贝林出生在一个小村庄，当时属于普鲁士王国西普鲁士罗森堡县（现属波兰）。他的父亲在这个村庄任教，靠微薄收入养育 12 个子女，贝林排行第五。贝林敏而好学，使得他靠奖学金读完了中学。为了实现学医的梦想，解决学费问题，他决定，学习军医。1874 年 10 月 2 日他进入柏林的威廉皇帝军医学院，并于 1878 年获得博士学位。贝林工作勤奋，又恰好身处科学大发展的时代，机遇终于来了。

35 岁那年服役期满，贝林接受罗伯特·科赫（细菌学之父，1905 年诺贝尔生理学或医学奖得主）的邀请，开始在柏林传染病研究所工作。在这个微生物学的顶尖实验室，他有机会和罗伯特·科赫、北里柴三郎及梅契尼科夫等一众学者一起工作，他们都先后获得了诺贝尔生理学或医学奖。这里是他成就的起点。

一个好汉三个帮。跟他一起研究白喉杆菌的是日本细菌学家——北里柴三郎。他们在实验中发现，豚鼠感染了白喉杆菌以后，不会全军覆没，而活下来的豚鼠再次接触白喉杆菌或者白喉毒素时，就不会再发病了。将这些豚鼠的血注射到生病的小鼠体内，还有治疗作用。因此，他们猜想，活下来的豚鼠血内产生了一种可以对抗白喉的物质，并将其称为抗毒素。这一研究结果在 1890 由贝林和北里柴三郎共同发表，标志着血清疗法的开端。1891 年，贝林给病危的白喉患儿注射了含白喉抗毒素的羊血清，疗效明显，一周后小患者就出院了。

当时贝林已经与制药公司签下合同，生产白喉抗血清药物，但药物的纯度和量产问题一直是难以逾越的鸿沟。这时，同在科赫实验室的化学家保罗·埃尔利希（1908 年的诺贝尔生理学或医学奖得主）凭借过人的实验能力，制定了精确测定抗毒素标准，用“单位”来测定抗毒素的量，提高了纯度使白喉抗血清可以作为药物大量生产。1913 年，危害人类健康千年之久的白喉终于基本被消灭。

晚年的贝林将主要精力放在研究结核病的治疗方面，然而很遗憾，这次他没有成功。他将自己的所有财产，全部捐献出来，用于建设结核病研究所。最终，63 岁的他被结核病夺去了生命。

荣誉：

1893 年取得教授的头衔，年仅 39 岁。

1901 年获得首个诺贝尔生理学或医学奖。

他被称为“儿童的救星”。

第一次世界大战期间，他研制的破伤风免疫血清应用于战伤，他又被誉为“战士的救星”。

参考文献

蔡华文 . 1981. 诺贝尔奖获得者传 . 长沙：湖南科学技术出版社 .

冯薇 . 2004. 贝林——诺贝尔生理学或医学奖第一人 . 中国医院 , 8(1):75-76.

结夏 . 2014. 埃米尔·阿道夫·冯·贝林的“成名作”. 科学家 , (12):54-55.

余海若 . 2006. 中国古代精辟医理与首项诺贝尔医学奖 . 大众科技报 , 2006-1-19(A01).

张清建 . 2001. 埃利希：化学疗法的先驱 . 自然辩证法通讯 , (4):81-89.

（南京医科大学基础医学院　孙可一）

70. 可以预防的癌症

思政关键词　科学精神，医者精神。

思政要点　1）通过介绍几代医生和科学家前赴后继，不怕困难，数十年专注于 HPV 的致病性研究，增强学生对基础科研创新重要性的认识，让学生感受合作传承、锲而不舍、攻坚克难的科学精神。

2）讲述从 HPV 与宫颈癌的相关性研究到接种 HPV 疫苗预防部分宫颈癌的故事，激发学生勇于探索的医者精神。

教学场景推荐　可用于“医学免疫学”课程中肿瘤免疫内容。

宫颈癌几乎是目前唯一病因明确的、可以“预防”的癌症。研究发现，99.7% 的宫颈癌是因感染人乳头瘤病毒（human papilloma virus，HPV）造成的。下面我们来看一看 HPV 的发现之路。

（1）HPV 能导致肿瘤

20 世纪 30 年代，美国洛克菲勒大学的科学家查德·肖普打猎途中听说当地有一种长角的兔子。好奇心让他决心好好分析一下兔子头上的“鹿角”是由什么组成的。他发现，

“鹿角”里含有病毒，把病毒涂在健康兔子头上，原本健康的兔子也长出角来了。他的同事弗朗西斯·劳斯把含有这种病毒的液体注射到兔子身体内部，引发了更为可怕的癌症，接受注射的兔子全死了。因为发现了病毒与癌症的联系，劳斯获得了1966年的诺贝尔生理学或医学奖。

（2）宫颈癌与 HPV 感染有关

肖普和劳斯的病毒致癌发现给科学家开启了思路。20世纪70年代，德国科学家哈拉尔德·楚尔·豪森猜测，可以使人身上长出奇怪“鹿角”（皮肤疣）的乳头瘤病毒对人的危害远不止皮肤长出小疙瘩这么简单，因为乳头瘤病毒有引发癌症的“前科”，他怀疑女性的宫颈癌或许和这种病毒有关。

如果假设是真的，那么宫颈癌组织里就可以检出病毒。豪森找来一些组织切片，耐心细致、孜孜不倦地检查它们的DNA，终于在1983年发现了乳头瘤病毒的遗传性物质。并且，随着研究推进，他在样本里确认了更多的乳头瘤病毒株。目前，全球已知HPV共有120多个型别，30余种与生殖道感染有关，其中14种与宫颈癌前病变和宫颈癌发病密切相关，这14种HPV称为高危型HPV，它们产生病毒癌蛋白，其中E6和E7分别作用于宿主细胞的抑癌基因P53和Rb使之失活或降解，继而通过一系列分子事件导致癌变。每年，宫颈癌会夺走超过27万女性的生命，是仅次于乳腺癌和肺癌造成女性死亡的第三大元凶。豪森的发现终于把HPV送到医学研究的聚光灯下，他也因此分享了2008年的诺贝尔生理学或医学奖。

（3）HPV 疫苗可以预防部分宫颈癌

2006年，世界上第一支HPV疫苗在美国和欧洲被获准上市。这些疫苗都含有HPV的外壳蛋白，注射到人体后，人体的免疫系统开始识别HPV。如有人真正感染了HPV病毒，其免疫系统就能立即调动免疫记忆组织反抗，迅速将病毒清除干净。经过长期随访研究，HPV疫苗无疑取得了巨大的成功。在从未感染HPV的人群中，疫苗对HPV相关宫颈癌或更严重疾病的预防效力为90%以上，在总体人群中，不同HPV疫苗的平均预防效力也达到50%～70%。一项来自瑞典的研究报道，疫苗接种后5～9年，15～19岁女性的宫颈癌或更严重病变的发生率下降51%，20～24岁女性的发生率下降31%。常规疫苗接种率高的国家中，宫颈疾病发生率的降低最为显著。

HPV疫苗的成功，无疑是人类在抗癌之路上迈进的一大步，是几代科学家前赴后继、传承创新凝聚成的一道科学之光，这种追求卓越、向往真理的坚定信念定会照亮人类的未来。

参考文献

Doorbar J. 2006. Molecular biology of human papillomavirus infection and cervical cancer. Clin Sci, 110(5):525-541.

Drolet M, Bénard É, Pérez N, et al. 2019. Population-level impact and herd effects following the introduction of human papillomavirus vaccination programmes:updated systematic review and meta-analysis. The Lancet, 394(10197):497-509.

Orlando PA, Gatenby RA, Giuliano AR, et al. 2012. Evolutionary ecology of human papillomavirus:trade-offs, coexistence, and origins of high-risk and low-risk types. J Infect Dis, 205(2):272-279.

（南京医科大学基础医学院 李晓曦）

71. 发现超敏反应

思政关键词 科学精神，医者精神。

思政要点 1）通过介绍克莱门斯·冯·皮尔凯（Clemens von Pirquet）发现变态反应的故事，培养学生仔细观察的科学精神。

2）通过介绍查尔斯·罗伯特·里歇（Charles Robert Richet）结合自身过敏经历开展实验，获得诺贝尔生理学或医学奖的故事，培养学生大胆探索、坚忍不拔和自强不息的精神。

教学场景推荐 应用于"医学免疫学"课程中超敏反应内容的讲授。

漫天飞舞的柳絮，很美，是吗？白雪纷纷何所似，未若柳絮因风起。最是无情台城柳，依旧烟笼十里堤。在过敏症患者的眼里，柳絮是"无情"的过敏原。南京的街头，不仅有柳絮，还有梧桐的花絮。回到家里，可能还有螨虫、蟑螂等过敏原。甚至，仔细阅读食品的外包装就会发现，坚果、鸡蛋等都是过敏原。那么，过敏到底是什么呢？我们又是如何发现过敏反应的呢？

（1）发现变态反应

克莱门斯·冯·皮尔凯（Clemens von Pirquet）是一名奥地利儿科医生。1906年，皮尔凯应用马血清治疗破伤风患者，观察到部分患者出现血清病，表现为皮肤红斑，严重者甚至死亡。皮尔凯把这种现象称为变态反应（allergy)。Allergy 这个词引自美国俗语，本意是"极度讨厌的"。皮尔凯认为血清病是患者对马血清的极端厌恶，本质上是一种有害的免疫效应。皮尔凯能够从血清病这种临床现象中总结出免疫学的一般规律，离不开仔细观察和认真思考的科研精神。虽然血清疗法有可能引起变态反应；但是血清疗法如今还在临床使用，如破伤风抗毒素、抗狂犬病血清等。一般在应用血清治疗前，需要进行皮肤实验。为了降低变态反应的风险，科学家用胃蛋白酶破坏血清中抗体的Fc，制备了精制抗毒素。

（2）发现过敏反应

查尔斯·罗伯特·里歇（Charles Robert Richet）是一名法国生理学家。1902年，他在航行途中接触海葵，皮肤出现了荨麻疹。随后，里歇提取了海葵的毒素。在实验中，他发现第一次注射海葵的毒素后，犬没有出现任何不良反应。第二次注射后，哪怕是小剂量的注射，犬出现喘息、烦躁不安等症状。这种异常的反应促使里歇思考，第二次注射可能导致犬失去了保护。里歇把这种失去了的保护，命名为anaphylaxis，中文翻译为过敏反应。从词源上来说，anaphylaxis 是 phylaxis 的反义词，phylaxis 在希腊语中的含义是保护。因此，anaphylaxis 的本意是失去了保护。在第一次接受抗原刺激后，免疫系统保护了机体；但是，第二次抗原刺激后，失去了保护，出现了疾病的症状。理论上，接受第二次刺激后，与第一次刺激相比较，机体出现的反应可能会和第一次基本一样，也可能比第一次弱。Charles Robert Richet 的研究开创性地提出了第三种可能性：第二次刺激比第一次刺激引起的应答更加强大。因为在过敏反应领域中的杰出研究，里歇被授予1913年诺贝尔生理学或医学奖。他的研究离不开仔细观察和小心求证。从1902年与荨麻疹相识到1913年获得诺贝尔奖，十年磨一剑，体现的是大胆探索、坚忍不拔和自强不息的精神。

参考文献

曹雪涛. 2015. 医学免疫学. 北京：人民卫生出版社.
Wagner R, Pirquet CV. 1964. Discovery of the concept of allergy. Bull N Y Acad Med, 40(3):229-235.

（南京医科大学基础医学院 张明顺）

72. 发现树突状细胞

思政关键词 科学精神，医者精神。

思政要点 1）通过向学生介绍在学生时代的保罗·朗格汉斯（Paul Langerhans）发现树突状细胞的经历，鼓励学生们发扬大胆探索和自强不息的科学精神。

2）通过介绍拉尔夫·斯坦曼（Ralph Steinman）再次发现树突状细胞，并建立树突状细胞研究体系，并将树突状细胞疗法用于自己疾病的治疗，最终获诺贝尔奖，激励学生们解放思想、勇于创新的科学精神和勇于实践的医者精神。

教学场景推荐 用于“医学免疫学”课程中抗原提呈细胞与抗原提呈等内容的教学，介绍树突状细胞的发现历史及树突状细胞的起源、分类和功能。

（1）树突状细胞进入视野

保罗·朗格汉斯（Paul Langerhans）(1847—1888) 是德国著名的医生和病理学家。在1867年，20岁的医学生Langerhans在应用光学显微镜观察氯化金染色的皮肤切片时，描述了一类呈现树枝状外观的非色素细胞。Langerhans称其为黑色小体（dark body），认为可能是一类神经细胞。Langerhans手绘的这类黑色小体细胞与我们现在用免疫组织化学染色获得的皮肤组织中的树突状细胞（dendritic cell，DC）在形态上高度近似，其实是一种皮肤中的树突状细胞，命名为朗格汉斯细胞。这是树突状细胞的第一次发现。

（2）树突状细胞的体外培养

1973年，加拿大科学家拉尔夫·斯坦曼（Ralph Steinman）等在培养小鼠脾脏细胞中发现了一群新的贴壁细胞。这群新的贴壁细胞比例小于1%，在光学显微镜下形态不规则，具有树枝状的突起，被命名为树突状细胞。这是树突状细胞的第一次命名，第二次发现。由于树突状细胞数量少，缺乏特异性的标记物，功能未知，科学界对树突状细胞持一种怀疑的态度。Ralph Steinman开创性地建立了树突状细胞的诱导培养体系，证明了树突状细胞具有强大的抗原提呈与活化T细胞的能力。在Ralph Steinman的引导下，树突状细胞研究日新月异。

（3）树突状细胞治疗肿瘤

2011年10月3日，Ralph Steinman的女儿接到电话，通知Ralph Steinman获得诺贝尔生理学或医学奖。遗憾的是，Ralph Steinman已经在3天前因为胰腺癌与世长辞。胰腺癌是恶性肿瘤，Ralph Steinman 的胰腺癌已在Ⅳ期，患癌后的预估寿命是半年。在积极治疗下，Ralph Steinman 生存了 4 年半的时间。我们无法确切地知道到底是哪种疗法有效地延续了 Ralph Steinman 的生存。在最后几年中，Ralph Steinman 接受了 8 次树突状细胞治疗。医生从 Ralph Steinman 体内分离树突状细胞，体外扩增，然后应用 Ralph Steinman 的胰腺癌组织来源的 RNA 刺激树突状细胞，再将刺激后的树突状细胞回输体内。这种开创性的疗法有效促进了树突状细胞疫苗在肿瘤免疫学治疗中的研究。Ralph Steinman 是树突状细胞的发现者、探索者和受益者。

参考文献

曹雪涛 . 2015. 医学免疫学 . 北京：人民卫生出版社 .

Steinman RM, Adams JC, Cohn ZA. 1975. Identification of a novel cell type in peripheral lymphoid organs of mice. J Exp Med, 141(4):804-820.

（南京医科大学基础医学院　张明顺）

73. PD-1 药物研发和市场化过程中的中国科学家们

思政关键词　家国情怀，科学精神，全球视野。

思政要点　1）介绍参与 PD-1 单克隆抗体药物研究的中国科学家心系祖国，回国创业的故事，激发学生的家国情怀、爱国热情和社会责任感，鼓励学生实现自我价值、造福人类。

2）介绍 PD-1 分子的研究者获得了 2018 年诺贝尔生理学或医学奖，科学家将理论知识转化为应用成果，进而造福人类的故事，激发学生对生命科学的热爱，培养学生的创新思维，唤起学生学习的内在动力。

3）案例中提到的科学家都是在国内完成大学教育，然后在国外深造从事科研工作，接触到 PD-1 抗体药物的最前沿研究工作，培养学生在科学研究中的全球视野和工匠精神。

教学场景推荐　可用于“医学免疫学”课程中抗体内容及单克隆抗体的人源化改造、T 细胞应答内容，T 细胞活化的调控机制和肿瘤免疫学等内容。

（1）PD-1 的研究者荣获 2018 年诺贝尔生理学或医学奖

1992 年，日本学者本庶佑教授发现来自 T 细胞的抑制受体 PD-1。1999 年首次提出 PD-1 是免疫应答的负调节因子。2000 年其与戈登 · 弗里曼（Gordon Freeman）一起发现属于 B7 蛋白家族的 PD-L1 蛋白是 PD-1 的配体，并首次证明 PD-L1 通过结合 PD-1 抑制 T 细胞的功能。本庶佑教授因此获 2018 年诺贝尔生理学或医学奖。

在 PD-1 药物的研发和市场化过程中，有很多中国科学家的不懈努力，他们中不仅有成就卓著的科学家，也有成功创业的企业家。他们成就了自我，也造福了人类。

（2）与诺贝尔奖失之交臂的科学家——陈列平

从事 B7 家族蛋白研究的中国学者陈列平，在美国工作期间于 1999 年 12 月首先发表专利公布了 PD-L1 的基因及蛋白序列（命名是 B7H1），但未报道 B7H1 的配体。2002 年，陈列平认为多数肿瘤细胞通过表达该分子实现免疫逃逸。陈列平于 2014 年获得了肿瘤免疫学界顶级大奖——威廉 · 科利奖（William Coley Award），于 2015 年荣获国际大奖——免疫学史坦曼奖（Steinman Award in Immunology），却与诺贝尔奖失之交臂。陈列平教授在中国 PD-1 的研究和药物开发中发挥了领军作用。

（3）PD-1 单克隆抗体药物的发明者——王常玉

中国学者王常玉是 PD-1 单克隆抗体（简称单抗）药物纳武单抗（Nivolumab）的第一发明人，他在 2014 年发表的文章中详细介绍了该药研究过程。

王常玉，1983 年获武汉大学生物系学士学位，1988 年获北京生物制品研究所硕士学位，1994 年获美国科罗拉多大学博士学位。1994 ～ 1998 年分别在美国哈佛大学和麻省理工学院进行博士后研究。2001 年，王常玉加入 Medarex 公司，开始了 PD-1、PD-L1 单抗的研发。为降低单抗的免疫原性，他们对鼠源抗体进行了人源化改造，得到了一个新的 PD-1 抗体，命名为 nivolumab，这是第一个 PD-1 抗体药物。2006 年，在陈列平等一批学者和医生的鼓励和推动下，该药进入临床试验，结果证实了 PD-1 单抗对黑色素瘤、肾癌等癌症治疗有效。2009 年，王常玉所在的公司被百时美施宝贵（BMS）收购，该抗体成为全球第一个 PD-1 药物（商品名 Opdivo）。随后该药迅速被全世界认可，用于恶性黑色素瘤、晚期非小细胞肺癌、霍奇金淋巴瘤、晚期胃癌等多种肿瘤的治疗，并于 2014 年在日本上市，于 2015 年在美国上市，于 2018 年正式进入中国。2016 年王常玉回国，2018 年以联合创始人身份加入康诺亚生物医药科技有限公司。

（4）国产 PD-1 药物——冯辉和姚盛

冯辉本科毕业于清华大学生物科学与技术专业，2003 年取得爱因斯坦医学院医学博士学位，并在爱因斯坦医学院分子药理系和阿斯利康抗体部开展研究工作。姚盛，北京大学生命科学学院生物技术系本科毕业后赴美，2003 年在爱因斯坦医学院获分子遗传学博士学位，2004 年在梅奥医学院陈列平教授实验室进行博士后研究，参与了 Opdivo 的早期临床研究。2012 年这两位博士同学回国，创办上海君实生物医药科技股份有限公司（以下简称君实生物），同时担任该公司董事。2015 年 12 月，JS001 成为首个获得临床试验批准的国产 PD-1 药物。2021 年 6 月 25 日，君实生物的“抗 PD-1 抗体及其应用”专利（ZL201310258289）荣获中国专利金奖。

（5）PD-1 药物纳入医保目录惠及百姓

2020 年的医保目录中，新增君实生物、百济神州、恒瑞医药及信达生物的国产 PD-1 药物。国产药物的年治疗费用相差不大，为进口药物的 1/3 ～ 1/2，成为百姓用得起的抗癌药。

参考文献

Dong H, Strome S, Salomao D, et al. 2002. Tumor-associated B7-H1 promotes T-cell apoptosis:a potential mechanism of immune evasion. Nat Med, 8(8):793-800.

Freeman GJ, Long AJ, Iwai Y, et al. 2000. Engagement of the PD-1 immunoinhibitory receptor by a novel B7 family member leads to

negative regulation of lymphocyte activation. J Exp Med, 192(7):1027-1034.
Ishida Y, Agata Y, Shibahara K, et al. 1992. Induced expression of PD-1, a novel member of the immunoglobulin gene superfamily, upon programmed cell death. EMBO J, 11(11):3887-3895.
Wang C, Thudium KB, Han M, et al. 2014. In vitro characterization of the anti-PD-1 antibody nivolumab, BMS-936558, and in vivo toxicology in non-human primates. Cancer Immunol Res, 2(9):846-856.

（南京医科大学基础医学院　孙可一　施冬艳）

74. 我以我身抗疫魔——姜素椿教授

思政关键词　时代品格，医者精神。

思政要点　1）介绍姜素椿教授在临床工作中的贡献，彰显中国医生强烈的社会责任感和高尚的时代品格，引导学生热爱医学，实现个人价值。

2）介绍姜素椿教授在抗击 SARS 的过程中，以自己患病治疗的亲身经历，研究改进救治方法，为防治 SARS 提供了宝贵的经验和极具指导价值的意见，引导学生体会老一辈医生的勇于探索及无私奉献的医者精神。

教学场景推荐　可用于“医学免疫学”课程中抗体内容。

（1）勇于探索，以身试验

2003 年，重症急性呼吸综合征（severe acute respiratory syndrome，SARS）在中国肆虐横行，中国人民解放军第三〇二医院的姜素椿教授此时已是 74 岁高龄，但他仍然奋战在抗击 SARS 第一线，抢救患者。当时的防护措施没有现在完善，在给患者救治的过程中，姜素椿教授感染了 SARS 病毒，治疗期间他把自己的经验和教训告诉大家，并提出了一些预防和治疗 SARS 的看法和意见。

姜素椿在抢救患者时，脑海里始终在思考一个问题：借鉴传染病用血清治疗的经验，尝试用 SARS 患者恢复期血清救治危重患者。把已经康复的 SARS 患者血清注射到其他 SARS 患者体内，能对抗病毒，但有时间和安全性方面的要求，且有风险，容易引起过敏反应，甚至还可能感染未知的新病毒。当时，还没有人尝试过将康复患者血清用于治疗 SARS。作为医生，姜素椿教授当然知道其中的风险，既然是试验，就有可能失败。为了能更好地治疗 SARS，姜素椿教授要求在自己身上尝试这一治疗方法。幸运的是，治疗过程中他的身体没有出现不良反应，症状很快好转，住院 23 天就奇迹般康复出院了。后来，香港、深圳等地也运用血清疗法。实践证明，血清疗法是有效的，对于重症 SARS 患者，不失为一种救命疗法。基于 SARS 治疗的经验，2020 年，对于新冠肺炎重症患者也使用了血清疗法。

姜素椿教授在不幸染病后，仍然没有停止对 SARS 防治工作的探索，他以自己患病治疗的亲身经历，研究改进救治的方法，为防治 SARS 提供了宝贵的经验和极具指导价值的意见。

（2）其他贡献

姜素椿教授在 1981 年和 1994 年凭借丰富的临床经验和传染病学经验，成功地诊断出了霍乱病，并及时采取措施进行预防，从而阻止了霍乱这种甲类传染病的传播。

（3）荣誉

2003 年 5 月 1 日，被北京市总工会授予“首都劳动奖章”。

2003 年 5 月 5 日，被中国科学技术协会授予“防治非典先进科技工作者”称号。

2003 年 5 月 5 日，被中华医学基金会授予“华源医德风范奖”。

2003 年 5 月，被中国人民解放军四总部联合通报表彰为“全军非典防治工作先进个人”。

2003 年 6 月，被中央组织部授予“全国防治非典型肺炎工作优秀共产党员”光荣称号。

参考文献

姜素椿，魏华，王冶. 2003. 严重急性呼吸综合征医院感染的防治. 中华医院感染学杂志，13(5):401-404.
中原. 2003. 血清治疗 SARS 初见成效. 医药经济报，5-16(A3).

（南京医科大学基础医学院　刘英霞）

75. 中国器官移植拓荒者——夏穗生教授

思政关键词　科学精神，家国情怀，医者精神，时代品格。

思政要点　1）介绍夏穗生教授通过艰苦探索不断推进我国器官移植发展的杰出贡献，引导学生学习他不断探索，勇于创新，敢为人先的科学精神。

2）介绍夏穗生教授从小受到的家庭教育和他参加抗美援朝战争的经历，讲述夏教授所说的“我一生只做了一件事，唯愿不负国家培养”，激发学生的爱国情怀。

3）介绍夏穗生教授自主研发药物并亲身试药的事迹，引导学生树立大医精诚、医者仁心的职业精神，提高职业素养。

4）介绍夏穗生教授为培养器官移植领域人才甘为人梯和捐出毕生积蓄用于人才培养的感人事迹，培养学生形成高尚的时代品格。

教学场景推荐　可用于“医学免疫学”课程中移植免疫内容的讲授。

（1）背景

作为 20 世纪生命科学的重大进展，器官移植已成为治疗多种终末期疾病的有效医疗手段。在我国，器官移植不仅得到了长足发展，还正在向世界移植科技高峰不断攀登，我国许多科学家都为之做出了重要贡献。我国器官移植的拓荒者——著名外科学家、器官移植学家夏穗生教授（1924 ～ 2019），将毕生精力都投入器官移植领域，实现了我国器官移植的从无到有。他离世后捐献角膜，并捐出生前积蓄用于培养器官移植领域人才。

（2）科教救国，根系祖国

夏穗生出生于余姚县（现浙江省宁波市余姚市）兰塘乡韩夏村，其祖父夏选卿在居宅自办一所名为“启蒙”的小学，主要吸纳本村子弟入学。“崇尚科学”“科教救国”成为夏氏家庭成员的人生目标。余姚市黄家埠镇的乡土文化工作者邵九华，曾在 2014 年拜访夏穗生先生。乍一见面，夏先生握着邵九华的手不放，乡情深厚。

1949 年夏穗生从上海同济大学医学院毕业，他立志成为最优秀的外科医生，报效国家，服务群众。1950 年，朝鲜战争爆发，他报名参加了上海医务界组织的志愿医疗手术队支援前线。同年 8 月，他圆满地完成了任务。

（3）艰苦摸索，勇于开拓

1957 年，33 岁的夏穗生发表了中国第一篇关于肝切除的文章，在医学界崭露头角。他在工作中发现有些患者由于肝脏被肿瘤侵占导致部分切除也无法挽救其生命，他思考当时被称为“异想天开”的肝脏移植。1958 年 9 月，他将犬作为实验对象，进行肝脏移植，迈出了中国器官移植的第一步。

1972 年，夏穗生和同事们开始系统进行犬的肝移植实验。他们时常日夜守着手术后的犬，尤其在闷热的夏天，加上难闻的气味，人几乎要晕倒。但他们克服困难，历经 4 年多，先后开展了分解手术 98 次、实施了 130 次犬的原位肝移植手术，终于掌握了哺乳动物大器官移植的完整手术。

1977 年，夏穗生为一位肝癌晚期患者成功施行了肝移植手术。从实验室到临床，器官移植实现了令人振奋的跨越。不久后，他又为一位男性患者开展了肝移植手术，术后患者存活了 264 天，创下了当时国内肝移植存活时间最长的纪录。

虽然取得了成绩，但是夏穗生并没有停下步伐，继续探索。他于 1980 年建立中国第一个器官移植所；于 1982 年，主持国内首例胰腺移植手术并获得成功；于 1989 年，在国内率先实施亲属活体脾移植手术；于 1994 年，成功实施了亚洲首例腹部多器官移植……

（4）攻坚克难，甘为人梯

器官移植手术中，保存液在器官保存方面非常关键。从 20 世纪 70 年代开始，我国临床器官移植采用的保存液均从国外进口，价格昂贵。历时 8 年研究，夏穗生和技师顾湘君自主研制出保存液，其效果被证实优于进口液，不仅平均为每个移植患者降低费用近万元，并解决了供体远距离运送的难题。

由于抗排斥药环孢素 A 曾一度被国外垄断，价格昂贵。夏穗生研制了自主产权的环孢素，并带头拿起尚未用于临床的口服制剂倒进嘴里来试验其毒性。我国第一个国产免疫抑制剂与国外产品同质，而价格只是其 1/4。

夏穗生在器官移植各种关口都有丰富的临床经验，他的每篇论文都传递世界移植医学新进展，他的每部专著都是对一个时期器官移植手术发展的总结和推进。

夏穗生常说“要让中国器官移植事业发展壮大，关键是人才”“器官移植的未来在年轻人，我的任务是搬梯子”。

作为国务院批准的首批博士研究生导师，他以培养我国一流的器官移植技术人才为目标，呕心沥血，成绩卓著：培养博士后 1 人，博士 44 人，硕士 24 人，其中一大批已成为我国器官移植和外科学界的领军人物。

夏穗生坚持因才引导、力求启发、放手自立、解决难点、用其所长的培养方法。要求硕士生的课题必须是国内空白的，博士生的课题必须是国际领先的，即使是已有多年从医经历的研究生，仍要求他们从最基础做起，再小的手术都要有手术报告以及手术改进的细节。

夏穗生教授常说：“我一生只做了一件事，唯愿不负国家培养。”

参考文献

方其军 . 2019. 夏穗生：毕生耕耘在医学 . 宁波通讯 , (14):50-53.

贾俊君 . 2019. 夏穗生：一生只做一件事 , 惟愿不负国家培养 . 晚晴 , (5):38-40.

夏静 , 张锐 . 2020. 医学家夏穗生：中国器官移植拓荒者 . 现代班组 , (9):53.

（南京医科大学基础医学院　白　莉）

第十章　医学微生物学思政教学案例

76."2005年诺奖"桂冠——幽门螺杆菌的发现

思政关键词　科学精神。

思政要点　1）回顾幽门螺杆菌的发现与研究历程，表明人类对疾病的认识是一个艰难探索的过程，引导学生正确认识医学的发展规律。

2）启发学生认识到科学研究需要良好的合作和互助；并意识到"怀疑是科学进步的保障和原动力，批判是科学的生命"。

教学场景推荐　可用于"医学微生物学"课程的螺旋杆菌属内容讲授，介绍幽门螺杆菌的生物学性状、致病性和防治原则。

（1）背景

消化性溃疡是一种常见的消化系统疾病，发病率为5%～10%，且逐年增加。20世纪初，消化性溃疡的病因被认为是精神压力过大和饮食习惯不良。后来随着对胃生理功能的逐渐认识，科学家将消化性溃疡的病因与胃酸的消化作用结合起来。1910年施瓦茨（Schwartz）提出"无酸，无溃疡"学说，这也逐渐成为医生处置消化性溃疡的基本原则。

（2）大胆假设，备受质疑

早在1875年，德国解剖学家发现人类的胃黏膜层存在着一种螺旋菌，但因无法培养出纯系菌株该发现未受重视。1979年4月，澳大利亚珀斯皇家医院的病理学家罗宾·沃伦在一份胃黏膜活体标本中意外发现一条奇怪的"蓝线"。他用高倍显微镜观察，发现"蓝线"竟然是无数紧粘着胃上皮的细菌。随后他发现这种细菌常出现在慢性胃炎标本中，且约50%的胃窦黏膜标本中能见到这种细菌。于是沃伦认为这种细菌与胃炎和胃溃疡之间存在着密切关系，但他的看法受到了极大的质疑，许多人认为这是标本污染造成的。当时普遍观点认为正常胃内无细菌生长，胃内的酸环境会将吞入的微生物迅速杀死，只有在胃萎缩或溃疡坏死的组织中才会有微生物生长，压力和生活方式等非病原体因素是胃溃疡的主要诱因，这就是当时医学界盛行的"无酸无溃疡"学说。

（3）坚持真理，以身试"毒"

为了获得这种细菌致病的证据，沃伦与消化科医生巴里·马歇尔开展合作。马歇尔将含有数以亿计细菌的培养液一饮而尽。第3天，马歇尔出现了口臭。随后的5～8天，他开始出现呕吐症状。镜检结果显示，马歇尔患上了胃炎，这证实了他们的猜测。随后，沃伦和马歇尔又研究了100例肠胃病患者，他们在所有十二指肠溃疡患者的胃内都发现了这种细菌。1982年，沃伦和马歇尔确认了幽门螺杆菌的存在。

（4）后续过程

1983 年，沃伦和马歇尔提出“根除幽门螺杆菌可以永久性治愈消化性溃疡”的假说，消化性溃疡的细菌学说随之产生。此后大量研究证实，幽门螺杆菌感染与慢性胃炎、消化性溃疡乃至胃癌的发生密切相关。2005 年 10 月，沃伦和马歇尔因发现消化性溃疡的致病菌——幽门螺杆菌，并提出消化性溃疡的细菌学说而获得诺贝尔生理学或医学奖。而幽门螺杆菌的发现成为 20 世纪医学领域的重大事件之一。如今已感染全球一半以上人口的幽门螺杆菌，被 WHO 列为胃癌的头号致癌因子。

参考文献

冯友军 , 高福 . 2005. 平淡世界里的精彩——评 2005 年诺贝尔生理学或医学奖 . 自然杂志 , 27(6):330-332.
韩鹏 . 2008. 消化性溃疡细菌学说的产生、认同与传播 . 北京：北京大学 .
贾佳 , 毕洪凯 . 2020. 无“幽”才无虑 . 科学 , 72(5):48-51.
刘晓峰 , 尚瑞莲 , 孙自勤 . 2006. 幽门螺杆菌研究历程的启示 . 医学与哲学 (临床决策论坛版), 27(2):69-70.

（南京医科大学基础医学院　李　婉）

77. 艾滋病可以治愈吗?

思政关键词　科学精神，法治意识。

思政要点　1）介绍艾滋病治疗策略的探索过程，让学生意识到科学研究的重要性和艰巨性，并在探索中不断进行理性思考。

2）通过“基因编辑婴儿”的反面事例，让学生意识到医务工作者肩负健康所系、性命相托的重任，需遵从道德伦理的监管和约束，培养医学生的法治意识。

教学场景推荐　可用于“医学微生物学”课程的逆转录病毒内容讲授，介绍人类免疫缺陷病毒（HIV）的致病特点和艾滋病的防治知识。

（1）背景

艾滋病的全称是获得性免疫缺陷综合征（AIDS)，是由人类免疫缺陷病毒（HIV）感染引起的一种病死率极高的恶性传染病，联合国于2000年6月27日首次把艾滋病列为“安全危机”。截至 2021 年底，全球共有 3840 万 HIV 感染者。自艾滋病被发现以来，人们一直在苦苦寻求能征服这个“恶魔”的良策，虽然世界各国不惜投入大量人力与物力，但迄今尚未研制出艾滋病的特效疫苗和治愈药物。

（2）道路崎岖，困难重重

随着对 HIV 复制周期了解的不断深入，科研人员发现抑制病毒的蛋白酶和逆转录酶是抗病毒治疗的两个关键环节，因此 1994 年抗艾滋病病毒的抗蛋白酶抑制剂应运而生。然而，临床应用后发现单一抗病毒药物的使用很容易产生耐药性，大大影响疗效。1995 年，华裔教授何大一发明了高效抗逆转录病毒疗法——鸡尾酒疗法，该疗法组合多种抗艾滋病药物，与调制鸡尾酒过程类似，可以抑制 HIV 复制，延长艾滋病患者的寿命，是目前最常用的、效果最显著的艾滋病治疗方法之一。自 1995 年应用于临床之后，鸡尾酒疗法已使大量艾滋病患者受益。长期使用该疗法虽能够有效控制 HIV 在感染者体内的复制，延缓疾病进展，改善临床预后，但受限于潜伏病毒储存库的存在，使得根除 HIV 感染仍为医学界一大难题。

2008 年出现了第一个被公认治愈的艾滋病患者——“柏林病人”蒂莫西·雷·布朗，他同时罹患艾滋病与白血病，接受了全血干细胞移植治疗。在手术结束一段时间之后，布朗的白血病和艾滋病竟然均被治愈。经研究发现，布朗的骨髓捐献者存在 CCR5 基因突变，不会感染 HIV。然而，“柏林病人”的实例再未成功复制，且移植有关的副作用限制了其在临床的大量应用。

在第二届人类基因组编辑国际峰会召开前夕，贺建奎宣布一对名为露露和娜娜的基因编辑婴儿于 2018 年 11 月在中国健康诞生。通过基因编辑，这对双胞胎能天然抵抗艾滋病。“世界首例基因编辑婴儿诞生”的消息像是晴空中的一个炸雷，引发了空前激烈的质疑。122 名科学家联名指责该项目的“伦理审查形同虚设”。“医学伦理审查”这一医学领域内的专业词汇，猛然进入大众视野。“基因编辑婴儿”严重违背了学术规范和道德伦理。

（3）胜利曙光初现，任重道远

2020 年 3 月世界权威医学杂志《柳叶刀》刊文，一名被称为“伦敦病人”的 HIV 感染者被治愈，这是继“柏林病人”后第 2 例感染 HIV 病毒后被治愈的病例。治疗方法与第一例类似，他们都接受了含有 CCR5 基因突变的造血干细胞移植。该患者在停止服用抗逆转录病毒药物 18 个月后，血液内未检测到 HIV 病毒。《柳叶刀》报告称，随后 12 个月在该患者血浆中均未检测到 HIV 病毒。结合其他临床数据，该患者的艾滋病已经获得临床治愈。

（4）后续过程

2019 年 12 月 30 日“基因编辑婴儿”案在深圳市南山区人民法院一审公开宣判。贺建奎等 3 名被告人因共同非法实施以生殖为目的的人类胚胎基因编辑和生殖医疗活动，构成非法行医罪，分别被依法追究刑事责任。当地时间 2020 年 7 月 7 日，在第 23 届国际艾滋病大会上，巴西圣保罗联邦大学的临床研究人员里卡多·迪亚斯（Ricardo Diaz）公布，他的研究团队进行了一项抗逆转录病毒药物和烟酰胺（维生素 B_3）联合治疗试验，其中一位被称为“圣保罗病人”的 36 岁巴西艾滋病患者在接受治疗后体内 HIV 病毒被清除，已连续 66 周未复发。“圣保罗病人”或将成为世界上第三例艾滋病治愈病例。

参考文献

焦艳梅，张禄雪，杨鸿鹄，等. 2019. 艾滋病治愈探索的策略. 首都公共卫生，13(1):3-6.

罗伟权. 2020. 携手防疫抗艾 共担健康责任. 中国海关，(12):44.

吴丽莎. 2019. 基于基因编辑技术所引发的社会问题探讨——以贺建奎基因编辑婴儿事件为例. 科技经济导刊，27(20): 162-163.

张艺馨 . 2018. 专访何大一 : 艾滋病“治愈药”这样炼成 . 医药经济报 , 2018-5-3(8).

（南京医科大学基础医学院　李　婉）

78. 巾帼英雄　抗麻战士——李恒英

思政关键词　科学精神，家国情怀。

思政要点　1）介绍李桓英借鉴世界先进经验，率先在国内开展对麻风病的“非隔离短程联合化疗”，首次提出了麻风病垂直防治与基层防治网相结合的模式，解决了技术上的关键问题。让学生学习勇于创新的科学精神。

2）李桓英几十年如一日地冲在防“麻”事业第一线，靠的是拼搏。引用她的话告诉学生“人的一生很短暂，只有拼搏，才是生命最好的延长，而再长的生命如果只为自己也将毫无意义”，培养学生的奉献精神和家国情怀。

教学场景推荐　可用于“医学微生物学”课程的分枝杆菌属内容的讲授，介绍麻风分枝杆菌的生物学性状及致病性。

（1）背景

麻风病是由麻风杆菌感染引起的一种慢性传染病，主要引起皮肤和周围神经病变。如果不治疗可引起皮肤、神经、四肢和眼的永久性损害，严重者甚至导致残废。

（2）家国情怀，勇担重任

中华人民共和国成立初期，全国麻风病患者超过 50 万人，大部分集中在云南、贵州、四川、湖南和西藏五省区。20 世纪 70 年代末，WHO 正在研究一种联合化疗治疗麻风病的新方法，药物配方已经完成，但是缺乏临床试验。为了争取到 WHO 免费的药品支持和实验项目，李桓英开始在全国范围进行走访调查，随后于 1982 年，向 WHO 递交了一份关于中国麻风病情况的详细报告，随后在中国进行联合化疗方法的项目成功获得 WHO 的批准。

（3）创新担当，大家典范

李桓英建立了多个联合化疗的实验点进行临床试验，并根据我国麻风病治疗标准，和基层麻风病防治工作者一起，开展长达十几年的观察研究。李桓英将国外先进的治疗方法与中国实际相结合，率先采用“非隔离短程联合化疗”，即服药 24 个月停药的短程联合化疗方式，开展消灭麻风病的特别行动计划。“非隔离短程联合化疗”年复发率仅为 0.03%，远低于国际组织年复发率小于 1% 的标准，该方法随后被 WHO 在全球推广。1996 年，她又率先在国内开展消除麻风运动，首次提出了麻风病垂直防治与基层防治网相结合的模式，促进了麻风病的早发现、早治疗。

（4）后续过程

2016 年 9 月，在北京召开的第 19 届国际麻风大会上，李桓英教授荣获首届“中国麻风病防治终身成就奖”。同年底，95 岁高龄的李桓英怀着对党的无限忠诚成为一名新党员。李桓英曾说过：“人的一生很短暂，只有拼搏，才是生命最好的延长，而再长的生命如果只为自己也将毫无意义。”“实现一个没有麻风病的世界”是李桓英的理想，她为此奋斗终身。

参考文献

陈辉 . 2020. 新中国抗击四大瘟疫历史回眸 . 湘潮 , (6):50-53.
王建柱 . 2008. 李桓英：防治麻风病的巾帼英雄 . 中国人才 , (17):42-45.

（南京医科大学基础医学院　李　婉）

79. 首位发现衣原体的中国科学家——汤飞凡

思政关键词　时代品格，科学精神。

思政要点　1）讲述沙眼衣原体的发现不是偶然的机遇，而是汤飞凡的爱国爱民精神、锲而不舍精神、严谨求是精神和勇于献身精神有机结合的必然硕果。

2）介绍汤飞凡“以身试毒”为科学事业勇于献身的精神，值得学生敬佩和学习。

教学场景推荐　可用于“医学微生物学”课程的衣原体内容。

（1）背景

沙眼，是一种广泛存在的传染性眼病。在 20 世纪早期，全球有 1/6 的人患沙眼，中国沙眼发病率在 55% 左右，农村地区更是高达 80% 以上，所谓“十眼九沙”。

（2）锲而不舍，大胆创新

1954 年，汤飞凡开展分离培养沙眼病原体的研究工作。他首先采用当时已有的各种病毒分离技术进行分离，但经过 1 年的努力均未成功。于是汤飞凡决定不再重复别人的分离方法，尝试采用鸡胚卵黄囊进行分离。终于，在 1955 年进行的第 8 次试验，获得成功，这就是著名的 TE8 病毒。

（3）力求真理，勇于献身

1957 年，汤飞凡的沙眼研究成果在《中华医学杂志》英文版上公开发表，引起了国内外的极大关注，同时也受到很多质疑。分离出的病原体能够引起人类的沙眼吗？做人体试验是验证的唯一路径，但试验有失明的风险。许多人纷纷递交申请书，但汤飞凡决定由自己“以身试毒”，命令助手将沙眼病原体滴入了自己的眼睛。他的双眼很快就肿得像核桃一样，出现了明显的沙眼症状。在随后的 40 天里，他坚持不做任何治疗，收集了一批十分可靠的临床数据，无可置疑地证明了他分离到的 TE8 病毒对人类的致病性。

（4）后续过程

1970年，“沙眼病毒”更名为“沙眼衣原体”，汤飞凡成为国际公认的“衣原体之父”。1981年，因汤飞凡在关于沙眼病原体研究和鉴定中的杰出贡献，国际眼科防治组织决定向他颁发沙眼金质奖章。有关国际组织拟将汤飞凡推荐为诺贝尔奖候选人，却遗憾得知汤飞凡已经去世。诺贝尔奖不授予去世人员，汤飞凡失去了问鼎诺贝尔奖的宝贵机会。在一次国际眼科学大会上，全场为故去的汤飞凡默哀3分钟，向这位伟大的科学家致敬。

参考文献

黄欣 . 2018. 衣原体之父——汤飞凡 . 创新世界周刊 , (10):76-77.
梅兴无 . 2020. 中国第一代病毒学家汤飞凡 . 炎黄春秋 , (9):88-93.
潘绍武 . 1989. 沙眼衣原体的发现与汤飞凡精神——纪念汤飞凡教授逝世三十一周年 . 科学技术与辩证法 , (4):41-42.

（南京医科大学基础医学院　李　婉）

80. 死亡斑点之谜——立克次

思政关键词　科学精神，医者精神。

思政要点　1）介绍立克次医生研究斑疹伤寒病原体的过程，让学生学习如何发现问题并解决问题。

2）介绍立克次医生在研究中，不幸感染斑疹伤寒而献身。但他为求真理、不惧危险英勇献身的事迹和医者精神，值得学生学习和钦佩。

教学场景推荐　可用于“医学微生物学”课程的立克次体内容讲授。

（1）背景

美国西部印第安人收集柴火后常染上风寒和发热骨痛病，手臂和脚踝会出现斑疹，因斑疹伤寒而死亡。

（2）探寻未知，医者仁心

美国医生哈瓦德·泰勒·立克次到蒙大拿州度假时，他发现当地所有的患者都有高热、剧烈头痛，肌肉疼痛，身上布满难看斑点的症状，这些患者大部分于得病6～12天死亡。立克次从濒临死亡的患者身上抽取血样，注射到兔子身上。意外的是，兔子没有任何异常表现。于是，他开始尝试用豚鼠进行试验。第一次试验发现2只豚鼠患病，并与患者的症状相似，且其中有1只豚鼠死亡。从第一次试验的豚鼠中抽血注射到一对豚鼠身上，有1只豚鼠得病。用第二次试验的一对豚鼠的血注射到第三对豚鼠身上，已毫无影响。这表明病原微生物通过血道转移传播，且其传染能力逐渐减弱。

（3）勇于实践，不懈努力

那么斑疹伤寒是怎样扩散传染的呢？立克次将1只小雌虱放在1只病豚鼠的耳朵里，并观察发现虱子躲藏在毛发下。2天后他将虱子取出放进盒子，让它挨饿。过了2天，他让该虱子叮咬 1 只健康豚鼠耳朵的下部，4 天后第二只豚鼠出现发热症状。经过多次试验和观察，他发现通过小动物传染跟通过血液传染一样容易，于是他猜测有某种毒素可从传染病患者的身体扩散出去。几年之后，立克次在显微镜下发现了一些极小的杆状“细菌”，该“细菌”同时存在于传染病患者的血液、虱组织及虱卵之中。

（4）后续过程

在一个春天，立克次在实验室将虱子从一处转移到另一处时，不幸被叮咬，1 星期后，死于斑疹伤寒。后来，生物学家们为纪念立克次，将他发现的这种导致斑疹伤寒的病原体命名为立克次体。

参考文献

朱孝愚 . 1995. 死亡斑点之谜——立克次为医学而献身 . 世界科学 , (9):41-42.

（南京医科大学基础医学院　李　婉）

第十一章　人体寄生虫学思政教学案例

81. 中国抗疟史

思政关键词　政治认同，全球视野。

思政要点　1）通过介绍自中华人民共和国成立初期，党和国家高度重视疟疾的防治工作，70多年来制定了一系列指导方针和政策，疟疾防治工作者根据党的方针政策建立了众多行之有效的方法，如“1-3-7”工作规范，使学生建立对党的领导的政治认同。

2）通过介绍我国在完成国内疟疾防治工作的同时，毫无保留地将我国的疟疾防治经验分享给国际同行，并不断向非洲等地区派遣医疗援助人员，使学生体会构建人类命运共同体的理念并建立全球视野。

教学场景推荐　可用于“人体寄生虫学”课程中的原虫部分的讲授。

（1）抗疟历程

疟疾在我国流行历史悠久。中华人民共和国成立初期，疟疾肆虐中华大地，全国有近80%的县（市）流行疟疾，疟疾的发病人数在各传染病之中位居首位。疟原虫寄生于人体，可引起脾大、抑制宿主骨髓造血功能、导致贫血，严重者可发展为凶险型疟疾，由于当时我国缺乏治疗疟疾的有效药物，疟疾的死亡率很高。后来，在党和国家的高度重视下，全国建立了疟疾的防治机构，并广泛开展了疟疾的防治和科研工作。经过70多年的努力，我国已将疟疾发病人数从最初的3千万降低至零。从2017年开始，我国连续4年无本地原发感染疟疾病例的报告。于是，2020年11月，我国向WHO申请国家消除疟疾认证。2021年6月30日，中国正式获得WHO消除疟疾认证。

（2）中国经验

中国的疟疾防控大约分为以下五个阶段。

1）重点调查及防治试点阶段：该阶段建立了许多国家级和省级的专业防治机构，完成了第一个国家五年疟疾防控项目，并取得了两项瞩目的成就：一是将疟疾列为一种法定传染病；二是建立了全国的疟疾报告机制。

2）控制流行阶段：该阶段，我国疟疾防治贯彻以预防为主的工作方针，遵循因地制宜、分类指导的原则，采取综合性防控措施，坚持反复斗争，通过控制流行最终达到消灭疟疾的目标。该阶段的一个重大事件是，我国学者屠呦呦等首次提取出了抗疟药——青蒿素，对我国乃至全球的抗疟事业做出了不朽贡献。

3）降低发病率阶段：该阶段主要是在因地制宜、分类指导的原则下，以防止暴发、降低发病率、逐步实现基本消灭疟疾为目标，采取以防治媒介为主的综合性防治策略，重点抓好年发病率在1%以上的高发区和恶性疟流行区的防治，使全国的疟疾年发病率稳定在1/10 000以下水平。

4）巩固防治成果阶段：该阶段的防治策略主要是贯彻预防为主、科学防治的方针，实行因地制宜、分类指导的原则，采取以传染源控制为主的综合疟疾防治策略。

5）消除疟疾阶段：该阶段实行以点带面推进全国消除疟疾工作。试点县按照行动计划提出的目标和措施策略，结合当地实际情况，因地制宜开展消除疟疾行动。在试点县的经验基础上，我国将以人群干预为主的控制策略措施调整为以病例和疫点干预为主的消除策略措施。

（3）“1–3–7”工作规范

在疟疾防治工作中，建立健全疟疾检测网络和应对体系的“1-3-7”工作规范是中国的特色经验。

“1”是指所有的医疗机构必须在疟疾病例诊断 24 h（1 天）之内上报国家传染病信息报告系统。该病例信息通过系统完成对县－市－省－国家四级的信息通报，以实现逐级实时响应。

“3”是指由疾控中心工作人员在 3 天内对报告的疟疾病例进行流行病学个案调查与核实。调查内容包括病例基本情况、流行病学史、治疗史及本次发病、诊断和治疗情况，以判定病例的来源，同时开展实验室复核，从而确认病例诊断。

“7”是指对疟疾疫点在 7 天内完成调查与处置。

我国的“1-3-7”工作规范已被写入 WHO 的技术文件并在全球推广应用，体现了“中国智慧”在全球疟疾消除事业中的贡献。

（4）中国经验的推广

中国医疗援助非洲已逾 55 年，50 多年来，我国向非洲国家派遣了数以万计的医疗人员。在援非过程中，数十名优秀医生因疾病、工伤、意外事故等情况献出了宝贵生命，长眠于非洲大地。截至 2014 年 7 月，中国在非洲援建了近 30 所医院和 30 个疟疾防治中心，向 42 个非洲国家提供价值 8 亿人民币的医疗设备物资和抗疟药品。

江苏省血吸虫病防治研究所在 2002 ～ 2015 年共举办了 39 期国际消除疟疾相关培训班，为非洲、亚洲等 54 个发展中国家培训了 966 名专业技术人员和官员。2016 年 11 月，经 WHO 批准，依托于江苏省血吸虫病防治研究所的“世界卫生组织消除疟疾研究与培训合作中心”正式揭牌。该中心主要工作职责包括与 WHO 合作开展消除疟疾相关策略和技术的收集整理和研发、与 WHO 合作开展消除疟疾相关培训、和其他 WHO 合作中心合作开展消除疟疾相关知识的传播以及开展消除疟疾相关研究。至今，他们的工作仍在继续，我国的医疗援非向非洲和全世界人民展示了“构建人类命运共同体”的大国形象。

参考文献

丰俊，周水森. 2019. 从控制走向消除：我国疟疾防控的历史回顾. 中国寄生虫学与寄生虫病杂志，37(5):505-513.

高春玉，柴光军，韩光红，等. 2003. 1950—2001 年我国疟疾发病趋势分析. 中国公共卫生，19(6):725-726.

李菊林，周华云，唐建霞，等. 2020. 江苏省疟疾传播媒介控制策略与研究. 中国血吸虫病防治杂志，32(5):459-463.

皮良，苏品璨，杨照. 2020. 我国输入性疟疾现状及防控研究进展. 热带医学杂志，20(10):1386-1389.

汤林华. 2017. 我国消除疟疾的关键策略：线索追踪，清点拔源. 中国热带医学，17(5):431-434.

（南京医科大学基础医学院　朱继峰）

82. 中国血吸虫病防治历程

思政关键词　政治认同，全球视野，制度优势。

思政要点　1）由于制定了一系列正确的方针政策，中国血吸虫病防治才获得了今天的成就。如今我国血吸虫病的消灭指日可待，这些体现了坚持党的领导的重要性，以此提升学生的政治认同。

2）我国2017年正式启动了国内首个援坦桑尼亚桑给巴尔血吸虫病防治项目，标志着我国血吸虫病防治经验的对外推广，也说明我国的医疗援外事业又向前迈进了一步，以此来鼓励学生建立全球视野。

教学场景推荐　可用于“人体寄生虫学”课程中吸虫部分的讲授。

（1）历史背景

血吸虫病在我国已有2000多年的历史。20世纪40年代，我国有11个省（直辖市、自治区）的132个县均发现血吸虫病患者或感染性钉螺，当时估算的血吸虫病患者约有上千万。中华人民共和国成立初期，血吸虫病肆虐中华大地，在疫情严重地区，劳动力匮乏，土地无人耕种、房屋无人修整。于是1955年，中共中央成立了血吸虫病防治领导小组；紧接着第二年，中共中央发出了“一定要消灭血吸虫病”的号召。自此，全国掀起了轰轰烈烈的血吸虫病防治（以下简称血防）运动。

（2）血防经过

根据党中央的指示，1955年，各省委、地委、县委、区委及乡支部均成立了工作小组。

1957年，中共中央发布了《一九五六年到一九六七年全国农业发展纲要（修正草案）》，提出“从一九五六年起，在十二年内，在一切可能的地方，基本上消灭危害人民最严重的疾病，例如：血吸虫病、天花、鼠疫、疟疾、黑热病、钩虫病、血丝虫病、新生儿破伤风和性病。”此后的2年内，全国共建立19个防治所、236个防治站、1346个防治组，培训了1万7千多专业防治人员，为我国血防事业打下坚实基础。

1958年，江西省余江县（现鹰潭市余江区）成为全国第一个以县为单位消灭血吸虫病的地区，毛泽东主席为此写下不朽诗篇《七律二首·送瘟神》。

2004年，国家6个部委联合下发的《全国预防控制血吸虫病中长期规划纲要（2004—2015年）》制定了血吸虫病中长期防治的总目标：到2008年底，全国所有流行县（市、区）达到疫情控制标准，不发生或极少发生暴发疫情；到2015年底，全国所有流行县（市、区）力争达到传播控制标准，已达到传播控制标准10年以上的县（市、区）全部达到传播阻断标准。

2008年，在第十一届全国人民代表大会第一次会议的《政府工作报告》中指出，国家规划免疫预防的疾病由7种扩大到15种，对艾滋病、结核病、血吸虫病等重大传染病患者实施免费救治。国务院制定的“健康中国2020”战略规划中提出，到2020年，全国所有流行县（市、区）力争阻断血吸虫病传播。

2009年，为确保《全国预防控制血吸虫病中长期防治规划纲要（2004—2015年）》制定的2015年全国达到传播控制标准的目标，卫生部又制定了《血吸虫病综合治理重点项目规划纲要（2009—2015 年）》，指导血吸虫病防治工作、巩固和扩大防治成果。

2010 年全国血吸虫病防治工作会议上，提出了我国于 2020 年阻断血吸虫病传播的新目标。

2016 年中共中央、国务院印发并实施《"健康中国 2030"规划纲要》。该纲要提出，到 2030 年，全国所有流行县达到消除血吸虫病标准。

（3）血防成就

截至 2020 年底，全国 12 个血吸虫病流行省（自治区、直辖市）中，上海、浙江、福建、广东、广西 5 个省（自治区、直辖市）达到消除标准，四川、江苏省维持传播阻断标准，云南、湖北、安徽、江西、湖南 5 个省维持传播控制标准。全国 450 个流行县（市、区）中，337 个达到消除标准、98 个达到传播阻断标准、15 个达到传播控制标准。2020 年全国血吸虫病监测点中，居民和耕牛平均血吸虫感染率均为 0，未发现感染性钉螺。全国血吸虫病呈低度流行水平。

（4）血防经验推广——血防援外

2017 年 2 月 8 日，在江苏省无锡市启动了国内首个援坦桑尼亚桑给巴尔血吸虫病防治项目，这是中国、坦桑尼亚和 WHO 的三方合作项目，也是中国政府主导的首个公共卫生援外项目。首期 4 名专家组成员于 2017 年 2 月 13 日启程前往坦桑尼亚桑给巴尔。截至 2020 年 2 月 7 日，第六批援坦桑尼亚桑给巴尔血吸虫病防治项目的专家组已圆满完成既定任务回国。援助中，我国专家在坦桑尼亚桑给巴尔开展了查病治病、控制中间宿主、加强健康教育等重点工作，进行了水泡螺生态特性等各类科学研究。我国专家不仅帮助坦桑尼亚桑给巴尔有效控制了奔巴岛血吸虫病的流行，还帮助他们建立了一支带不走的基层血防队伍。

参考文献

吕山，许静，曹淳力，等. 2019. 我国血吸虫病防治 70 年历程与经验. 中国寄生虫学与寄生虫病杂志，37(5):514-519.
张利娟，徐志敏，党辉，等. 2020. 2019 年全国血吸虫病疫情通报. 中国血吸虫病防治杂志，32(6):551-558.
周晓农，姜庆五，郭家钢，等. 2012. 我国血吸虫病传播阻断实现路径的探讨. 中国血吸虫病防治杂志，24(1):1-4.
庄嘉声. 2020. 新中国防治血吸虫病的历史经验及启示. 中国行政管理，(3):143-146.

（南京医科大学基础医学院　朱继峰）

83. 中国消除淋巴丝虫病纪实

思政关键词　家国情怀，科学精神。

思政要点　1）通过介绍我国从一个丝虫病肆虐的国家转变为全球第一个消除淋巴丝虫病的国家，其中凝聚了全国无数科研和防治工作者的无私奉献，弘扬我国丝虫病防治人可敬的家国情怀。

2）在丝虫病防治工作中，防治人员研究出了丝虫病的"传播阈值理论"，该理论在丝虫病的防治中发挥了巨大作用，获得国家科技进步奖一等奖，体现了科学认知来源于实践、科学的理论可以指导实践的科学精神。

教学场景推荐　可用于“人体寄生虫学”课程中线虫部分的讲授。

（1）历史背景

丝虫病曾与血吸虫病、疟疾、黑热病和钩虫病一同被列为中华人民共和国成立初期的五大寄生虫病。我国流行的丝虫病由蚊传播，成虫寄生于人体的淋巴系统，导致慢性阻塞性病变，因此我国流行的丝虫病也被称为淋巴丝虫病，常见的临床表现包括下肢或阴囊象皮病（病理赘生物可达几十千克）、乳糜尿、鞘膜积液等，严重影响人们工作和正常生活。丝虫病虽然一般不直接致死，但却可导致患者永久或长期残疾，因此被 WHO 列为第二大致残疾病。我国曾是世界上丝虫病流行最严重的国家之一，解放初期的重庆曾流传着一首民谣：“秀山米粮仓，本是好地方，十男九肿子，一世不安康，轻者屙白尿，重者见阎王。”描绘了丝虫病流行区人民悲惨的命运。中华人民共和国成立后，党和政府对丝虫病的防治给予了高度的重视，将丝虫病列入优先防治的疾病之一。经过半个多世纪的努力，我国终于在 2007 年，经 WHO 认可，成为全球首个宣布消除淋巴丝虫病的国家。

（2）防治工作中的困难

丝虫在病原生物学上的两大特点给丝虫病的防治增添了特殊的困难。第一点，具有病原学诊断意义的丝虫幼虫——微丝蚴，虽然可以出现在外周血中，但是微丝蚴只在晚上才会出现在外周血，并且出现的高峰期是午夜。这就导致丝虫病诊断的采血工作需要在深夜进行，因此在大规模普查时，采血诊断活动频频遭遇困难，如夜间山路难走、群众不配合、常被狗咬等，这在其他疾病的防治中是不可能遇到的。第二点，能够传播丝虫病的是外周血中有微丝蚴的人——微丝蚴血症患者，而这部分患者大多没有明显的临床表现，因此防治过程中很容易造成遗漏。另外，即使被查出患有微丝蚴血症，患者在接受药物（乙胺嗪）治疗后经常会引起发热、淋巴系统炎症等治疗反应，因而患者依从性不好，也会阻碍防治工作的进展。由于这些特殊困难的存在，淋巴丝虫病的防治不易受到疫区群众的配合和支持，防治规划和措施难以贯彻实施。

（3）突破困难

虽然丝虫病的防治存在特殊困难，但是丝虫在病原生物学上的另一些特点也给防治工作的突破带来了可能。丝虫不同于其他由蚊传播的寄生虫，丝虫在蚊的体内是不会进行繁殖的，也就是一条微丝蚴进入蚊体内，最终也只会发育成一条感染期丝状蚴，所以如果能控制住患者病情发展，将很大程度上控制丝虫病的传播，加上在我国流行的两种丝虫均未发现保虫宿主，就更增加了这一理论成功的可能。更加令人充满信心的是，1954 年，我国已经完成了抗丝虫药物乙胺嗪的合成路线的研究，于 1956 年开始生产，并在人体也已证实乙胺嗪具有杀灭丝虫成虫的作用。这一系列先天条件强烈暗示着，如果能用乙胺嗪控制好传染源，丝虫病的消除指日可待。

基于以上理论，我国丝虫病防治人员确立了以消灭传染源为主导的防治策略，同时制订了乙胺嗪群体防治丝虫病方案，包括反复查治微丝蚴血症者、反复查治结合疫村全民服药及乙胺嗪药盐防治。这些方案的制订和实施，20 世纪 70 年代在武汉市郊洪山区丝虫病的防治工作中被证实是十分有效的。洪山区在1954年是马来丝虫病严重流行区，经过4年4～5次的反复查治，微丝蚴血症患者率已从1954年的26.8%降至1958年的0.79%，这一结果证明了以消灭传染源为主导的防治丝虫病的策略是正确的。

（4）理论攻关

1982年，国家成立全国丝虫病传播阈值研究协作组，进行丝虫病的传播阈值理论研究，为制定丝虫病防治目标和消灭丝虫病的策略提供理论支持。2000年，“中国阻断淋巴丝虫病传播的策略和技术措施的研究”项目获得了国家科学技术进步奖一等奖。

（5）国际认可

2006年3月，我国卫生部向第四届全球消除淋巴丝虫病联盟大会递交了《中国消除淋巴丝虫病国家报告》，2007年5月9日，经WHO批准认可，中国成为全球第一个宣布消除淋巴丝虫病的国家。

参考文献

史宗俊，孙德建. 1999. 我国丝虫病防治研究五十年. 中国寄生虫学与寄生虫病杂志，17(5):267-270.

孙德建. 1999. 中国丝虫病防治成就. 中华流行病学杂志，20(6):328-330.

孙德建. 2005. 我国消除淋巴丝虫病的全球意义. 中国寄生虫学与寄生虫病杂志，23(B10):329-331.

（南京医科大学基础医学院　朱继峰）

84. 团结的中华儿女——棘球蚴病防治

思政关键词　政治认同，家国情怀。

思政要点　1）介绍我国西北牧区不仅仅是棘球蚴病的流行区，也是国家扶贫工作的重点开展对象，因此援藏援疆一直是党中央的重要决策和部署。使学生认识到，正是援藏援疆工作的不断开展，才使边疆人民摆脱了疾病和贫穷的困扰。

2）介绍援藏援疆工作的开展离不开无数支援人员的付出，讲述他们从自己的家乡来到人生地不熟的地方，克服了重重困难，为当地人民祛除疾病、帮他们建设家园，弘扬支援者们的家国情怀。

教学场景推荐　可用于“人体寄生虫学”课程中绦虫部分的讲授。

（1）建设健康中国的需求

棘球蚴病（又称包虫病）的病原体为细粒棘球绦虫的幼虫，学名为细粒棘球蚴，又名包虫。细粒棘球绦虫需要犬类作为其终宿主，同时需要牛、羊等动物作为其中间宿主，人也可作为细粒棘球绦虫的中间宿主，即细粒棘球蚴可寄生于人体，导致的疾病称为包虫病，主要损害的器官是肝脏，因此包虫病常被称为肝包虫病。由于包虫需要的宿主主要集中于牧区，因此我国的四川、甘肃、青海、宁夏和新疆的广大牧区便成了包虫病的主要流行区。包虫病对人体危害极大，被称为“虫癌”，严重危害了我国牧区人民的身体健康和牧区经济的发展。

援藏援疆一直是党中央的重要决策和部署，是国家战略，也是推动边疆稳定发展、促进各民族团结的重大举措。援藏援疆的目的就是帮助西藏、新疆人民摆脱疾病、贫困等困扰。在全面建成小康社会的关键时期，国家更是高度重视援藏援疆工作。2016 年，18 个援藏省市选派专家前往西藏开展包虫病流行情况的调查工作；2017 ～ 2019 年，仅四川省在四川阿坝羌族藏族自治州和四川甘孜藏族自治州包虫病流行区工作的援藏人员就超过了 2700 人；到 2018 年底，全国三级医院已派出 2 批共 315 名专家支援新疆 8 所受援医院，累计诊疗患者 9.32 万人，手术 1.08 万台次，实施新项目近 500 个，急危重症抢救成功率达 90%；累计派出 4 批共 699 名专家支援西藏 8 所受援医院，有 332 种“大病”不出自治区、1914 种“中病”不出地市、常见的“小病”在县域内就能得到及时治疗。此后，我国卫生健康对口支援工作还打出了“组合拳”，医疗人才“组团式”援疆援藏，这是卫生援疆援藏的升级版，通过整合优质医疗资源，可以实行团队作战，精准发力，取得实效。

（2）促进民族团结，助力全面小康

援藏援疆医生初到之时水土不服、不熟悉当地风俗习惯、不通晓当地语言……真可谓困难重重。但是在他们的坚持下，这些困难被一一克服。他们用专业技术加以耐心和爱心，切实地为当地人民解除病痛。支援医生不仅帮当地人民治病，还让他们了解包虫病、了解自己的病情，让他们在相信科学医治的效果的同时，向他们普及科学防治的方法，以免他们再次感染。真心换真心，这些援藏援疆医生在当地人民心中也化身为“活菩萨”，友谊之花在各民族人民心中悄悄绽放。在国家卫生健康委员会和对口援藏省市的支持下，仅 2016 ～ 2019 年，西藏自治区“因病致贫、因病返贫”贫困人口，就从 63 394 人下降到仅 7005 人。如今，西藏已经历史性消除绝对贫困，新疆也成为中国脱贫攻坚的典范。这些都离不开援藏援疆政策的实施及多年来支援人员的无私奉献。

参考文献

邓银，李彦，孙黎，等. 2020. 2017-2019 年四川省援藏工作人员包虫病感染情况调查. 寄生虫病与感染性疾病，18(1):31-40.
刘也良，孙梦，郭晓薇. 2019. 以健康保稳定 以健康惠民生. 中国卫生，(12):28-30.
牛志男. 2009. 援藏·援疆. 中国民族，(10):144-145.
王正荣，朱兴全，贾万忠，等. 2019. 包虫病的流行危害和防控技术. 现代畜牧兽医，(6):44-48.

（南京医科大学基础医学院 朱继峰）

85. 抗疟药青蒿素的发现

思政关键词 家国情怀，科学精神，医者精神。

思政要点 1）介绍中国科研工作者，在国家号召下义无反顾投身一线。屠呦呦为全身心投入工作，更是把大女儿送进托儿所，把幼女送回老家，彰显了中国科学家的家国情怀。

2）介绍屠呦呦等科研工作者为发现青蒿提取物，坚持翻阅大量典籍、筛选了几百种中药，并从中医方剂著作中获得灵感，坚持不懈、攻坚克难的研究历程，凸显中国科学家不畏艰难险阻、不放弃、不言败、坚定信念、协同合作的科学精神，培养医学生在科学研究路途中敢于接受失败、勇于不断钻研的意识。

3）由于时期特殊，屠呦呦和她的同事们在获得青蒿提取物以后无法获得志愿者进行新药的临床试验，于是他们勇敢地选择自己作为青蒿提取物的第一批志愿受试者，体现了为医学事业献身的医者精神。

教学场景推荐 可用于“人体寄生虫学”课程中原虫部分及“生理学”课程的发热内容，介绍发热激活物的种类和相应治疗措施的讲授。

（1）背景

疟疾是一种由蚊作为传播媒介的寄生虫病。人患疟疾后会出现周期性的寒战、高热、出汗退热的症状，严重者在短期内会死亡。以青蒿素为主的联合疗法已经成为疟疾的标准治疗方法。屠呦呦因在研制青蒿素等抗疟药方面的卓越贡献，2011 年获得拉斯克临床医学研究奖，成为首位问鼎该奖的中国人。2015 年被授予诺贝尔生理学或医学奖，是首获诺贝尔生理学或医学奖的中国人、首位华人女性自然科学类诺贝尔奖得主。2017 年 1 月，中国国务院将 2016 年度中国科学界最高荣誉——国家最高科学技术奖授予屠呦呦研究员与赵忠贤院士两位科学家。屠呦呦成为第一位获得国家最高科学技术奖的女性。

（2）临危受命

20 世纪 60 年代，战场上的士兵们因疟疾死伤者不计其数，当时多国政府均投入大量资源研发抗疟药。1967 年 5 月 23 日，在毛主席和周总理的指示下，来自全国各地的科研人员齐聚北京，召开“抗疟防治药物研究工作协作会议”，一个代号“523”项目的药物筛选研究计划就此启动。该项目的目标之一就是尽快研制出能控制战场上疟疾疫情的药物。1969 年，屠呦呦因是生药学科班出身，并且专业基础知识和科研技能都十分扎实，被召集加入“523”项目并委以重任。当时屠呦呦的丈夫被下放到“五七干校”，她的两个女儿无人照看，为了全身心投入研究，屠呦呦把 4 岁的大女儿送进托儿所，而小女儿则送回了宁波老家。

（3）青蒿提取物的发现

为了寻找抗疟药物，屠呦呦等从中药入手，通过翻阅大量中医典籍、查阅群众献方、请教老中医专家，用了 3 个月时间，收集了包括植物、动物、矿物药在内的 2000 多种中药，最后发现其中的 640 种可能具有抗疟作用。接着，他们用小鼠模型，从 200 种中药中筛选出了 380 种提取物，其中的青蒿提取物引起了大家的注意。

他们发现，青蒿提取物能很好地抑制疟原虫的生长，它对鼠疟原虫的抑制率可达 68%。但是，这个结果并不稳定，他们在后续实验中发现抑制率有时只能达到 12% ～ 40%。屠呦呦认为青蒿提取物对疟原虫生长的抑制率与有效成分浓度有关，于是她开始改进提取方法。她在东晋名医葛洪的《肘后备急方》中发现了“青蒿一握，以水二升渍，绞取汁，尽服之”这样一段描述，很受启发。她认为在传统的提取方法中，加热步骤可能对药物的活性成分有破坏作用，而较低温度也许对提取青蒿有效成分有帮助。在这一思想的指导下，屠呦呦等调整了温度，这样使得青蒿提取物的活性得到了大幅提升。

终于在 1971 年 10 月，屠呦呦等获得了中性无毒的青蒿提取物，并且实验证明，该提取物对伯氏疟原虫感染的小鼠和食蟹猴疟原虫感染的猴子均有 100% 的疗效。

（4）为科研献身

虽然成功获得了可能对疟疾有很好疗效的青蒿提取物，但由于当时无法进行新药的临床试验来证实其疗效。于是，屠呦呦和她的同事们决定拿自己做实验，首先证明青蒿提取物的安全性。实验结果正如所愿，青蒿提取物对人体是安全的。他们赶紧奔赴海南，将青蒿提取物用于疟疾患者的治疗。21 位疟疾患者在接受青蒿提取物治疗后，症状迅速消失，而采用氯喹治疗的患者却没有类似效果。

（5）青蒿素的诞生

青蒿提取物的抗疟效果毋庸置疑，下一步就是分离其中的抗疟有效成分。在经过了无数次实验之后，终于在 1972 年，屠呦呦等获得了青蒿提取物中的活性成分。它是一种无色晶体，分子质量为 282Da，分子式是 $C_{15}H_{22}O_5$，熔点在 156 ～ 157℃，该活性成分被命名为青蒿素。

（6）实至名归　高尚人格

青蒿素问世后，广泛用于疟疾患者的治疗，疗效显著，尤其是对恶性疟具有良好的治疗效果，挽救了无数危重疟疾患者的生命。屠呦呦被称为“青蒿素之母”，2011 年被授予拉斯克临床医学奖、2015 年被授予诺贝尔生理学或医学奖、2016 年被授予国家最高科学技术奖。

屠呦呦在 2015 年获得的诺贝尔奖，奖金为 46 万美金，合人民币 300 多万。她将其中的 200 万分别捐给了北京大学医学部和中医科学院，成立了屠呦呦创新基金，用于奖励年轻科研人员。

（7）研究不止

屠呦呦对青蒿素的研究一直没有停止，在发现青蒿素以后，屠呦呦继续研究青蒿素衍生物，用以提高疟疾的治疗效果和防止耐药性的发生。近些年，屠呦呦还在关注青蒿素的“老药新用”问题，研究青蒿素对其他疾病的治疗作用。

（8）意义

屠呦呦团队从中国传统中药入手，并最终发现了青蒿素的抗疟疾作用，为人类传染病的防治作出了重要贡献。从发现青蒿能抗疟到青蒿素首次临床试用，只用了 2 年，速度之快，在药物研发史上极为罕见。体现了中国科学家不畏艰难险阻、奋发拼搏、夜以继日的科学奉献精神，以青蒿素类药物为基础的联合用药疗法（ACT）是 WHO 推介的最佳疟疾治疗方法，挽救了全球特别是发展中国家数百万人的生命，产生巨大的经济社会效益。屠呦呦的获奖，是中国科学界的骄傲，必将激励更多的中国科学家不断攀登世界科学高峰，为人类文明和人民福祉作出更多更大的贡献。

参考文献

丙宸 . 2015. 是非·屠呦呦 . 科学之友 , (11):36-39.
青蒿研究协作组 . 1979. 抗疟新药青蒿素的研究 . 药学通报 , 14(2):49-53.
屠呦呦 . 2009. 青蒿及青蒿素类药物 . 北京：化学工业出版社 .
张盖伦 , 王叙 . 2019. 屠呦呦：一株蒿草济天下 . 知识就是力量 , (11):28-29.
Miller LH, Su X. 2011. Artemisinin:discovery from the Chinese herbal garden. Cell, 146(6):855-858.

（南京医科大学基础医学院　谢利平　朱继峰）

86. 中华瑰宝——抗带绦虫病中药

思政关键词　文化自信，科学精神。

思政要点　1）介绍我国早有用槟榔治疗带绦虫病的历史。近代，这一方法曾被用于与抗带绦虫病西药进行比较，确证疗效。中华人民共和国成立初期，我国学者确立了槟榔-南瓜子合剂用于治疗带绦虫病的方法，沿用至今。这是中华瑰宝，教导学生坚定文化自信。

2）为确定槟榔-南瓜子合剂对带绦虫病的疗效，我国的科研工作者进行了严谨的实验，将槟榔-南瓜子合剂与西药吡喹酮进行了比较，用数据来说明槟榔-南瓜子合剂的疗效，体现了严谨的科学态度。

教学场景推荐　可用于“人体寄生虫学”课程中绦虫部分的讲授。

（1）历史悠久，诸多记载

在我国流行的带绦虫病有两种：猪带绦虫病和牛带绦虫病。牛带绦虫仅有成虫阶段寄生于人体，而猪带绦虫则是幼虫和成虫均可寄生于人体，因此，猪带绦虫比牛带绦虫对人体的危害更为严重。

我国古代医书中对带绦虫病也早有认识并加以记载，并将带绦虫称为“寸白虫”或“白虫”。隋代太医博士巢元方等编撰的《诸病源候论》卷之十八中记载九虫病诸候，其中的“寸白虫候”描述如下：“寸白者，九虫内之一虫也。长一寸而色白，形小褊，因腑脏虚弱而能发动。或云饮白酒，一云以桑枝贯牛肉炙食，并食生栗所成。”《诸病源候论》根据带绦虫外观“长一寸而白色”将其取名为“寸白虫”，并认为该病与饮食有关。

关于带绦虫病的治疗，我国古医书中亦有诸多记载，如《神农本草经》记载有3种驱虫草药；唐代《千金方》中列述了治疗寸白虫的11个古方；《外台秘要》中收集共24方，其中均以槟榔为主。清代蒲松龄所著《药崇书》中记载的“治寸白虫”方曰：“槟榔煎水，饮一碗，愈”。经查，《本草纲目》卷三十一 · 槟榔条附方“寸白虫病”方曰：“槟榔二七枚，为末。先以水二升半，煮槟榔皮，取一升，空心，调末，方寸匕服之，经日虫尽出。未尽再服，以尽为度。”可见我国古人智慧。

1936～1937年，国内有人提倡用槟榔煎剂或南瓜子治疗带绦虫病。中华人民共和国成立初期，我国著名的寄生虫学家冯兰州教授提出了南瓜子和槟榔两药合用的方式治疗带绦虫病，并且通过临床试验肯定了疗效，此法一直沿用至今，仍不失为我国中药的特效方。

（2）出色的疗效

国内诸多学者几经证实，槟榔 - 南瓜子合剂对于治疗带绦虫病确有很好的疗效。1949年，多位学者经实验证明，槟榔对带绦虫有瘫痪作用：带绦虫在 1% ～ 2% 的槟榔提取物溶液中，3 ～ 12min 头节会失去吸着力，甚至头节和未成熟节片会完全瘫痪；尽管槟榔提取物溶液对带绦虫孕卵节片的作用略差，但仍有效果：在 1% ～ 2% 的槟榔提取物溶液中猪带绦虫的孕卵节片 10min 可变软、牛带绦虫孕卵节片 25min 可变软。这些数据均明确表明了槟榔的抗带绦虫病疗效。

后来国内的学者还有将槟榔 - 南瓜子合剂与西药吡喹酮的疗效相比较，最终证明槟榔和南瓜子合用的方法在治愈率上与吡喹酮无异，且获全虫（即获得完整虫体或含头节的虫体）率显著高于吡喹酮治疗组，而不良反应的严重程度却显著轻于吡喹酮治疗组。这些结果表明，槟榔 - 南瓜子合剂对于治疗带绦虫病，疗效完全不输西药。

如今，槟榔 - 南瓜子合剂已是人体寄生虫学众多教材和资料中，明确收录的治疗带绦虫病的药物之一。

参考文献

洪流 . 1996. 蒲松龄与《本草纲目》及其他 . 蒲松龄研究 , (2):96-100.
蒋次鹏 . 2000. 南瓜子槟榔特效方治疗绦虫病的概况 . 中国实验方剂学杂志 , 6(6):64, 封三 .
盛伟 . 1985. 蒲松龄《药祟书》二卷抄本 (上卷). 文献 , (1):174-189.
谢贤良 , 谢汉国 , 陈云虹 . 2020. 吡喹酮与槟榔南瓜子驱除绦虫效果比较 . 海峡预防医学杂志 , 26(6):96-97.
杨琼 . 2021. 吡喹酮与槟榔 - 南瓜子治疗带绦虫病的疗效比较 . 热带病与寄生虫学 , 19(1):32-35.

（南京医科大学基础医学院　朱继峰）

87. 蛔虫病防治的功臣——宝塔糖

思政关键词　政治认同，科学精神，医者精神。

思政要点　1）介绍国家在第一次全国人体寄生虫病分布调查之后，果断展开了集体驱虫行动，迅速降低了土源性线虫的感染率，教导学生认识国家正确的方针政策的巨大指导作用。

2）介绍宝塔糖的有效成分来源于蛔蒿，而蛔蒿适合的生长环境在北极圈内，我国唯有山东潍坊培育蛔蒿获得成功，蕴示研究人员为之苦心钻研的巨大付出，弘扬研究人员坚持不懈、不断尝试的科学精神。

3）蛔虫病主要流行于儿童和少年，结合该人群特点，防治人员将防治所用药物由片剂改为孩子喜爱的外形和口味，体现了防治人员对蛔虫病流行特点的精准把控，以及对孩子的关爱，弘扬医者的仁爱之心。

教学场景推荐　可用于“人体寄生虫学”课程中线虫部分的讲授。

（1）历史背景

蛔虫病是一种由蛔虫寄生于人体的小肠引起的疾病。蛔虫寄生于人体，轻则引起恶心、呕吐、腹痛、腹泻，重则导致胆道蛔虫症、肠梗阻、肠穿孔等。20 世纪我国人民对蛔虫病非常熟悉，民间甚至有“你又不是我肚子里的蛔虫，你怎么会知道我怎么想的”这样一句俗语，可见蛔虫与人的关系甚为密切。我国从 1988 年开始，对全国人体重要寄生虫病的流行先后进行过三次大调查，其中的重点调查内容就是土源性线虫的流行状况，而蛔虫便是土源性线虫中非常重要的一种。我国曾是土源性线虫流行最严重的国家之一，因此第一次全国人体寄生虫病分布调查之后，全国便展开了集体驱虫行动。

（2）尽人皆知的宝塔糖

蛔虫病的克星是山道年（拉丁文名为 *santoninum*）。山道年提取自蛔蒿，蛔蒿是一种菊科植物。从蛔蒿中提取的纯净“山道年”是无色结晶或白色结晶粉末。一开始山道年被制成药物时为片剂，而蛔虫病的高发人群为儿童和少年，因此为了提高儿童和少年服药的依从性，药厂将片剂中添加一定比例的糖，并将外形改进为淡黄色或粉色的锥形，由于形似宝塔，被称为“宝塔糖”。由此，宝塔糖便广泛用于小儿驱虫，也自然成为很多人的童年记忆。

蛔蒿生长在北极圈，由于它的生长需要特殊的气候，它便成为了苏联特有的药用植物。但是，在苏联植物专家精心管理和培育下，蛔蒿渐渐地也可在北极圈外生长，但是成活率较低。中华人民共和国成立初期，我国山道年的原料一直依赖进口，直到 1952 年，蛔蒿种植作为苏联的援华项目之一被引进至国内。当时，农业部、化工部、卫生部、公安部联合发文，共同实施引进蛔蒿种植的一系列措施。其中包括将从苏联引进的 20g 蛔蒿种子平均分为 4 份，在公安人员的保护下护送至呼和浩特、大同、西安和潍坊的 4 个国营农场，分别进行试种。到 1954 年底，只有潍坊农场宣布试种成功。于是从那时开始，潍坊农场就成了全国蛔蒿的唯一种植基地。经过种植人员的努力，我国蛔蒿的产量大幅提升，到 20 世纪 50 年代后期，潍坊农场的蛔蒿种植面积已经达 8640 亩（1 亩≈ 666.7m^2），平均年产蛔蒿花叶近 15 万 kg，平均年产蛔蒿种子为 3100kg，不仅满足我国几十家制药企业生产宝塔糖的需求，还有少量出口。1978 年，中国医学科学院药物研究所因此项目的成功获得了全国医药卫生科学大奖。

（3）蛔虫病防治成就

第一次全国人体寄生虫病分布调查结果显示，土源性线虫感染率以 5 ～ 9 岁和 10 ～ 14 岁这两个年龄组较高，其中蛔虫的感染率分别为 50.65% 和 50.73%，因此 1990 年 4 月，经国务院批准发布了《学校卫生工作条例》，规定了学生中传染病的防治工作。1991 年由卫生部、国家教育委员会联合下发了《全国学生常见肠道蠕虫感染综合防治方案（试行）》，明确了要有效控制学生中蛔虫、鞭虫、钩虫和蛲虫的感染率，并且将学生蛔虫的感染率作为考核指标之一，规划到 2000 年，城市感染率要降至 5% 以下，农村地区感染率降至 15% 以下（如 1995 年末已低于 15% 的，则要降至 5%）。1992 年由卫生部、国家教育委员会、全国爱国卫生运动委员会办公室等联合下发了《全国学生常见病综合防治方案》，在学生中拟采取健康教育、改善学校卫生设施、集体服驱虫药等防治措施。从 1992 年开始，全国中、小学生开始接受集体驱虫。经过 3 年的努力，城市学生蛔虫感染率从 14.94% 降为 6.46%，农村学生感染率从 26.6% 降为 12.03%，均达到既定目标。经过十多年的努力，通过不断地集体驱虫、健康教育，蛔虫的感染率得到了有效控制。蛔虫病防治成绩卓著，宝塔糖功不可没。

参考文献

陈颖丹，黄继磊，朱慧慧，等. 2019. 我国土源性线虫从高感染到低感染水平的防治历程. 中国寄生虫学与寄生虫病杂志，37(4):395-398.

王建贵，刘晓俏. 2008. "宝塔糖"消亡之谜. 医药世界，(1):65-68.

А.Л. 塔塔利诺夫，贺佳付. 1957. 用宝塔糖治疗小儿蛔虫病. 中国医刊，(1):58.

（南京医科大学基础医学院　朱继峰）

88. 热带病学巨星——钟惠澜院士

思政关键词　家国情怀，科学精神，医者精神。

思政要点　1）介绍我国20世纪黑热病的流行严重程度及国外研究人员对我国黑热病流行机制所持的不同观点，从侧面凸显我国科研人员救民于水火、为了人民的健康事业挑战国际权威的家国情怀。

2）介绍钟惠澜院士为寻找我国黑热病流行的机制，做了一系列系统的实验、进行了多次大胆的尝试，让学生深刻体会科研精神中的求实和严谨。

3）介绍钟惠澜院士的夫人自愿作为试验的受试者，接受黑热病病原体的感染，以证实犬与人黑热病病原体的一致性，让学生感受为医学献身的医者精神。

教学场景推荐　可用于"人体寄生虫学"课程中原虫部分的讲授。

20世纪30～40年代，黑热病在我国流行甚广，西北、华北、华东的十多个省份都流行黑热病。黑热病造成的患者死亡率高达85%～95%，每年死于黑热病的人数达50～60万。当时的西方学者认为，我国黑热病与印度地区的黑热病一样，是一种通过白蛉在人与人之间传播的疾病，与犬无关。根据这一理论，英国皇家学会和美国罗氏基金会还先后派出3个调查团，来我国调查黑热病的流行机制，但最后皆无功而返。为明确我国黑热病的流行特点，钟惠澜自大学毕业后便开始了对黑热病的研究。

（1）确定中华白蛉为中国黑热病的传播媒介

钟惠澜的研究结果表明，在中国，中华白蛉和黑热病的分布区域具有一致性；黑热病病原体——利什曼原虫在中华白蛉体内发育为前鞭毛体后，会向白蛉的前胃、咽部、嘴部移动；在自然界，能产生自然感染的前鞭毛体与中华白蛉体内的前鞭毛体不能区分（形态一致）；中华白蛉在叮咬患有黑热病的田鼠后，再叮咬正常田鼠可使正常田鼠患黑热病。这些证据让钟惠澜认定中华白蛉是中国黑热病的传播媒介。

（2）证明在中国，犬是人黑热病病原体的储存宿主

在印度，虽然人黑热病非常多，但是犬黑热病却异常罕见。与之不同的是，当时中国流行黑热病的多个地区均有犬黑热病的存在。令人不解的是，1936年，被认为已根治了黑热病的北平郊区的乡村，后来又出现了新的黑热病患者。于是钟惠澜便深入乡村进

行调查。他发现几乎所有的患者家中都养了狗。通过对病犬和患者体内的黑热病病原体进行分析，钟惠澜发现两者不仅形态相同，而且接种犬、田鼠、鼹鼠和金花鼠后引起的症状与组织病理特征一致，此外在交叉补体结合反应上具有一致性。并且，人黑热病病原体所致的免疫力，可保护人不受犬利什曼原虫的感染。由此，钟惠澜不仅证明了人黑热病和犬黑热病病原体的一致性，同时也证明了犬是中国黑热病的储存宿主。

（3）确立国际认可的早期黑热病诊断方法

黑热病早期不易诊断，针对这一问题，钟惠澜首先在国内采用骨髓穿刺的方法进行诊断，但是有些患者采用骨髓穿刺仍不能确诊，于是在 20 世纪 40 年代，钟惠澜又发明了补体结合试验诊断法，使许多采用骨髓穿刺仍不能确诊的患者得到及时诊治。这一方法后来更是得到国际医学界的认可与推崇，在印度和巴基斯坦被称为“钟氏补体结合试验法”。

（4）为科学献身

为彻底证明犬与人黑热病病原体的一致性，需要在人体进行试验。由于钟惠澜自己曾经得过黑热病，身体已具有免疫力，不会被再次感染，因此不能作为受试者。他的夫人李懿征博士提出愿意作为受试者，在她的坚决要求下，钟惠澜将病犬的骨髓注射到自己夫人的皮下。接受注射 5 个月后，李懿征果然患上黑热病。她忍痛进行了骨髓穿刺，正如预料的，研究人员在她的骨髓里找到大量黑热病病原体。出于对试验严谨性的考虑，钟惠澜将这些骨髓接种到田鼠上，结果田鼠也感染上了黑热病。至此，钟惠澜证实了犬与人黑热病病原体的一致性。

参考文献

黄付敏，刘静．2019. 广惠人间救病患 力挽狂澜破疫症 追忆中国热带医学奠基人钟惠澜．中国卫生人才，258(10):50-53.
黄增章．1998. 我国热带病学巨星——钟惠澜．广东史志，(1):41-44.
温冰．2015. 客家院士之热带医学巨星——钟惠澜．客家文博，(2):4-6.
钟惠澜．1954. 中国黑热病研究工作概论，中华医学杂志，40(6):413-438.

（南京医科大学基础医学院　朱继峰）

第十二章　药理学思政教学案例

89. 阿司匹林的前世今生

思政关键词　生态文明，医者精神。

思政要点　1）介绍人类利用天然植物成分水杨苷治疗疾病的历史，引导学生关注生态文明，维护人与自然的和谐共生。

2）介绍人类不断探索药物新应用的过程，引导学生领悟维护人类健康、缓解患者病痛的医者精神。

教学场景推荐　可用于“药理学”课程中解热镇痛抗炎药内容的讲授。

（1）水杨酸的发现

早在公元前5世纪，古希腊医生希波克拉底就提出咀嚼柳树皮具有缓解疼痛和解热作用。古代的欧洲人、美洲印第安人也都发现柳树皮、柳树叶有解热镇痛的作用。我国的《神农本草经》记载，柳之根、皮、枝、叶均可入药，有祛痰明目，清热解毒，利尿防风之效，外敷可治牙痛。然而，受限于当时的科学技术，人们对柳树皮为什么能解热镇痛并不清楚。

19世纪，有机化学试验方法的建立，使得从植物中分离纯化有效成分成为可能。1828年，一位德国药剂师从柳树皮中分离出来一种具有苦味的黄色晶体——水杨苷。1838年，意大利化学家拉斐尔·皮尔发现，水杨苷水解、氧化后可以得到活性更强的物质——水杨酸。差不多同时，德国研究者从绣线菊属植物中也分离出了水杨酸。

（2）合成阿司匹林

1853年，德国化学家葛哈德发现了使用苯酚和二氧化碳化学合成水杨酸的途径。水杨酸的工业化生产使水杨酸成为价格低廉而广泛使用的药物，人们使用水杨酸镇痛、退热，疗效不错。但是，水杨酸的酸性很强，还有腐蚀性，即使稀释后口服，患者也会感到口腔食管烧灼疼痛，甚至恶心、呕吐、胃痛、胃出血。人们顺理成章地想到，如果能减小水杨酸的酸性，不就可以减轻水杨酸的不良反应了吗？德国拜尔公司找到了解决方案，他们用水杨酸与乙酸酐进行酯化反应制成了乙酰水杨酸，乙酰水杨酸是水杨酸的前药，进入人体后分解成水杨酸发挥作用。1899年，拜尔公司把他们合成的乙酰水杨酸化合物命名为阿司匹林（Aspirin）并申请专利。Aspirin这个名字中的A指乙酰基（acetyl），spir来自水杨酸的另一种来源绣线菊（spireae），in则是拜尔公司特有的药名后缀，代表该公司为这个药物的唯一生产商。阿司匹林上市后很快成为世界上最畅销的药物，拜尔公司也迅速扩大规模，在全球各地设立阿司匹林生产基地。如今，阿司匹林不再是哪家公司的独享专利，而是乙酰水杨酸的通用名。全世界有成百上千的医药公司以阿司匹林的名义出售这种药物。

（3）阿司匹林的新用途

随着科学的进步，人们发现除了传统的解热镇痛抗炎的功效外，阿司匹林还有着许多非比寻常的作用。1971 年，约翰·万发现阿司匹林能够对抗血小板聚集，预防血栓发生。他本人因为对阿司匹林的研究获得了 1982 年的诺贝尔生理学或医学奖。1977 年发表于美国 *Stroke* 杂志上的一项研究首次证明阿司匹林可以预防脑卒中。1983 年美国国立卫生研究院组织 2 万多名美国健康男性医师参与了一项大规模临床研究，评价小剂量阿司匹林是否可以预防健康人首次心肌梗死的发生。这些医生都服用阿司匹林并接受随访。这项预计耗时 8 年的研究，在第 5 年就被提前终止，因为研究的中期结果足以证明阿司匹林能使心肌梗死风险降低 44%，伦理委员会认为对照组的受试者也有权利服用阿司匹林预防冠心病，决定提前结束研究。2016 年美国预防服务工作组发布阿司匹林用于心血管疾病及结直肠癌的一级预防指南，建议年龄在 50 ～ 59 岁、未来 10 年内患有心血管疾病风险大于 10%、无出血风险增加、预期寿命大于 10 年且愿意接受每天服用低剂量阿司匹林至少 10 年的人群，使用阿司匹林作为心血管疾病及结直肠癌的一级预防用药。

阿司匹林这个百年老药，历经岁月变迁、沧桑变化，在新时期又焕发了新的光彩。

参考文献

房志雄 . 2016. 阿司匹林的百年传奇与疑云 . 首都食品与医药 , 23(17):56-57.
游苏宁 . 2020. 阿司匹林的前世今生 药物研发的传奇历史 . 中华医学信息导报 , 35(9):24.

（南京医科大学基础医学院　魏　立　顾　军）

90.“二战神药”——青霉素的故事

思政关键词　科学精神，全球视野。

思政要点　1）介绍青霉素的发现过程，引导学生探索、质疑、求证的科学精神。

2）介绍青霉素大规模生产和全球化推广的过程，培养医学生的全球视野，认识人类命运共同体的重要性。

教学场景推荐　可用于“药理学”课程中 β- 内酰胺类抗菌药讲授；也可用于《医学微生物学》绪论内容讲授，介绍医学微生物学的发展史。

20 世纪 40 年代以前，人类一直未能掌握一种能高效治疗细菌性感染且副作用小的药物，往往一个小小的伤口感染就能夺去一个人的生命。

1919 年，亚历山大 · 弗莱明开始寻找抗菌药物的研究工作，其对象为葡萄球菌，以期找到杀灭葡萄球菌的理想药物。这个工作花费了他几年时间，但一直一无所获。

直到 1921 年，当时在英国圣玛丽医院研究细菌的弗莱明患了重感冒。他在培养细菌时，索性取了一点鼻涕，滴在了培养基上。两周后，弗莱明发现了一个有趣的现象——培养皿里滴了鼻涕的地方，细菌消失不见了。于是，弗莱明“幸运”地发现了溶菌酶。弗莱明发现溶菌酶存在于人的鼻涕、眼泪、唾液等体液里，于是，他到处追着别人要眼泪，所有同事看到他都躲得远远的。直到又过了一阵子，弗莱明发现，鸡蛋的蛋清里有活性很强的溶菌酶，才算是体面地解决了溶菌酶的来源问题。1922 年，弗莱明发表了第一篇研究溶菌酶的论文。此后，弗莱明和他的助手对新发现的溶菌酶做了持续的研究。研究结果让人失望——溶菌酶的杀菌作用不强，而且对大多数病原菌没有影响。

弗莱明对研究溶菌酶失去了兴趣。1928 年 8 月，弗莱明外出度假。实验室有一批培养过了金黄色葡萄球菌的培养皿，没有清洗就堆在了实验室的角落里。一个月后，弗莱明回到了实验室，准备处理这批培养皿的时候，突然发现，一个培养皿里长了几片霉菌，霉菌的周围完全没有葡萄球菌的存在，出现了一个圆形的空白区。这时，弗莱明之前的助手普莱斯探访弗莱明，普莱斯看到这些圆圈，脱口而出："您当初往培养皿里滴鼻涕时，不是也看到这种圆圈了吗?"

鼻涕周围出现了空白，是因为鼻涕里有溶菌酶，鼻涕周围的细菌被杀死了。而这一次的空白区比鼻涕造成的大得多，而且空白区里彻底空白，完全没有细菌生长。研究溶菌酶多年的弗莱明马上意识到，这是个了不起的发现。他马上把空白区中间的霉菌刮下来。经过鉴定，这种真菌名叫"青霉"（penicillium）。弗莱明继续培养青霉，从中分离出具有抗菌作用的青霉提取物，并把它命名为"青霉素"（penicillin）。

1929 年，弗莱明把他的发现公布在了《英国实验病理学》杂志上。但一直没有什么人回应。

弗莱明发现青霉素可以杀死某些细菌，而且对哺乳动物的细胞无害，然而弗莱明始终没有在受感染的动物中进行过测试，因为当时的技术条件有限，有三个瓶颈他始终无法克服：①无法提取高浓度的青霉素，纯度最多只达到 0.0001%；②产量太低；③无法解决青霉素的不稳定问题，青霉素往往在提纯过程中失活。1935 年弗莱明放弃对青霉素的深入研究，转而研究德国人发明的磺胺。

众所周知，弗莱明因为发现青霉素获得了诺贝尔奖，当年的这个奖项是颁发给三个人的，其中一个是弗莱明，另外两个，一个是弗洛里，一个是钱恩。

弗洛里出生于澳大利亚，大学毕业后到英国深造，1927 年在剑桥大学获病理学博士学位后留校任教。而钱恩是德国犹太人，1930 年他在德国腓特烈 - 威廉大学获得化学学位。纳粹党掌权后推行种族清洗，钱恩感觉自己的安全受到威胁，1933 年离开德国，前往英国。

钱恩到英国后，最先到了剑桥大学。1935 年，弗洛里到牛津大学，担任威廉 · 邓恩病理学院主任，他邀请钱恩一起组建实验室。

1938 年，钱恩偶然间读到了弗莱明 9 年前发表的关于青霉素的论文，并且产生了浓厚的兴趣，随即开始研究青霉素。

在钱恩的建议下，1939 年，弗洛里决定开始研究青霉素，因为资金问题，弗洛里不得不用 1/3 的时间研究毒气，才换来英国战争办公室的资助。有了资金支持，研究进展很快。1940 年和 1941 年，弗洛里团队在著名医学期刊《柳叶刀》上先后发表了两篇关于青霉素的研究论文。早已放弃研究青霉素的弗莱明看到了钱恩的论文，他去参观了弗洛里和钱恩的实验室。弗莱明后来的公开演讲中总是说，青霉素的诞生完全归功于牛津的实验室。

1941 年，实验室开始尝试用青霉素治疗一位严重细菌感染的患者。用药之后，患者的情况就开始好转。但是，第六天，患者的病情开始恶化，导致死亡。因为实验室提纯的青霉素在第五天用完了。

要解决青霉素的量产问题，需要大量经费。可是这个时候的英国已经被战争消耗到接近一穷二白，没有多余的钱资助科研，弗洛里想到了美国——当时全世界唯一没被卷入战争又有钱的国家。

弗洛里写信给美国洛克菲勒基金会，对方很快就回应了：到美国来，这里什么都有。1941 年 7 月 2 日，弗洛里和团队的另一名成员希特利带着几小瓶青霉素和青霉菌孢子来到美国，寻求青霉素大规模工业化生产的解决方案。美国人看到青霉素有巨大的应用前景，同时珍珠港事件后美国参战，对抗生素有迫切的需求，决定加快青霉素的研究。

美国农业部的科研中心负责改进青霉素的发酵方法。他们从各处收集青霉菌株，逐一试验，甚至要求执行任务的美军飞行员从世界各地搜集带回霉菌。最后，科研中心的一名技术员玛丽·汉特在菜市场一颗发霉的西瓜上找到了高产菌株。利用这个菌株，科学家培养出来产量更高的霉菌突变种。

青霉菌通过发酵产生青霉素，美国农业部的科学家很快发现，以玉米浆加糖作培养基，竟能将青霉素的产率提高 1000 倍。

为了大规模培养青霉菌，美国人还把酿造啤酒的深度发酵法搬了过来，他们研制出一个巨大的容器，把菌种和玉米糖浆培养液装进去，这些巨大的容器可以旋转，还有专门的进气口通入无菌的空气。这样，霉菌不仅能在表面生长，也能在整个培养液内部生长。青霉素的工业化生产成为现实。

1943 年，美国制药公司掌握了青霉素的量产技术。由于青霉素对于控制伤口感染有效，因此美国军方迅速与制药公司签订了采购合同。美国政府同时批准另外 19 家美国制药企业利用制药公司的技术大规模生产青霉素。1944 年诺曼底登陆时，青霉素的供应量已足够治疗二战期间所有参战的盟军士兵。

美军战后统计，由于青霉素的大量应用，伤员死亡率下降了 15%。青霉素与原子弹、雷达，被并称为二战中的三大发明。

1945 年因二战停发多年的诺贝尔奖又一次颁奖了，弗莱明、弗洛里和钱恩因“发现青霉素及其临床效用”共同荣获诺贝尔生理学或医学奖，可谓当之无愧。

参考文献

陈东方, 郑玉巧. 2007. 盘尼西林 拯救数十亿人类的奇迹. 医药世界, (11):50-53.

龙紫. 2005. 青霉素：辉瑞的魔丸. 21 世纪商业评论, (2):158.

（南京医科大学基础医学院　魏　立　李　婉）

91. 罗非昔布的退市风波

思政关键词　医者精神，科学精神，时代品格。

思政要点　1）介绍罗非昔布的不良反应，引导学生关注药物不良反应，临床工作中应秉持人文关怀的理念，竭力保护病患免受伤害。

2）介绍针对罗非昔布进行的临床研究，引导学生树立探索、怀疑、实证、理性的科学精神。通过罗非昔布退市的过程，教导学生面对各种诱惑时，仍然要坚持诚实正直的品格。

教学场景推荐　可用于“药理学”课程中解热镇痛抗炎药内容的讲授。

非甾体抗炎药通过抑制体内环氧酶（COX）活性，减少前列腺素（PG）的生物合成，从而产生解热、镇痛、消炎作用。环氧酶主要有 COX-1、COX-2 两种同工酶。COX-1 为结构型，存在于血管、胃和肾等组织，参与血管舒缩、血小板聚集、胃黏膜血流、胃黏液分泌和肾功能调节。COX-2 为诱导型，主要存在于炎症局部组织，由各种损伤性因子诱导产生，催化 PG 合成，参与炎症反应。传统非甾体抗炎药同时抑制结构型环氧酶和诱导型环氧酶，胃肠道反应等副作用发生率高。选择性 COX-2 抑制剂的解热、镇痛、抗炎作用与传统非甾体抗炎药类似，但胃肠道不良反应的发生率更低。

（1）罗非昔布不良反应引起争议

1999 年 5 月 21 日，FDA 批准药品公司的万络（罗非昔布）上市。罗非昔布主要用于缓解增生性骨关节病、类风湿性关节炎及其他原因引起的疼痛。药品公司提交给 FDA 的数据中并不包含罗非昔布是否引起心血管事件的内容，直到 2000 年 11 月这些数据才公开发表，又到了 2001 年 2 月 8 日，FDA 关节炎咨询委员会才组织探讨有关罗非昔布潜在的心血管事件问题。

2001 年 8 月 22 日，一项关于罗非昔布的回顾性研究结果发表，文章作者建议，应该针对此类药物对心血管疾病的影响进行试验。文章作者还认为，FDA 有授权这种试验的能力，但是 FDA 一直没有这么做。药品公司对这些质疑作出一系列回应：在多家期刊发表文章证明万络（罗非昔布）的心血管安全性，还经常资助各种医学教育讲座，并传递出这样一个信息——罗非昔布没有心脏毒性。

2002 年，万络胃肠道安全性研究（VIGOR）研究结果证实：罗非昔布胃肠道反应的发生率明显低于传统非甾体抗炎药，但心肌梗死等严重心血管事件的发生率显著高于传统非甾体抗炎药，高血压、静脉血栓等疾病的发病风险也显著增高。基于此项研究的结果，2002 年 4 月，FDA 要求药品公司对罗非昔布的标签进行修改，增加了相关的警示语“该药可能会引发高血压和其他心脏病”。

（2）罗非昔布退市

2004 年，罗非昔布预防腺瘤性息肉研究（APPROVe）结束。这项研究的目的是研究罗非昔布预防结肠息肉的作用，但研究结果显示：长时间服用罗非昔布后，心脏病、卒中等心血管事件的发生概率显著增加，长期小剂量服用罗非昔布者发生严重心血管意外事件的风险几乎是对照组的两倍。根据这项研究的结果，药品公司宣布自愿撤回万络。

2004 年 9 月 30 日，药品公司宣布在全世界范围内召回万络，原因是罗非昔布增加心肌梗死、卒中等心血管事件的发生风险。在此之前，全世界已有约 8000 万患者服用过此药。罗非昔布召回事件在全世界范围内引起巨大轰动。制药企业、药品安全监管部门和临床药师都应该吸取教训。

参考文献

杨景勋 . 2005. 万络事件及 COX-2 抑制剂心血管安全性的最新评估 . 药物不良反应杂志 , (2):150-154.
杨悦 , 魏晶 . 2008. 由“万络”事件看建立药品安全风险分担机制 . 中国药事 , (10):868-870.

（南京医科大学基础医学院 魏 立 顾 军）

92. 硝酸甘油——从炸药到救命药

思政关键词 科学精神，医者精神，全球视野。

思政要点 1）通过默雷尔发现硝酸甘油抗心绞痛作用的故事，引导学生理解探求欲、想象力是寻求真理的敲门砖，学习探究未知、勇于创新的科学精神。

2）通过三位美国科学家协作发现硝酸甘油的作用机制，激发医学生的职业自豪感和责任感，激励医学生致力医学研究，为人类健康事业奋斗。

教学场景推荐 可用于“药理学”课程中抗心绞痛药内容的讲授。

（1）诺贝尔把硝酸甘油制成炸药

硝酸甘油是治疗心脏病的常用药物。但它最初是用于制造炸药的原料。很多人以为，发明硝酸甘油的是炸药大王——瑞典化学家阿尔弗雷德·诺贝尔（Alfred Nobel）。事实上，发明硝酸甘油的另有其人。

1847 年，意大利化学家阿斯卡尼奥·索布雷洛（Ascanio Sobrero）用硝酸和硫酸处理甘油，得到了一种黄色的油状透明液体，这就是硝酸甘油。硝酸甘油的性状非常不稳定。索布雷洛研究硝酸甘油的时候，几乎每次都会发生大爆炸。实验室被炸毁，索布雷洛被炸伤、差点毁容，于是他放弃了继续研究。

阿尔弗雷德·诺贝尔当时还很年轻。他用硅藻土吸附硝酸甘油的方法，制成固体炸药，解决了硝酸甘油的稳定性问题，又发明了用于安全引爆的雷管。诺贝尔把这些申请了专利，并在全世界开设工厂，生产炸药，积累了巨额财富。

（2）英国医生发现硝酸甘油抗心绞痛

在诺贝尔生产硝酸甘油炸药的工厂里，发生了一些离奇的事情。很多工人一进车间，就喊“头痛啊，头痛得厉害。”周末，这些工人一回到家，却一点事都没有。一位英国医生威廉·默雷尔（William Murrell）注意到了这个事情。他发现，硝酸甘油能扩张血管，工人在车间里吸入大量硝酸甘油粉尘，脑血管过度扩张会引起头痛。既然硝酸甘油能扩张脑血管引起头痛，那能不能扩张心血管治疗心脏病呢？默雷尔招募了一批经常胸痛发作的心绞痛患者，让他们每天口服稀释后的硝酸甘油溶液。默雷尔发现，这些患者胸痛的次数明显减少了。这说明硝酸甘油是一种有效的抗心绞痛药物。1879 年，默雷尔医生把他的发现发表在《柳叶刀》杂志上。

默雷尔的治疗方法很快推广开来，从那以后，硝酸甘油一直是治疗心绞痛的主要用药之一。心绞痛急性发作时，硝酸甘油能迅速缓解症状。预计可能发作前用药，也能预防心绞痛发作。但是人们一直不清楚，硝酸甘油为什么有这样的作用。直到差不多 100 年后，三个美国药理学家揭开了硝酸甘油治疗心绞痛的奥秘。这三个人是罗伯特·F. 费奇戈特（Robert F. Furchgott）、路易斯·J. 伊格纳罗（Louis J. Ignarro ）和费里德·穆拉德（Ferid Murad）。

（3）硝酸甘油作用机制阐明

美国弗吉尼亚大学的药理学家穆拉德在研究硝酸甘油和硝酸盐类物质对血管的影响。

他发现，这些物质能释放出一氧化氮，而一氧化氮能够松弛血管平滑肌。他猜想人体内是不是也有一氧化氮？但他没有办法证实自己的猜想，没能在人体内找到一氧化氮。

差不多同时，纽约的药理学家费奇戈特在研究药物对血管舒缩状态的影响。他发现：同样一种药物，有的时候扩张血管，有的时候又收缩血管。他推测这可能和血管内皮的完整性有关。后来，费奇戈特设计了一个巧妙的实验，他切除了血管壁的内皮层，结果发现，乙酰胆碱只有在血管内皮完整的情况下才能扩张血管。他猜想血管内皮释放某种化学物质，而这种化学物质可以松弛血管平滑肌，乙酰胆碱是通过这种物质发挥作用。他把这种物质称为血管内皮舒张因子。

穆拉德猜想一氧化氮在人体内发挥作用，却没法在人体内找到它；费奇戈特猜想有血管内皮舒张因子的存在，却不知道这种神秘的物质到底是什么。加州大学洛杉矶分院的伊格纳罗发现了两种猜想之间的关联，他与费奇戈特合作，并且在 1986 年宣布了他们的研究成果：血管内皮舒张因子就是一氧化氮。一氧化氮在血管内皮内生成后，透过细胞膜进入内皮下的平滑肌细胞，通过鸟苷酸环化酶松弛血管平滑肌。

硝酸甘油为什么能扩张血管？答案是，硝酸甘油作为一氧化氮的供体，在血管平滑肌内释放出一氧化氮，松弛血管平滑肌、舒张血管。因为发现了“一氧化氮作为信息分子在心血管系统中的作用”，穆拉德、费奇戈特和伊格纳罗分享了 1998 年的诺贝尔生理学或医学奖。

参考文献

晓枫 . 1980. 诺贝尔和诺贝尔奖金 . 现代化工 , (1):63-64.

张玉勤 , 胡世平 . 1999. 一九九八年诺贝尔生理学或医学奖——发现一氧化氮的重要生理学作用 . 国外医学情报 , (1):36.

（南京医科大学基础医学院　魏　立）

93. 邹冈发现吗啡的作用部位

思政关键词　科学精神，文化自信。

思政要点　1）发现吗啡作用机制的过程充满了逻辑辩证之美感，引导学生通过案例学习科学研究中的大胆假设和严谨求证。

2）中国学者的发现被称为研究吗啡作用原理的“里程碑”，激发学生的民族自豪感、荣誉感，坚定文化自信。

教学场景推荐　可用于“药理学”课程中镇痛药内容的讲授。

人类很早就知道阿片有种种神奇的功效。明朝李时珍所著《本草纲目》中就有“阿芙蓉”的记载。然而，在很长的时间里，人类对阿片的成分和作用机制一无所知。

1803 年德国药剂师从阿片中分离出吗啡，又经过 100 多年，1925 年英国化学家确定了吗啡的化学结构。之后，人类一直在试图阐明吗啡的作用机制。

1959 年，中国科学家胥彬和周金熙发现，以相当于皮下注射剂量的 1/100 对小白鼠脑内注射吗啡，即可产生相似的镇痛作用。这说明，吗啡的作用部位在脑内。吗啡的作用靶点到底在哪个脑区？当时还在中国科学院上海药物研究所读研究生的邹冈，选择这个问题作为自己的研究课题。

邹冈对家兔进行微量吗啡脑内注射，他发现，将微量吗啡注入家兔的侧脑室，镇痛效果相当于静脉注射 1000 ～ 2000 倍剂量的吗啡。邹冈由此判断吗啡作用于侧脑室周围的脑结构。反复实验后发现，吗啡注入第三脑室周围灰质后镇痛作用最明显。邹冈得出结论：吗啡通过作用于第三脑室周围灰质产生镇痛作用。之后，邹冈在家兔第三脑室周围灰质注射微量吗啡拮抗剂后，发现静脉注射吗啡产生的镇痛作用被取消。这个发现进一步证实吗啡镇痛作用的部位就在第三脑室周围灰质。

1964 年邹冈的这些发现在《中国科学》杂志用英文发表后，受到国外学者的高度重视，曾被反复引述，成为吗啡和痛觉研究领域中的一篇经典文献。1964 年邹冈等又证明吗啡能够抑制猫脊髓对痛刺激的反应，这项研究发表在《生理学报》。

邹冈的研究发现了吗啡镇痛在脑内的作用部位，也发现了吗啡的镇痛作用具有特异性。这些发现被称为研究吗啡作用原理的“里程碑”。在邹冈这些工作的基础上，国外研究者陆续发现了脑内阿片受体和内源性镇痛物质脑啡肽、强啡肽。这些发现彻底改变了人类对痛和镇痛的认知。

参考文献

Ken Mackie. 2000. 邹冈教授生平简介 . 中国神经科学杂志 , 16(3):290-291.

（南京医科大学基础医学院　魏　立　顾　军）

94. 链霉素的发现

思政关键词　科学精神，公民品格，医者精神。

思政要点　1）介绍链霉素发现的艰辛过程和关键启发，引导学生理解科学研究中的艰辛、挫折与失败，启发他们学习科学家坚持不懈、毫不畏惧的科学精神。

2）介绍瓦克斯曼和萨兹师徒二人在链霉素发现工作中的贡献和此后的纠纷，引导学生理解科研团队中导师和学生的职责，鼓励他们思考并讨论师生间的沟通与尊重，以及科研成果的合理分配。

3）介绍瓦克斯曼及其他很多科学家迫切想通过自己的贡献找到治疗白色瘟疫的方法，鼓励学生发扬医者精神，关心患者，勇于担当。

教学场景推荐　可用于“药理学”课程中氨基糖苷类抗生素内容的讲授，介绍链霉素的发现历程。

“白色瘟疫”即结核杆菌引起的结核病，直到 20 世纪中叶，一直是“绝症”。尽管早在 1882 年，科赫就发现了结核病的致病菌是结核杆菌，但因缺乏能够抑制结核杆菌的药物，当时针对结核病没有有效的治疗方法。青霉素的问世给人们带来了希望，但遗憾的是，神奇的青霉素也对结核杆菌束手无策。

（1）临危受命

在 20 世纪初，科学界就发现了一个值得思考的现象：结核杆菌掉落到土壤里便会消失不见。受弗莱明发现青霉素的启发，科学家们不免猜想：土壤中是否有某种或某几种微生物杀死了结核杆菌？此时，“白色瘟疫”正在世界范围内流行，因结核病而死的患者高达上亿，人们迫切需要有效的治疗方法。1932 年，美国抗结核病协会委托美国土壤微生物学家瓦克斯曼进行研究。

（2）大海捞针

土壤里的微生物种类之多，让人望而生畏，每克土壤中含有 10^6 ～ 10^9 数量级的微生物，要想找到能够杀死结核杆菌的微生物，无异于大海捞针，其困难程度可想而知，但瓦克斯曼毫不畏惧。他天天泡在实验室，制订了严谨的实验计划。瓦克斯曼教授有很多学生，最多时可达 50 人，他将学生们进行分组，分别对不同的土壤微生物进行筛选。链霉素就是由瓦克斯曼的其中一位学生萨兹从灰色链霉菌中分离出来的。萨兹接到导师布置的任务后，在暗无天日的地下室没日没夜研究了 3 个月，终于找到这一新的抗生素。链霉素一经发现，很快便进行了临床试验，结果显示链霉素可以有效治疗结核病且毒性小。至此，结核病才有了有效治疗药物。

（3）师徒纠纷

1946 年，萨兹博士毕业前，将链霉素的专利权无偿交给了他的导师瓦克斯曼。但是，3 年后，他听说瓦克斯曼从专利中获取了高额的个人利润后，大为不满，便将其导师告上法庭要求分享专利收入。最终，庭外和解，萨兹获得了链霉素专利收益的 3%。萨兹虽然赢得了官司，但从此难以在学术界立足。1952 年，因链霉素的发现，瓦克斯曼获得了诺贝尔生理学或医学奖。尽管萨兹要求分享殊荣，但很少有人愿意为他说话。

那么，诺贝尔奖只授予瓦克斯曼一人，是否不妥呢？其实，诺贝尔奖颁发的惯例是实验项目的制订和领导者是主要的，而具体执行者是次要的。很显然，瓦克斯曼进行了系统严谨的实验设计。那么，瓦克斯曼是否窃取了萨兹的科研成果呢？据发表的有关论文来看，论文第一作者是萨兹，瓦克斯曼是最后的通讯作者，这完全符合学术界的惯例：第一作者是实验的主要完成人，通讯作者是实验指导者。可见，瓦克斯曼并没有埋没萨兹的贡献。

参考文献

任婧，李毓龙，杨晓霖. 2020. 疾病叙事阅读：“小人国”里的“大发现”——链霉素的故事. 医学与哲学，41(18):68-71.

（南京医科大学康达学院　周　露）

第十三章　神经生物学思政教学案例

95. 科学大家冯德培院士

思政关键词　家国情怀，科学精神，时代品格，全球视野。

思政要点　1）介绍冯德培毅然回国艰苦创业的事迹，彰显中国科学家的家国情怀和强烈的民族责任感。

2）介绍冯德培在艰苦条件下开创新的研究领域并取得卓越成绩的故事，引导学生学习老一辈科学家艰苦奋斗、不畏艰辛、求真务实、不断创新进取的科学精神。

3）回顾冯德培长达61年的科学探索历程，带领学生体会冯德培对事业无与伦比的献身精神和永恒执着的工作热情。

4）介绍冯德培临终前把所有美元积蓄捐赠给国际生理科学联合会（IUPS）的事迹，引导学生学习科学大家的全球视野。

教学场景推荐　可用于“医学神经生物学”课程中绪论及“生理学”课程中神经系统内容的讲授。

冯德培（1907—1995），中国神经生理学研究的开拓者之一，主要学术成就：静息肌肉“拉长效应”（冯氏效应）、神经 - 肌肉接头处的信号传递、神经 - 肌肉间的营养性作用、脑内海马的突触可塑性。他1950年，任中国科学院生理生化研究所研究员、所长。1955年，当选并被聘为中国科学院学部委员（即院士）。1986年，当选为美国科学院外籍院士和第三世界科学院院士。1988年，当选为印度国家科学院外籍院士。他是国际公认的神经 - 肌肉接头研究领域先驱者之一，在中国生理学、神经生物学领域作出了卓越的贡献。

（1）初露锋芒

冯先生15岁考入复旦大学，19岁毕业后留校，20岁转入北平协和医学院，跟随另一位中国生理学先驱林可胜先生，开展胃分泌研究工作。早年间，冯先生就养成了广泛阅读科学文献的好习惯。可以说，这一好习惯是他造就卓越的一大法宝，使得冯先生能够掌握学科的进展。机会总是留给有准备的人。冯先生自述：“除英文做到真正四会外，还学会阅读德文和法文专业文献，西班牙文和意大利文专业杂志的文章勉强也能对付。这对于我以后出国学习很有用处。”他22岁考取清华留美预备生，师从芝加哥大学生理系R.W.杰拉德教授，研习2年后获硕士学位，而后为了“研究真的神经”，于1930年转到伦敦大学学院师从诺贝尔得主A.V.希尔（A.V.Hill），进行神经和肌肉产热的研究，并获得博士学位。其间，他发现了肌肉被拉长所出现的静息产热代谢变化，该现象被国际生理学界称为“冯效应”，载入科学史册。在国外留学5年，冯先生在神经 - 肌肉生理学领域内获得重要的研究成果，在国际学术界初具一定的影响力，并与当时该学术领域的一流科学家建立了良好的关系，为回国后继续开展科研工作打下了良好的基础。

（2）回国创业

与其科学成就相映生辉的是他崇高的爱国精神。当他在国外科研界声名鹊起之时，他毅然决定回国，而他需要面对的是正处于军阀混战、民不聊生的旧中国。冯先生说："一个有理想有抱负的中国科学家，不愿寄人篱下，要自己创业，英雄用武之地在中国。"作为一位身体力行的楷模，冯先生深具影响力和感召力，为祖国召回了一批又一批的优秀人才，对于党和国家而言，这是一笔当之无愧的宝贵财富。

回国后，他艰苦奋斗，"在研究工作中闯出自己的路子，开辟自己的园地"。1934～1941年，冯先生在北京协和医学院生理学系建立独立的实验室。后人很难想象到，他的第一个实验室仅仅是一间没有窗户的地下室，但这并不影响冯先生的探索热情和研究成绩，就在这里，他选择不再跟随先行人的脚步，而是开始自己探索新的研究领域和课题——神经-肌肉接头。他在神经-肌肉接头研究方面硕果累累，合计发表26篇论文，相关研究结果引起国内外同行的高度肯定和赞誉，而神经-肌肉接头的研究至今仍然是研究神经信号传递的重要范式。同一时期，他发现了钙离子在神经-肌肉接头信号传递中的重要作用，发现"钙影响神经递质的释放"，这一结论非常接近诺贝尔奖获得者英国生理学家伯纳德·克茨（Bernard Katz）的结论。他还发现了强直后增强效应（PTP），这是神经系统突触可塑性首次被发现，这一发现被载入哥伦比亚大学的埃里克·肯德尔（Eric Kandel）大型系列书籍《生理学手册》，充分体现了该研究工作的先驱性。

（3）纯粹的科学家

冯先生为人坦率正直，不计个人得失，在学术上坚持真理，敢于表达自己认为正确的观点。他是无党派人士，涉及政治问题时，能保持科学家的纯粹性。1948年底，当时的管理机构开会讨论各研究单位迁往台湾时，冯先生能站出来，拒绝迁往台湾，着实为新中国保存了一支宝贵的生理生化研究骨干队伍。后来虽不幸遭迫害，但他坚信"春天的后面不是秋，何必为年龄而发愁"，最终等来了科学的春天。而据亲近人描述，冯德培院士重新开始科研工作后的第一件事是到图书馆去找*Nature*等科学期刊，了解学科领域里新的研究发现。正是这份对科研最纯真的挚爱，支撑了冯德培院士长达61年的科学探索。

（4）培养英才

冯德培院士心中不仅有"小我"，更有"大我"。"我这个时期的创业思想当然也包括使自己在研究工作上有新的建树，但主要是想把研究所建设好，使之成为我国的生理学和生物化学研究和人才培养中心。"正是这种大格局，为我国科学界培养了很多优秀的科学家，为我国科研事业发展作出了巨大的贡献。

（5）延续生命之火

他为中国的科学事业贡献了毕生的精力。即使在病重之际，冯德培院士仍坚持在病床上听取并指导研究生的研究工作，关心生理所和科学院里各项工作的进展情况。临终前，他将在美存款悉数捐赠国际生理科学联合会（IUPS）。国际生理科学联合会为此设立了以冯德培院士名字命名的纪念讲座，按其宗旨运行至今。

这就是冯德培院士，一个以科学为生命的人。

参考文献

饶毅 . 2001. 林可胜：几被遗忘的中国科学奠基人之一 . 科学新闻 , (5): 24.
杨雄里 . 2007. 托体同山阿——纪念冯德培院士百年诞辰 . 生理学报 , (6): 707-708.
杨雄里 . 2020. 永恒的回忆——怀念冯德培先生 . 教育家 , (32): 8-10.

（南京医科大学基础医学院　尤卫艳）

96. 从奋斗中追寻“快乐”

思政关键词　家国情怀，法治意识。

思政要点　1）回顾中英鸦片贸易量的年度变化，加深学生对“鸦片对人们的危害”的认识，唤起学生忧国忧民的家国情怀。

2）理解我国强效精神类药物严格管制的法理基础，带领学生深刻理解滥用成瘾性药物的危害及我国毒品相关立法的意义，树立法治意识。

教学场景推荐　可用于“神经生物学”课程中奖赏与成瘾内容讲授。

鸦片，又称阿片（opiod），是一种天然的麻醉性镇痛药，来自人工种植的罂粟。鸦片的成瘾性大部分由其主要成分吗啡所致。吗啡的止痛和奖赏效应均与 μ- 阿片受体有关。阿片类物质激活 μ- 阿片受体后会降低抑制性 GABA 能神经元活性，增加多巴胺的释放。

（1）鸦片对清政府治理下中国的荼毒

鸦片贸易是英帝国在鸦片战争前平衡中英贸易顺差找到的方法。根据既往研究计算，清王朝与英帝国（包含英帝国及其特许经营的东印度公司所控制的印度）之间贸易差额一直维持高顺差。在 18 世纪下半叶，清王朝与英帝国（包括印度）的年均贸易顺差在 50 万～ 78 万两白银，至 19 世纪 20 年代，上述两者年均贸易顺差已达 300 万两。英帝国为消除与清王朝贸易的持续性逆差，通过其在远东和南亚设立的具有特许经营权的东印度公司，勾结中国不法行商、买通清政府官员，将印度殖民地种植的鸦片走私至中国境内牟利。1837 ～ 1838 年，仅东印度公司控制的孟加拉地区，每年向中国输送的鸦片就达 16 000 余箱，年平均纯收入最高达 143 万英镑。《中英南京条约》签订后的 1842 ～ 1843 年，孟加拉地区年均向中国输送鸦片达 11 000 余箱，年均纯收入 132 万英镑。

因第一次鸦片战争失利所附带的鸦片滥用对中国近代历史流毒几十年。尤其是清王朝与英帝国签订不平等条约，进而将鸦片贸易合法化后，不仅造成中国对鸦片的大量进口，而且在利益的驱使下，中国本土罂粟种植和鸦片生产逐年扩大。鸦片荼毒导致中国在晚清直至民国时期内，劳动力资源损失巨大，军队战斗力严重下降；白银外流引起通货紧缩，对政府财政和社会经济秩序产生巨大的冲击。更进一步，本土罂粟种植挤占耕地资源，导致粮食产量降低。例如，光绪初年我国北方发生特大灾荒，史称“丁戊奇荒”，据学者估计造成中国北方近千万人口死亡，尤以山西省损失最为惨重。其中一个重要原因就是种植鸦片挤占原本种植粮食的耕地。

（2）铸牢“珍爱生命，远离毒品”意识

中国是禁毒力度最大的国家，我国政府对毒品是“零容忍”的立法和司法政策。例如，成瘾性药物中有一种较为特别，即大麻。大麻分工业大麻、医用大麻和娱乐大麻（或称毒品大麻）。联合国发布的《2019 年世界毒品问题报告》指出：“全球使用最广泛的毒品仍然是大麻，估计 2017 年有 1.88 亿人使用过大麻。”相比大多数毒品的小范围生产，大麻广泛生长在全球 129 个国家。不同国家对成瘾性植物——大麻的界定和立法有“多样性”。

然而，很多研究结果证明，大麻严重损害人的（尤其未成年人的）生理、心理健康及认知能力，并且这种损害难以修复。此外，大麻一样具有成瘾性。尤为严重的是，大麻严重影响青少年大脑健康发育：从青春期就开始吸食大麻的人在 38 岁时智力下降，并且开始吸食大麻的时间越早，吸食的量越大，吸食的频率越密集，智力就下降得越明显。而且吸食大麻的人更容易去尝试其他类型的成瘾性药物，也更容易导致药物成瘾。因此我国政府对毒品“零容忍”的立法和司法政策，具有充分的科学依据。

（3）“快乐”的真正源泉：自律的奋斗

“快乐”的真正源泉不是让你“成瘾”的物质，而是对健康生活方式的追求和自律性的“奋斗”。我们的大脑可以分泌内啡肽（endorphin），又称脑内啡或安多芬。这是一种类吗啡激素，由脑垂体和下丘脑分泌，它能与吗啡受体结合，产生跟吗啡、鸦片剂一样的止痛和欣快感，等同于天然的镇痛剂，有的药物可增加内啡肽的分泌效果。

运动本身可以促进人体大脑分泌内啡肽。最典型的例子是长跑。我们称它为“跑步者的愉悦感”（runner’s high）。长跑的人都会体会到，在长跑的过程中，有一个奇妙的时间点。在那个点之前，人会感到非常疲惫；一旦越过了那个点，身体又会重新充满了活力，又会感到振奋。这是因为当运动量超过某一阶段时，大脑便会分泌内啡肽。这时，继续跑步就变得轻松了。内啡肽的分泌需要一定的运动强度和一定的运动时间，换句话说，长时间、连续性的、中量至重量级的运动是大脑分泌内啡肽的条件。因为只有运动把肌肉内的糖原用尽，大脑才会分泌内啡肽。中等偏上强度的运动包括跑步、登山、游泳、滑雪、长距离划船、骑单车、举重、有氧运动舞（如健身操）或球类运动（如篮球，足球，羽毛球等），从时间上讲，运动 30min 以上才能刺激内啡肽的分泌。

参考文献

陈钰昕，吕雪靖，胡理. 2020. 主动运动和被动运动的镇痛效果及其镇痛机制. 生物化学与生物物理进展，47(6):498-509.

李岚林. 2020. 大麻合法化的欧洲逻辑：价值博弈与法律平衡. 上海对外经贸大学学报，27(4):66-76, 89.

罗羚尹. 2019 大麻合法化之国际趋势与争议. 中国药物滥用防治杂志，25(3):130-138.

Nutt DJ, King L, Saulsbury W, et al. 2017. Development of a rational scale to assess the harm of drugs of potential misuse. Lancet, 369(9566): 1047-1053.

（南京医科大学基础医学院 刘 睿）

97. 胸怀赤子之心的科学家——唐希灿

思政关键词 家国情怀，科学精神，文化自信。

思政要点 1）介绍中国科学家们“取其精华，去其糟粕”“守正创新，传承精华”“誓为国家赢得更大荣誉”的感人事迹，展现老一辈科学家的家国情怀。

2）介绍石杉碱甲治疗阿尔茨海默病的研究过程，培养学生不畏困难、实事求是的科学精神和严谨的科学态度。

3）融合传统医学和现代医学研究方法，彰显“中医药学传承创新发展”的重要性，增进学生对中华传统医学的文化认同。

教学场景推荐 可用于“神经生物学”课程中神经退行性疾病内容，介绍中药治疗阿尔茨海默病的简史；也可用于“药理学”课程中治疗神经退行性疾病的药物内容。

中医药是中华民族原创的医学体系，数千年来为中华民族的繁衍昌盛作出了重要贡献。习近平总书记2016年在全国卫生与健康大会指出：“我们要把老祖宗留给我们的中医药宝库保护好、传承好、发展好，坚持古为今用，努力实现中医药健康养生文化的创造性转化、创新性发展，使之与现代健康理念相融相通，服务于人民健康。”1971年，当时的浙江省卫生实验院（现浙江省医学科学院，以下简称浙江省医科院）药物研究所在开展浙江省民间中草药调查和整理过程中，发现药用植物蛇足石杉在浙南地区用于治疗跌打损伤、毒蛇咬伤和烧烫伤等，应用时患者常有伴有不同程度的腹痛、流涎、肌肉抽搐等症状。

（1）坚持守正创新，传承精华

服用蛇足石杉引发患者外周胆碱能神经兴奋的副作用，提示该植物内存在兴奋胆碱能的有效成分，这引起了中国科学院上海药物研究所药理学家的注意。

1972年，浙江省医科院药物研究所沈文照同志负责的浙江省蛇足草研究协作组开展了对蛇足石杉化学成分的研究，首次报道该植物的生物碱在动物实验上有横纹肌松弛作用。1981年3月在沈文照同志的同意下并经当时浙江省医科院药物研究所领导的批准，俞超美被授权对植物蛇足石杉的生物碱成分开展进一步的研究。经初步研究，首次分离得到5个结晶性生物碱，其中3个被鉴定。1982年俞超美首次设想和试制了经过自行碱化的硅胶吸附剂，获得了对石杉生物碱类分离效果上的突破，而且确立了将酚性生物碱类提取物作为新的成分研究和分离探索的目标。1982年3月17日俞超美从有活性的流分混合物中分离到了类白色结晶单体，随后该单体被唐希灿进一步证明有显著的乙酰胆碱酯酶抑制活性，并择代号为“317”，后命名为“石杉碱甲”。1988年唐希灿参加了在美国召开的阿尔茨海默病国际研究讨论会，在会上介绍了石杉碱甲的研究进展情况，试验数据引起了全场的轰动。经过一系列化学、质控、药理作用机制及毒理研究，最终完成了石杉碱甲作为治疗阿尔茨海默病新药的研发工作。

（2）中国经验，获国际认可

1991年在《中国药理学报》发表文章《石杉碱甲治疗老年期记忆障碍的药物评价》，该研究发现石杉碱甲显著改善痴呆和单纯记忆障碍。石杉碱甲分别于1996年和2003年获得国家新药证书。石杉碱甲衍生物“ZT-1”比石杉碱甲对乙酰胆碱酯酶具有更强大的选择性抑制作用。目前已获得中国、美国、欧盟及日本等国家和地区专利。

（3）后续过程

俞超美博士以浙江省医科院为研究单位于2014年3月，在加拿大国家科学院的《加拿大化学学报》上发表了又一个具有新型化学结构的石杉生物碱的文章。因为石杉碱甲在蛇足石杉中含量低，并且其化学合成路线复杂、立体选择性合成难度大。2020年北京中医药大学中药现代研究中心屠鹏飞、史杜坡等与日本东京大学、日本富山大学合作，研究发现石杉碱甲关键生物合成前体pelletierine的形成机制，在石杉碱甲及相关石松类生物碱的生物合成机制研究方面取得突破，相关关键催化酶的克隆鉴定也为利用合成生物学的方法解决石杉碱甲药源问题提供重要的基因元件。

（4）唐院士的心愿

唐希灿2001年当选中国工程院院士。他很谦虚地表示，作为科研一线的一员，他已经尽全力了，现在就是要尽心尽力培养好接班人，让研究工作很好地延续下去，继续处于国际领先的水平，为国家赢得更大荣誉！

（5）意义事件

1）1986年12月9日浙江省医科院药物研究所和中国科学院上海药物研究所对石杉碱甲及其注射液的研究获国家卫生部乙级科技奖。1987年浙江省医科院药物研究所和中国科学院上海药物研究所对石杉碱甲及其注射液的研究获浙江省科技成果奖二等奖（获奖人：俞超美，唐希灿，刘嘉森和韩燕艺）。

2）该研究于1987年获得国家科技发明奖二等奖。1996年石杉碱甲片获批准上市治疗阿尔茨海默病。1998年石杉碱甲化学与药理研究项目获中国科学院自然科学奖一等奖；1998年获世界华人发明博览会银奖；2000年石杉碱甲化学与药理学研究项目获国家自然科学奖二等奖；2007年获中国药学发展特别贡献奖。

3）石杉碱甲具有显著的药理作用和临床疗效，现已在中国研发成用于治疗老年良性记忆障碍、改善由脑内胆碱功能缺陷引起的阿尔茨海默病患者的记忆功能，以及缓解重症肌无力等疾病症状的新药，并于2005年收载于《中国药典》。

4）唐希灿院士2015年获得首届全国阿尔茨海默病防治科学人物奖，2019年9月获得“庆祝中华人民共和国成立70周年”纪念章。

参考文献

李行. 2002. 赤子之心的征程. 中国处方药, (8):83-84.
杨昆. 2005. 寻找现代记事珠——记中国工程院院士唐希灿和他的发明. 科学养生, (5):25-26.

（南京医科大学基础医学院 郭 兴）